KB262803

깜짝힌트 왕발명

세창출판사

머 리 말

발명의 세계.

그 곳은 희망과 꿈의 세계입니다.

그리고 그 세계의 여행은 마치 아폴로 11호의 달 여행처럼 가슴 두근대고 벅찬, 처음에는 낯설지만 금방 푹 빠져드는 곳입니다. 아주 매력적인 곳이죠.

필자는 1976년 인조과일 제조방법 특허로 발명계에 입문하여 이제는 KBS, MBC, EBS 방송국의 프로그램에 진행자 및 전문가로 고정 출연하며 YMCA 발명교실, 문화센터 등에서 발명가를 육성하는 데 앞장서고 있습니다. 또, 새롭고 진솔한 발명의 이야기로 여러분에게 쉽고 편하게 발명의 세상을 알리고 체험시켜 드리기 위해 몇 권의 책을 저술한 바 있습니다.

발명은 과학자나 발명가 또는 특정 분야의 전문가만이 할 수 있는 것이 아닙니다. 새로운 아이디어와 발상의 소재만 있으면 누구나 발명가가 될 수 있습니다. 발명의 주인공은 바로 여러분입니다.

저는 여러분보다 한 발 앞서서 발명의 세계를 체험한 경험을 가지고 있습니다. 발명에 있어서는 여러분보다 선배라고 할 수 있겠지요.

이런 경험을 바탕으로 무한한 능력과 가능성을 가지고 있는 여러분의 두뇌를 마음껏 펼칠 수 있는 실마리를 제공하고자 하는 게 저의 바람입니다. 더불어 여러분이 가는 길에 지름길을 알려주는 이정표가 되는 것도 저의 조그만 소망이지요.

이 책은 그런 저의 바람과 소망을 실현하고, 좀 더 많은 사람들이 희망과 꿈을 지닌 발명의 세계에 동참하기 위한 계기를 마련하고자 편찬하였습니다.

발명은 누구나 할 수 있다고 이미 말한 바 있습니다. 하지만 할 수 있다는 생각만 가지고는 안 됩니다. 물론 긍정적인 생각은 필요합니다만 그만큼 창의력을 개발시키고 탐구심을 기르는 등의 노력을 기울여야 합니다. 특히, 새로운 아이디어를 얻기 위한 창의력 개발이 무엇보다 중요합니다.

발명의 세계에 쉽게 접근하기 위한 창의력 훈련을 목표로 이 책을 발간하게 되었습니다. 구체적으로 말하자면 특허청에서 발간한 「공개실용신안공보」에 실린 내용으로 구성하였습니다.

이 도면을 그대로 모방하여 만들면 법에 저촉되지만 이 내용을 응용하여 새로운 것을 만들 경우에는 발명품이 탄생하게 되는 것입니다. 이 책에 실린 각종 도면을 참조하여 응용의 기법을 발휘한다면 새로운 아이디어가 착상됨으로써 발명품을 만들어 낼 수가 있습니다. 이 책은 무한한 금광이 숨어 있는 광산과 같다고 말하고 싶습니다.

아무런 생각 없이 그냥 지나치면 이 책 또한 수없이 많은 산 중에 하나가 되겠지만, 호기심과 탐험력을 가지고 끈기 있게 도전한다면 그야말로 세상에 부러울 것이 없는 광산이 되는 것입니다.

지금 망설이고 계십니까? 주저하지 말고 이 책을 가까이 두

어 꼼꼼히 읽고 생각하며 창의력으로 풀어 나가십시오. 그리고 황
금의 세계에 도전하십시오.

끝으로 여러분이 그 매력적인 발명 세계의 주인공이 되는 길
에 도움이 되고 나아가 인류문화 발전과 행복을 위한 밑거름이
되었으면 합니다.

이 책이 나오기까지 수고를 아끼지 않은 세창출판사 직원 여
러분과 서지은 씨, 여기까지 오는 길에 열심히 응원을 아끼지 않
은 가족들에게 감사의 마음을 전합니다.

1998년 7월

저자 씀

우수발명학생 특례입학 특전

· 과학고 우수발명학생에 대한 입학전형에 가산점 부여

　　특허청의 요청에 따라 서울과학고, 한성과학고에서는 99학년도 입학전형에 학생발명입상자에 대한 가산점부여를 반영할 계획이며 특허청은 우수발명학생의 과학고교의 입학특혜반영을 전국 16개 과학고교로 확대하기 위하여 나머지 14개 과학고와도 협의 중에 있다.

· 1999학년도 대학입시에서는 특허청이 주최하는 대한민국 학생발명전시회에서 우수입상한 학생들이 학업점수가 아닌 특례자 전형으로 대학에 입학할 수 있는 기회가 전국 주요 대학으로 확대될 예정이다.

　　특허청은 1998년 3~4월 중 국내 60여 개 대학에 대하여 우수발명학생의 대학특례입학지원자격 부여를 추진한 결과 99학년도에는 서울대, 연세대, 고려대, 한양대, KAIST, 포항공대, 이화여대 등을 포함한 전국 26개 대학에서 고교 재학 중 대한민국 학생발명전시회에서 입상한 학생들을 특기자전형으로 모집하기로 하였다. 한편 학교별 특기자 전형의 구체적인 대상범위 및 모집인원에 대하여는 오는 10월 중 각 대학에서 99학년도 입시요강에 최종적으로 공고할 예정이다.

우수발명학생 특례입학제도 반영대학 현황(총 60여 개 대학)

반 영 연 도	대　　　학　　　명
1999학년도 (총 26개 대학)	서울대, 연세대, 고려대, 한국과학기술원(KAIST), 포항공대, 이화여대, 한양대, 성균관대, 강원대, 경북대, 경희대, 중앙대, 총신대, 명대, 부경대, 부산대, 상지대, 아주대, 인하대, 전남대, 전북대, 전주대, 충북대, 금오공대, 한국산업기술대, 한국기술교육대
2000학년도 반영예정대학 (총 34개 대학)	광운대, 건국대, 동국대, 서강대, 순천향대, 충남대, 경기대, 경남대, 경상대, 계명대, 관동대, 국민대, 단국대, 동아대, 상명대, 서울시립대, 세종대, 수원대, 숙명여대, 숭실대, 안동대, 영남대, 원광대, 울산대, 제주대, 조선대, 중부대, 창원대, 한남대, 한동대, 한림대, 한국항공대, 호남대, 홍익대

차   례

오프너에 천공을

빨간 우산 파란우산

인공의 빛 탄생

같은 값이면 다홍치마

편지 한 장

전화에서 휴대폰까지

돈이 되는 뚜껑

신발은 과학 아닌 의학

조리학교 아이디어학과

논두렁과 넥타이

살짝 더했을 뿐

조금만 변형시켰을 뿐

청소도 가지가지

소리는 곧 예술

깜짝 힌트 왕 발명

1

오프너에 천공을

 ## 오프너의 발전은 어디까지일까

　　지금으로부터 약 백년 전 미국의 특허국장은 '발명되어야 할 것은 모두 발명되었다'라며 발명시대의 종말을 예언했다. 오늘을 사는 우리들이 이 얘기를 듣는다면 무슨 생각을 할까? 백년 전이라면 지금보다 기술적·문명적으로 낙후된 시대인데 그의 이러한 예언은 아무래도 너무 성급했던 것 같다.

　　발명의 역사를 살펴보면 어떤 한 사람의 힘으로 발명이 완성된 적은 없었다. 어떤 발명이든지 이전 사람들이 이미 발명해 놓은 것을 기초로 해서 새로운 발명품들이 태어났다. 따라서 우리에겐 모든 발명품들의 주변을 둘러보는 것이 중요하다.

　　산과 바다로 떠나는 즐거운 야유회.

　　시원한 음료수를 먹으려는데 만약 오프너가 없다면 얼마나 불편할까? 또한 결혼식장의 피로연장인 바쁜 식당에도 오프너가 없어서 1회용 라이터를 이용하여 병뚜껑을 따는 사람도 있다. 여성들은 오프너가 없어서 음료수를 먹지 못하고 바라만 보고 있다. 어떤 사람은 치아로 병뚜껑을 따다 다치기도 하고 입술에 상처를 내기도 한다.

이러한 불편을 누구나 느끼면서도 개선·개량할 생각은 하지 않고 남들도 이렇게 하니까, 나도 이렇게 하면 된다는 사고 방식을 갖고 있지는 않은지, 만약 그렇다면 세상을 다시 한 번 둘러보자.

백년 전, 아니 천년 전에도 그랬듯이 지금도 여전히 우리의 열려진 세상은 알 수 없는 신비한 것들로 가득 차 있다.

이 모든 것들이 우리의 가능성이다.

1. 병뚜껑을 따기 위하여 도구를 찾지 말고 병을 생산할 때, 병 측면에 오프너를 결합시키면 어떨까?
2. 알코올이 날아가지 않게 당기면 열리고 놓으면 밀봉되는 병뚜껑을 고안할 수 없을까?
3. 병뚜껑끼리 맞대서 오프너의 기능으로 딸 수 있는 방법은 없을까?
4. 병의 밑면에 오프너를 결합시킬 수는 없을까?

음식 맛을 내는 결정적인 양념들은 거의 병에다 보관한다.

간장이나 기름 같은 액체 양념병은 뚜껑으로 양념이 새거나 흘러나오는 경우가 있다.

양념병의 생명은 얼마나 밀폐시킬 수 있는가 하는 점과 밖으로 새어 나가는 것을 잘 막을 수 있느냐이다. 이것은 병의 어느 부분에 달려 있을까? 바로 병마개이다.

병마개를 구멍과 덮개의 두 부분으로 나누고 안쪽과 바깥쪽 두 부분으로 구멍을 낸다. 이와 같이 병마개를 만들면 기름이나 간장이 밖으로 흘러나오는 것을 막을 수 있다.

그럼 앞으로 더욱 좋은 병마개가 나올 수 있도록 응용방법을 함께 생각해 보자.

1. 시중에 나오는 병마개나 다른 용기의 마개를 최대한 수집하여 장단점을 비교해 보자. 문제점들이 많이 드러날 것이다.
2. 병이나 용기의 어느 부분을 손으로 잡기만 하면 병마개가 저절로 열리게 할 수는 없을까? 그렇게 되면 뚜껑을 손으로 열어야 하는 번거로움이 없어질 것이다.
3. 병마개에 컵을 내장시켜 사용하는 내용물의 양을 측정할 수는 없을까?

이와 같이 발명은 생활 속의 작은 불편을 해결해 주는 것에서부터 출발한다. 뉴턴은 조용한 숲에서 사과가 떨어지는 것을 보고 만유인력의 법칙을 발견했다.

이과교육에서 관찰력의 양성이 무엇보다 중요하게 여겨진다. 왜 사과가 떨어졌을까? 이런 의문을 끊임없이 갖는 것이야말로 새로운 사실을 발견하는 기초가 된다. 관찰력을 양성하고 싶은 사람은 우선 백화점에 가서 그곳에 진열된 상품들을 유심히 살펴볼 필요가 있다. 거기에 전시된 상품들은 일단 성공한 상품이라고 해도 괜찮을 것이다.

먼저 자세히 관찰해 보자.

어디가 좋아서 상품이 된 걸까? 아름답기 때문인가? 구조를 편리하게 해서일까? 향기가 좋아서일까? 맛은 어떤가? 좋은 디자인은 손님들의 구매욕구를 일으키는가?

이와 같이 모든 감각을 동원해서 그 상품이 지닌 특성을 발견해 보자. 특히 잘 팔리는 인기 제품에 대해서는 잘 팔리는 이유를 자세히 따져서 그 특징을 발견해야 한다.

빚에 시달리던 토에이를 오늘날의 융성으로 인도한 것은 이미 별세한 아키노 미츠오의 창의력 때문이었다고 한다. 재미 있는 말을 한 적이 있다.

"버드나무 밑에 미꾸라지 두 마리가 있다."

이 말은, 즉 적중한 상품을 분석해서 그것이 왜 성공했는지 밝혀 보면 한번은 적중할 수 있다는 뜻이다. 이와 같이 발명이란 예리한 관찰력으로 사물의 특성을 발견하여 그것을 응용하는 데 있다.

그러면 여기서 인간의 예리한 관찰력이 탄생시킨 편리한 발명품들을 살펴보자.

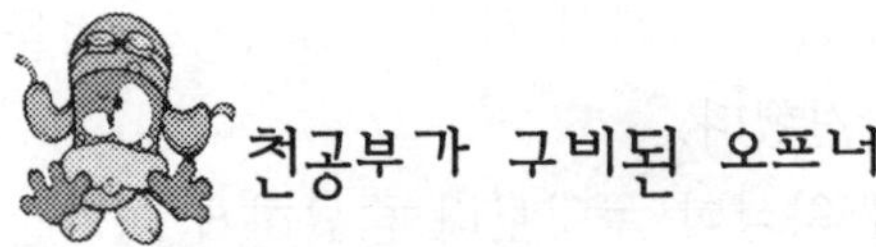

천공부가 구비된 오프너

맑고 깨끗한 환경을 후손에게 물려주기 위한 환경에 대한 연구와 관심이 어느 때보다 높은 지금. 처음 제품을 만드는 단계에서부터 완성, 폐기까지의 과정을 연구해서 제품을 만든다면 환경에 대한 염려는 안 해도 될 것이다.

폐기한 부탄가스통에 구멍을 내어 폐기 처리하기 위한 천공부가 구비된 오프너에 관한 것이다. 병따개의 한쪽 옆에 폐기 가스통에 구멍을 내기 위한 구멍부분을 일체로 만들어, 병따개 고유의 기능을 유지하면서 폐기되는 부탄 가스통에 폐기용 구멍을 내는 용도로 사용할 수 있도록 한 천공부가 있는 오프너이다.

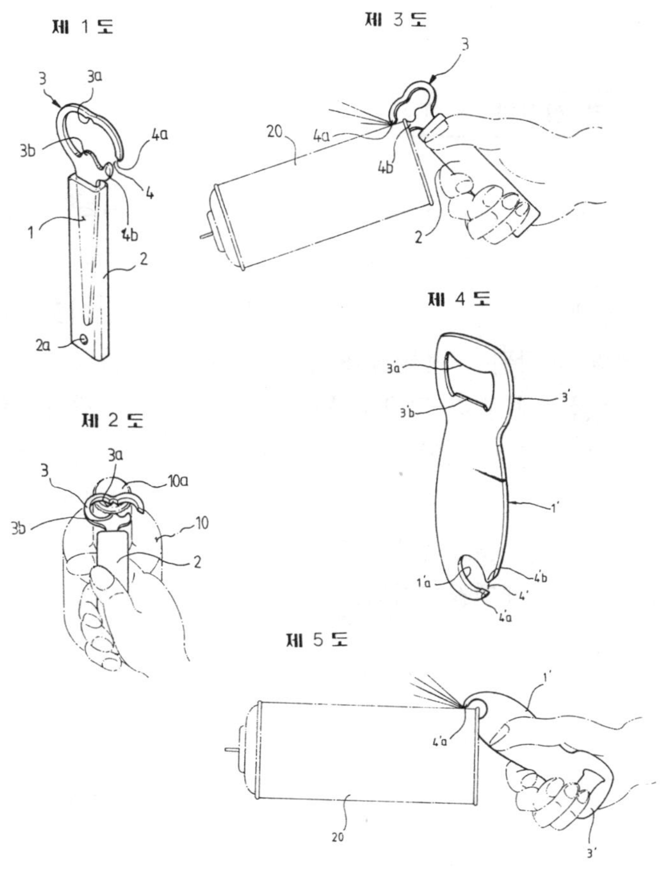

<table>
<tr><td colspan="5" align="center">핵심을 찾아라</td></tr>
<tr><td>1. 지지대</td><td>2. 손잡이</td><td>3. 따개부</td><td>3a. 지지턱</td><td>3b. 작동턱</td></tr>
<tr><td>4. 절개부</td><td>4a. 작동부</td><td>4b. 지지부</td><td></td><td></td></tr>
</table>

《정답》 3b. 작동턱　4a. 작동부

용기호스의 개폐장치

아이디어 착상의 세계

　　보다 편리한 제품을 만들기 위한 인간의 노력은 어디까지 계속될 것인가? 이러한 인간의 노력과 결실은 지금 이 시간에도 우리에게 새로운 가능성이 있는 제품들을 선보이고 있다.

　　용기에 내장된 내용물을 외부로 빼낼 때 사용되는 용기호스의 개폐장치에 관한 것으로 용기호스의 개구를 개폐토록 캡을 나사식으로 연결, 조립하여 용기에 내장된 내용물을 용기호스를 통해 외부로 간단히 빼낼 수 있고 용기 내부에 내장된 내용물이 유출되지 않도록 용기호스를 캡으로 밀봉할 수 있도록 된 용기호스의 개폐장치이다.

▶ 용기호스의 개폐장치 ◀

제 1 도

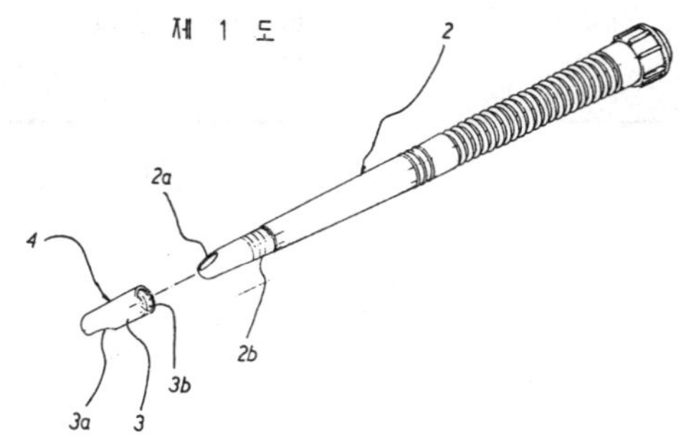

제 2 도

(가)

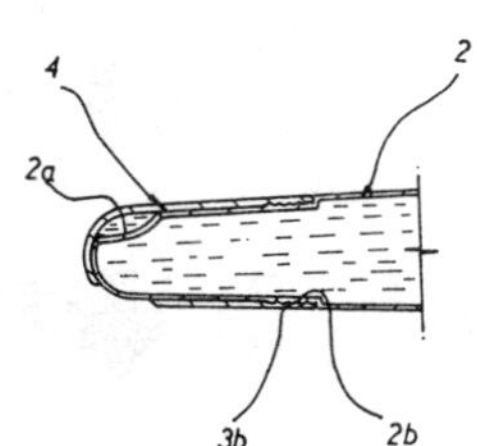

(나)

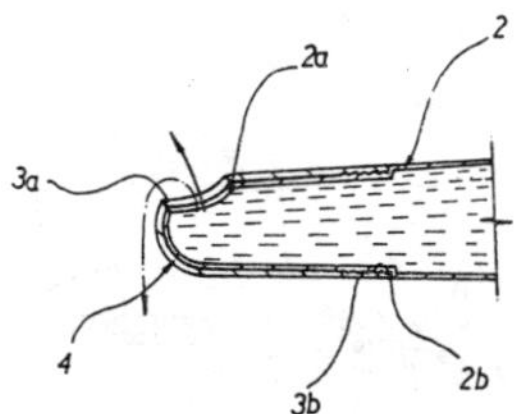

제 3 도

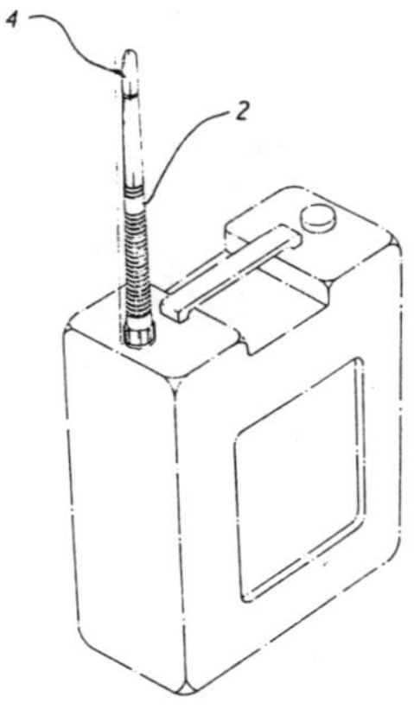

《정답》 2a. 개구   4. 캡

계수 줄넘기

▶ 계수 줄넘기 ◀

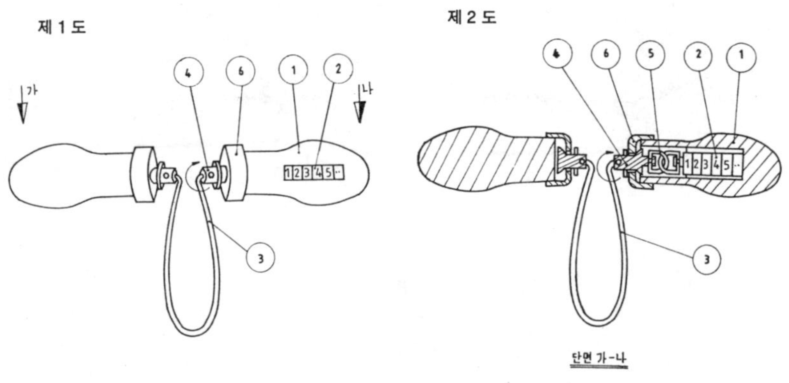

《명   칭》
1. 손잡이   2. 카운터   3. 줄넘기 줄   4. 연결봉   5. 연결고리

《정답》 2. 카운터 4. 연결봉

빨간 우산 파란 우산

 ## 편리한 우산의 모습들

발명은 연구실에서만 이루어지는 것은 아니다. 이는 수많은 발명의 예에서 찾아볼 수 있다. 그 대표적인 예가 목욕탕에서 이루어진 아르키메데스의 부력의 원리이다.

그는 왕으로부터 왕관을 손상시키지 말고 그것이 순금으로 만들어졌는지 아니면 다른 이물질이 섞였는지를 조사하라는 명령을 받았다. 왕의 명령을 받은 아르키메데스는 밤낮으로 연구에 몰두했지만 쉽게 해결할 수 없었다.

그러던 어느 날, 목욕탕에 들어가 명상에 잠겨 있던 그에게 갑자기 기발한 아이디어가 떠올랐다. 아르키메데스가 목욕탕 안에 들어가자 물이 흘러 넘치고 자신의 몸이 가벼워지는 것을 느낀 것이다. 매번 반복되는 현상에서 이 문제의 해결을 찾은 그는 부력의 원리를 발견하게 되었다.

그렇다면 우리가 새롭게 발명해야 할 것들을 위해 연구실이 아닌 거리로 나가 보자. 마침 비가 내리고 있다. 많은 사람들이 저마다 우산을 들고 있는데 바람이 불고 마구 쏟아지는 빗속에서 우산은 큰 도움이 되지 못하고 있다.

여기서 우리가 해결해야 할 문제점은 무엇일까?

우산과 양산은 사용 용도가 다르지만 제작 공정이나 구조 기능 등은 동일하게 만들어지고 고안되었다. 궂은 하늘에서 비가 쏟아질 때 사용하는 우산과는 반대로 양산은 햇빛이 따갑게 내려 쬐는 한여름엔 없어서는 안 될 여성들의 필수품이다.

날씨에 따라 사용하는 우산과 양산에도 결점이 있다는 것을 느끼지만 누가 결점을 보완해 주겠지 하는 정도로 넘기면 아무것도 할 수 없다.

아직까지도 우산은 미완성으로 남아 있는 부분이 많다. 그래서 우산의 개선점을 목표로 설정하여 발명으로 착상하기까지는 그 문제점을 잘 파악해야 한다.

우산은 비가 내릴 때 사용하지만 비바람이 몰아칠 때는 그 기능을 상실하게 된다. 그래서 비바람이 몰아치면 우의를 입어 옷이 젖지 않게 하고 활동하기도 편하다.

그러나 우의가 완벽한 것은 아니다. 비바람을 직접 맞다 보니 얼굴을 치는 비바람 때문에 눈을 뜨고 다닐 수가 없는 결점이 있다. 얼굴을 가려 줄 우의도 필요한 것이다. 또 우산의 중심대로 인하여 사람이 중심 위치에 설 수 없어서 한쪽 어깨는 매번 비를 맞아야 하고 하나의 우산을 두 사람이 쓰고 다니기 어렵다.

이런 여러 가지 문제점을 갖고 있는 우산을 개선해 보자.

발명이 반드시 존재하지 않던 무언가를 새롭게 탄생시키는 것은 아니다. 이미 나와 있는 기존의 모든 생필품이나 산업에 사용되는 것들 중 사용하는 데 불편한 점은 없는가 또는 엉성하게 만들어졌거나 쉽게 고장나는 것은 없는가 등을 살펴보는 것에서부터 발명은 시작된다.

발명의 착상힌트

1. 신발이 젖지 않게 할 수는 없을까?
2. 비오는 날 활동하면 바지단 부분은 빗물로 젖게 되는데 바지단 보호덮개를 고안할 수는 없을까?
3. 구두덮개 겸 바지커버를 구두에서 착상할 수 없을까?
4. 갑자기 비바람, 소나기가 와도 즉석에서 온몸을 보호할 수 있도록 허리띠에 우의를 내장할 수는 없을까?
5. 우산 손잡이대가 중심부에 있어서 어깨가 우산 밖으로 나오기 때문에 비를 맞는다. 우산살 끝에 안테나원리를 도입하여 우산의 크기를 조절할 수 있는 방법은 없을까?
6. 우산 중심대에 각도를 줄 수 있다면 사람이 중앙에 설 수 있지 않을까?
7. 우산의 끝 부분에 비닐원단을 한 바퀴 돌려서 붙여 놓는다면 우산비옷이 되어 튀는 빗물을 막아 주지 않을까?
8. 비바람이 세차게 몰아칠 때 우산이 날아가지 않게 구멍 통로를 결합시키면 어떨까?
9. 우산을 쓰고 다니다가 목이 마르면 빗물받이에 저장된 빗물을 호스로 빨아먹을 수 없을까?

비가 내리는 밤, 부모님들은 자녀들을 마중 나가게 된다. 버스 정류장까지 가기 위해 자동차 도로를 따라 걷다가 비바람이라도 불면 우산을 앞으로 숙이고 걸어가게 된다.

또 돌이나 물웅덩이가 있나 살피며 조심스럽게 걷다보면 멀리까지 보이지 않는 어두운 길이라 다른 사람과 부딪치는 경우도 있다.

그런데 만약, 자동차와 마주친다면……. 자동차 운전자의 경우도 빗길 운전이 쉽지만은 않아서 횡단보도에 서 있는 사람을 못 보고 지나치는 경우도 있다.

이것은 전적으로 우산의 문제점 때문에 큰 사고를 당하게 되는 경우이다.

빗길 운전시 앞쪽에 물체가 있는지 없는지를 구분할 수 있는 방법만 있다면 아주 쉽게 해결할 수 있다.

바로 이런 문제점을 해결해 주는 것이 발명이다.

발명은 이렇듯 인간의 바람을 만족시켜 줄 수도 있고 희망도 줄 수 있는 것이다. 발명 없이는 인류 문명의 생활은 진전될 수가 없으며 미래도 없다고 할 수 있다.

비바람이 몰아치며 어둡고 앞이 잘 보이지 않아 부딪칠 대상물이 존재하는 그 길, 통행인이 많은 골목길이라면 우산으로 인한 사고를 생각해 보고 우산의 결점을 개선 개량해 보자.

우산용 커버

비오는 날 백화점, 은행, 식당 등 사람이 많이 모이는 곳의

출입구는 우산을 접어들고 들어오는 사람들로 인해 바닥은 지저분해지고 물이 고여 있게 마련이다.

모두가 경험했을 이런 문제점은 우산을 보관하는 커버의 문제이기도 하지만 우산에 관련된 기술개발에 풀어야 할 과제들이 많다는 것을 보여준다.

우산커버를 발수로 된 직물천에 지퍼를 부착하여 우산을 접어 지퍼를 당기면 커버기능이 되도록 고안할 수는 없을까?

본 고안은 우산의 휴대 및 보관이 쉽도록 한 우산용 커버이다.

기술적 과제는 종래에 우산을 사용함에 있어 그 커버는 우산대나 우산고리에 묶어야만 하여 그것이 번거롭고 우산의 휴대나 보관시 커버가 직물재질로 제작되어 있어 조금만 힘이 주어져도 찢어지고 또한 외관상에도 좋지 못했다.

이러한 불편과 문제점을 해결하기 위해 외형 변경이 없는 재질로 된 커버의 내부에 우산 및 그 끝단 부분에 결합된 손잡이의 삽입돌부를 삽입시켜 휴대 및 보관시 커버 및 우산의 파손을 방지함과 동시에 그 외관 또한 좋도록 한 것이다.

우산으로 사용할 때 손잡이 끝단을 커버에 삽입하여 손잡이가 연장 형성되도록 하여 사용할 수 있고 이에 따라 커버의 보관문제도 해결한 편리한 우산이다.

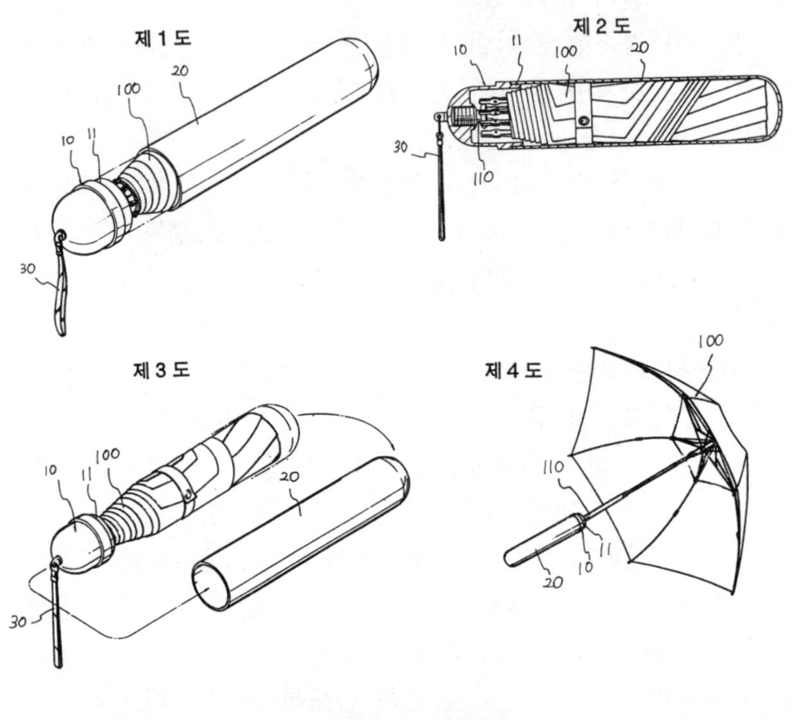

핵심을 찾아라

100. 우산   110. 우산대   10. 손잡이   11. 삽입돌부   20. 커버

《정답》   20. 커버

발명의 착상힌트

1. 기존의 우산은 원형인데 타원형으로 고안할 수는 없을까?
2. 우산이 모아진 장소에서 쉽게 자기 것을 찾을 수 있도록

고안할 수는 없을까?

3. 밭에서 일하는 농부들을 위해 우산이나 양산을 결합시켜 그늘에서 일할 수 있도록 고안할 수는 없을까?

4. 우산 3개를 연결해서 우산도 되고 파라솔도 되게 고안할 수는 없을까?

5. 우산을 연결하여 텐트가 되게 할 수는 없을까?

6. 공기주입식 우산을 고안한다면 부피가 작아져 가지고 다니기 편하지 않을까?

7. 우산, 양산을 들고 다니기 힘들지 않게 바퀴와 결합시킬 수 없을까?

이 밖에 어떤 편리한 우산의 발명이 우리를 기다리고 있을까?

 양   산

중세를 배경으로 한 유럽의 영화를 보면 여성들이 멋을 한껏 발휘하기 위해 조그만 양산을 들고 다니는 것을 볼 수 있다.

햇빛을 가리기 위한 목적도 있지만 그 시대의 의상이나 유행을 보더라도 여성의 부나 지위를 과시하는 한 형태라고도 할 수 있다.

이러한 부수적인 용도로 사용되어 오던 양산이 이제는 보편화되었으며 앞으로는 필수품이 될 것이라 생각한다.

　　자외선을 막기 위해서 여성은 물론, 남성도 가지고 다녀야 하지 않을까 하는 생각이다. 물론 그런 상황까지 되어서는 안 되겠지만 말이다.

　　대부분의 여성이 소유하고 있는 이 양산에 약간의 아이디어를 접하면 햇빛가리개 이외의 용도로도 사용될 수 있을 것이다.

　　자! 다 함께 생각해 보자.

　　모임이나 행사에서 양산을 이용한 장식은 어떨까?

▶ 양　　산 ◀

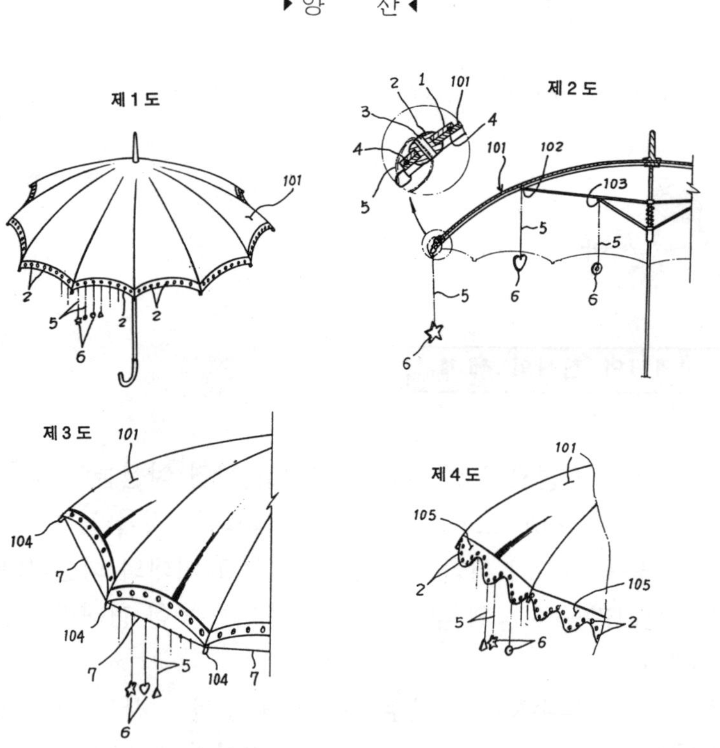

　　양산포지의 하단 전체에 좁은 폭의 덧댐포지를 접착처리 또는 재봉처리 하되 노끈을 삽입하여 탄성을 높이고 통공을 가진 아이렛을 수십 개 이상 부착하여서 끈을 끼우고 장식물을 매달 수 있는 특징을 가진 양산 또는 우산에 관한 것이다.

　　양산이나 우산의 고유기능은 그대로 유지하면서 행사나 각종모임에 참가할 때 또는 상황에 따라 적절한 장식물을 매달아 모임의 목적이나 분위기를 강조 또는 고조시킬 수 있는 특징이 있다.

핵심을 찾아라

101. 양산포지　1. 덧댐포지　4. 노끈　2. 아이렛　3. 통공
5. 노끈　6. 장식물

《정답》　2. 아이렛　5. 노끈　6. 장식물

뒤집히지 않는 우산

아이디어 착상의 세계

　　비가 오는 날은 긴장부터 하게 된다.

　　가방도 무거운데 우산은 어떻게 들고 다니지! 신발이나 옷이 비에 많이 젖지는 않을까? 혹시 우산이라도 뒤집히면 어떻게 할까? 그래서 우산살이 부러지기라도 하면…….

　　비바람이 부는 날에는 제일 큰 걱정이 우산이 뒤집히지는

않을까 하는 것이다. 거리를 지나가다가 흔히 볼 수 있는 상황들이다.

그런 고통에 빠지지 않기 위해 대부분이 우산대를 꼭 붙들고 바람을 향해 우산을 들이댄다. 바람과 반대방향이 되면 그때는…….

이렇게 긴장하고 걱정만 할 것이 아니라 해결할 수 있는 방법은 없을까? 비바람이 불어도 끄떡없는 강력한 우산을 가지고 있다면 허리를 펴고 머리를 들고 거리를 바로 걸어갈 수 있을텐데 말이다.

'뒤집히지 않는 우산 1'에 관한 것으로 비바람이 세차게 불어도 뒤집히지 않기 위하여 주살대 끝의 팁과 보조살대 사이에 상부로는 접히고 하부로는 접히지 않도록 하며 길이조절이 되는 안테나관을 연결함으로써 주살대가 뒤로 뒤집혀지지 않게 한 것이 특징이다.

중간에 접히는 부분이 없는 일반적인 안테나관이나 길이조절이 되는 소형파이프를 중간이 접히도록 하여서 사용해도 무방하다.

'뒤집히지 않는 우산 2'는 세찬 비바람에도 견디기 위한 방법으로 주살대 끝의 팁과 보조살대 사이에 노끈을 연결하여 주살대가 뒤로 뒤집혀지지 않게 한 것이 특징이다. 노끈 대신에 철사, 군번줄, 금속사슬 혹은 비금속으로 된 휠 수 있는 편평체를 사용해도 사용효과는 좋다.

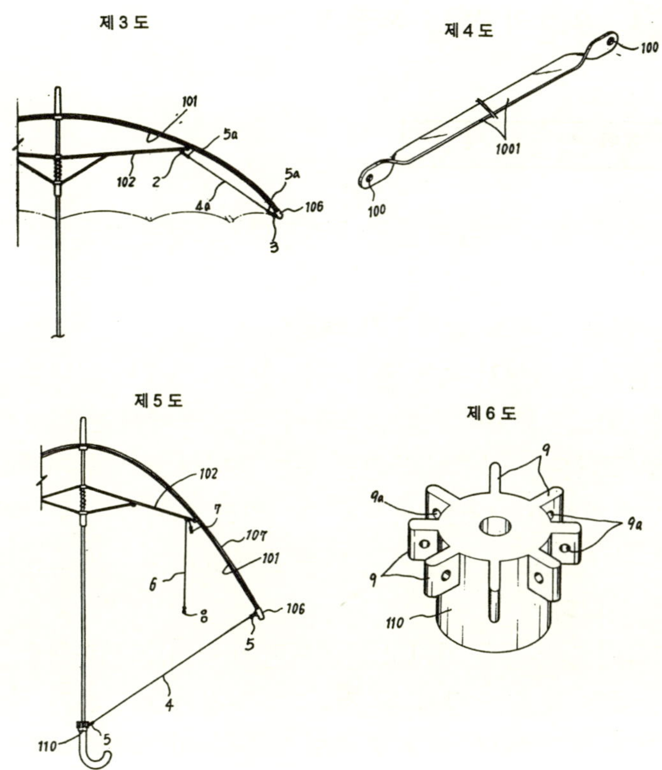

핵심을 찾아라

101. 주살대   106. 팁   103. 보조살대   1.1a 안테나관   1d. 안테나관   7.7a 소형파이프   4.6. 노끈   5. 체결고리   110. 우산대고정환

《정답》 4.6. 노끈 5. 체결고리

우산의 비닐 포장기

비가 올 때면 주위가 온통 흐려진다. 그것은 건물의 내부에서도 볼 수 있는 현상이다. 건물로 들어오는 사람들이 외부의 현상을 계속 가지고 들어오기 때문이다.

신발과 우산에서 뚝뚝 떨어지는 빗물. 이것은 실내를 지저분하게 만드는 원인이 된다. 그래서 어떤 곳에서는 이것을 막기 위해 들어오는 입구에 우산을 두는 통이나 꽂이를 마련해 두고 있다. 하지만 그것은 우산을 잃어버리거나 같은 우산이 있으면 다른 것으로 바꾸어 가는 일을 초래하기 때문에 그리 좋은 방법은 아니다.

그렇다고 우산을 가지고 들어가면 바닥이 지저분해질 것이고 사람들의 눈총을 받게 될 것이다. 이것을 해결하기 위해서는 우산을 들고 다닐 수 있게 하되 우산의 빗물이 떨어지지 않게 하면 되는 것인데 좋은 아이디어가 없을까?

우산에 비닐을 씌운다. 이것은 간단한 해결방법이지만 실내를 청결하게 해 주며 우산을 잃어버리지 않게 하여 사람들의 기분을 좋게 한다는 의미에서 굉장한 효과를 가지고 있다. 실내에 들어가기 전에 우산을 비닐로 씌우는 방법. 비닐을 씌우기가 쉽지만은 않다는 것을 경험을 한 사람이라면 알 것이다.

좀더 편리하게 사용하기 위한 방법은 없을까?

비닐을 자동으로 씌워 주는 기계가 있다면 훨씬 기분좋게

건물로 들어갈 수 있지 않을까? 젖은 우산의 포장을 위한 우산의 비닐포장용기가 그 해결방안이 될 것이다.

상단은 우산 삽입구가 있고 벽면에는 우산인출공이 우측에는 진퇴되는 흡입봉이 설치되고 인출공의 좌측에는 횡봉이 설치되어 비닐봉지를 현가하되 압지판으로 압지되도록 구성되었다.

▶ 우산의 비닐포장기 ◀

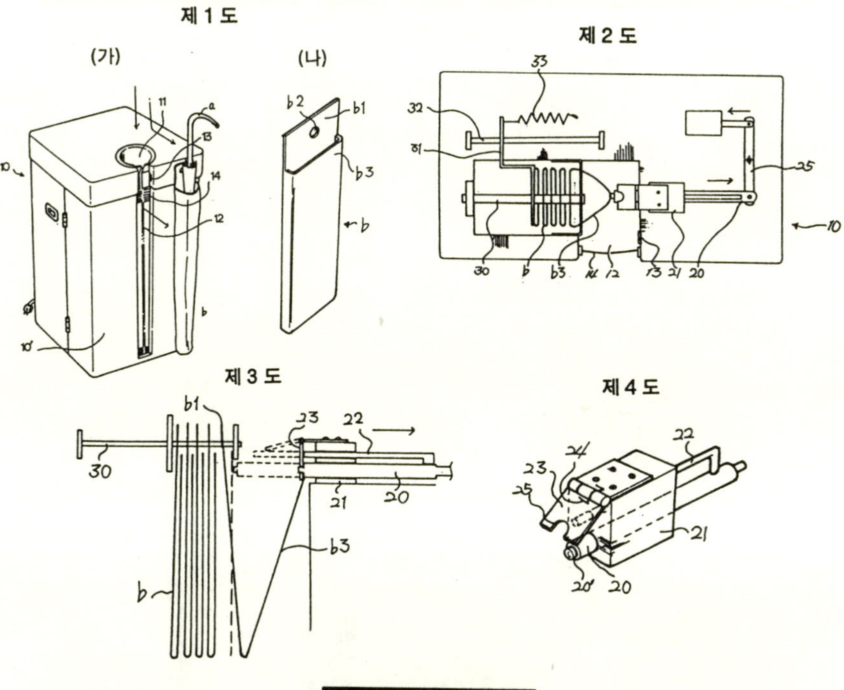

핵심을 찾아라

10. 포장기   11. 삽입구   12. 우산인출공   14. 브러시   20. 흡입봉   23. 누름판   30. 횡봉   31. 압지판

《정답》 10. 포장기

 # 신체차광구의 양산자동장치

2. 멜빵 1. 등판 골격 3. 등판 골격의 지지구 4. 신축봉	
5. 양산지주봉 6. 양산 100. 작동구 200. 축핀 300. 괘정구	

《정답》 4. 신축봉 5. 양산지주봉 300. 괘정구

▶ 신체차광구의 양산 작동장치 ◀

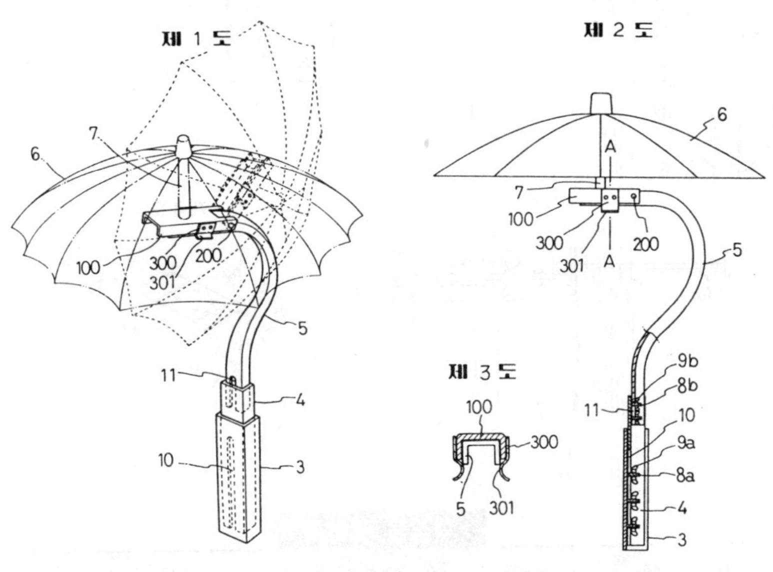

인공의 빛 탄생

전기의 새로운 모습들

일본최대 전기제품업체 마쓰시타 그룹의 창업자 마쓰시타 고노스케는 초등학교를 중퇴한 천재발명가였다.

세계 37개국에 450개 이상의 계열사를 거느린 마쓰시타 그룹은 파나소닉, 내셔널, 테크닉스 등 세계적인 상표로 각종 아이디어 제품을 생산하고 있으며 연간매출액도 엄청나다.

그가 성공한 이유는 일상생활에 필요한 가치 있는 발명을 많이 했기 때문이다.

이 엄청난 재벌 그룹은 작은 아이디어인 쌍소켓의 발명에서 시작되었다.

마쓰시타가 초등학교 4학년 때 부친이 사업에 실패하자 학업을 중단하고 와가야마시를 떠나 오사카에서 견습 점원으로 사회생활을 시작했다.

화로 가게와 자전거포, 전구회사 등에서 10년 간 일한 끝에

2평짜리 점포를 마련하면서 그의 발명은 시작된다.

어느 날 자신의 점포에 진열된 소켓을 보는 순간 기발한 아이디어가 떠올랐다.

"이 소켓을 쌍소켓으로 만들면 편리하겠구나."

그는 즉시 연구에 들어갔고 시제품을 만든 다음 특허출원을 마쳤다. 그리고 오사카에서 제일 큰 전기제품 회사를 찾아갔다. 바로 현재의 마쓰시타 그룹이 잉태되는 순간이었다.

즉석에서 전량 납품계약이 체결되었고 곧이어 일본은 물론 전세계에 팔려 나갔다.

1년이 채 못 되어 마쓰시타 전기산업이 탄생했고 그 성장속도 또한 세계의 화제거리가 되었다.

그는 세 발 달린 휴대용 라디오, 세탁이 끝난 시간을 알려주는 자명종이 붙은 세탁기, 직입식 코드 등 수 많은 발명품을 개발했는데 하나같이 히트했다.

어떤 물건이건 그의 손만 거치면 새롭게 개량되어 실용신안 등록출원이 가능했다.

'마네'란 일본어로 모방이란 뜻인데 마쓰시타는 모방을 천재적으로 잘한다 해서 '마네시타'라는 별명이 붙기도 했다. 특허법에서는 모방을 금지하고 있지만 개량하면 실용신안등록 출원이 가능하다.

이렇듯 발명은 그 기술이나 제품을 수요자들이 선호하고 인정하는 가치성이 있어야 성공할 수 있다. 아무리 우수하다고 내세워도 본래의 가치가 없으면 그저 쓸모 없는 제품이 된다.

일상생활 속에서 체험으로 얻은 경험을 토대로 여러 가지 정보와 지식을 접합시켜 분석하고 검증하여 실험을 통해 찾은 생생한 아이디어를 발명으로 연결시킬 때 매우 뛰어난 발명이 탄생된다.

　발명의 본질적인 가치는 새로 창작하고 종래보다 기술수준이 진보되어야 하며, 산업에 이용할 수 있어야 한다. 그리고 다른 기술보다 일상생활이나 산업에 필요성이 있어야 하고 제품의 품질에 비해 값이 저렴하여 경제성이 있으며 수요자들이 즐겨 찾는 선호성이 있어야 한다. 즉 발명은 경험을 토대로 하여 정보와 지식의 접합으로 이루어 객관적으로 인정받는 가치성이 있어야 한다.

　전기용품을 사용하려면 콘센트에 플러그를 꽂아야만 된다. 그러나 보통 가정집의 콘센트에는 두세 개밖에 플러그를 꼽지 못한다. 별도로 선을 사용해야 하고 보관에도 불편하다.

　가전제품을 여러 개 한꺼번에 사용해야 될 경우 어떻게 해야 될까?

　이럴 때 플러그의 모양을 개선해 플러그에 또 플러그를 꼽아 쓸 수 있도록 한다면 훨씬 실용적일 것이다. 플러그를 100~200볼트 자동 겸용으로 만들어 보자. 콘센트에서 플러그가 솟아나오니까 보기 싫은 면도 있다.

　플러그가 벽에 붙을 수 있도록 각도 변화 장치를 응용해 보는 것은 어떨까?

　콘센트에 타이머를 부착하여 사용시간을 설정한다면 전기가 많이 절약될 것이다. 또한 조리시간을 설정해 놓으면 음식이 타지 않고 다른 일을 할 수 있는 장점이 있다.

　지금 우리생활에 전기가 없다면 얼마나 불편할까? 그러나 이렇게 편리한 전기도 조금만 부주의하면 순식간에 생명을 앗아갈 정도로 위험한 것이기도 하다. 특히 전선이 외부로 노출된 곳에서는 전선이 지저분할 뿐만 아니라 접지 부분에 절단 및 스파크 현상으로 인해 화재가 일어날 수도 있다. 만약 상가가 밀집된 시장에서 불이 난다면 그 피해 또한 엄청나다.

돌출 전선을 가지런히 벽면에 정리할 수 있는 방법은 없을까?

발명의 착상 힌트

1. 전선에 양면 접착제나 테이프를 부착하면 어떨까?
2. 전선에 끼워 사용할 수 있는 클립장치를 찾아보자.
3. 전원 플러그를 높낮이에 관계없이 사용할 수 있는 방법은 없을까?
4. 전선을 알루미늄 홈샷시처럼 벽이나 천정에 설치하여 전열구 이동을 쉽게 할 수 있는 방법은 없을까?
5. AC 전기 용량을 조절할 수 있는 조절기와 타이머를 소형화시켜보자.
6. 누전이나 합선으로 인한 화재를 예방할 수 있는 경보장치는 어떨까?
7. 콘센트에 타이머를 부착하여 타이머 작동 시간에만 사용할 수 있도록 하는 것은 어떨까?

 **접속단자 각각에 스위치가 구비된 콘센트**

아이디어 착상의 세계

콘센트는 가전제품의 전원공급선에 있는 플러그를 꽂아 연결하는 부분이다.

하나의 콘센트에 여러 개의 삽입구가 있어 텔레비전, 냉장고, 오디오 등을 꽂아 사용한다. 전기제품들을 사용하지 않아도 콘센트에 플러그를 꽂아 놓으면 전류가 낭비된다. 그래서 사용 후 매번 플러그를 뽑아 놓아야 하는 불편이 있다.

플러그는 뽑다 보면 잘 빠지지 않아서 전선까지 잡아당기기도 하는데 자칫 실수로 피복전선이 절단되면 합선으로 인한 화재발생이 되는 위험이 있다.

이러한 문제점을 해결하는 것은 인간의 두뇌활용에서 시작되고 그 문제의 원리와 원인을 찾아내면 문제의 답은 나오게 마련이다.

주변기기의 기능, 구조, 장치를 결합시키는 실험 자체가 창의적인 착상이 되어 주는 것이다.

접속단자 각각에 스위치가 구비된 콘센트는 콘센트의 접속단자 각각에 스위치를 설치하여 접속단자에 개별적으로 전원을 인가 또는 차단하므로 각 스위치로 접속단자 각각에 공급되는 전원을 제어하기 위한 것이다.

전기제품의 전원연결용 콘센트에 병렬로 접속되는 한 개 이상의 스위치와 상기 스위치에 각각 접속되어 상기 스위치에 따라 개별적으로 전원이 인가, 차단되는 접속단자로 구성되었다.

제 3 도

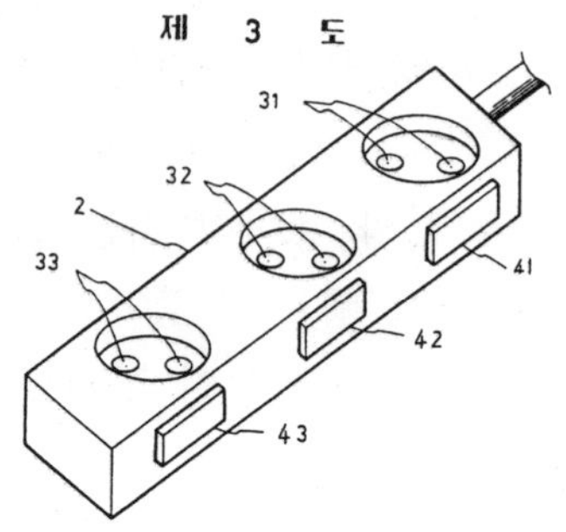

제 4 도

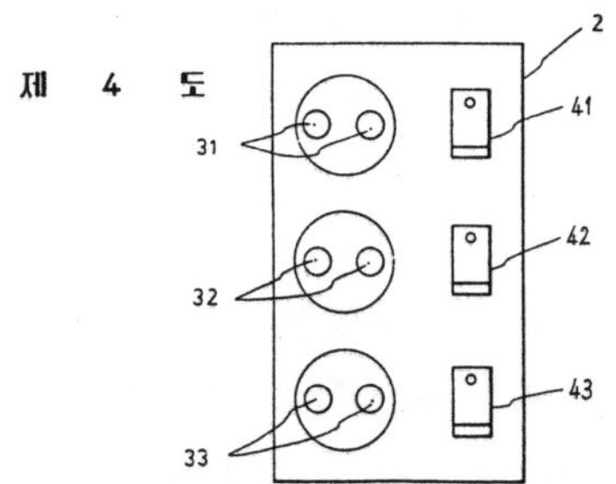

핵심을 찾아라

2. 콘센트   41. 43. 스위치   21. 23. 접속단자   31. 33. 플러그
단자 삽입홈

《정답》 41. 43. 스위치

페트병 홀더

▶ 페트병 홀더 ◀

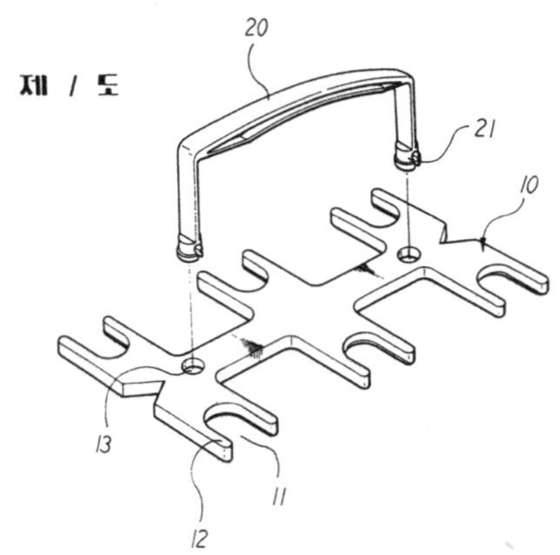

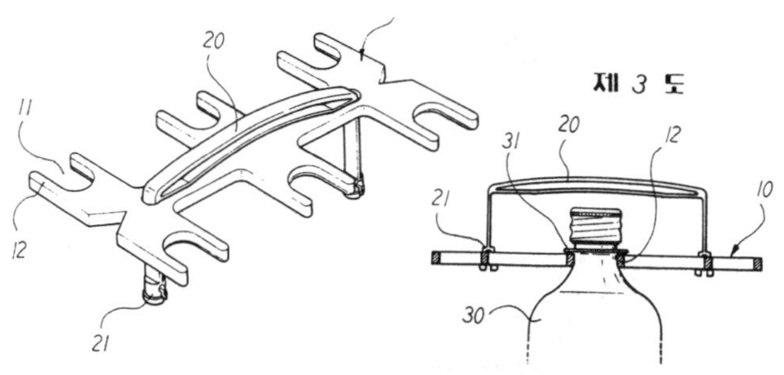

《정답》 11. 착탈홈 20. 손잡이

유아용 오뚝이 젖병

▶ 유아용 오뚝이 젖병 ◀

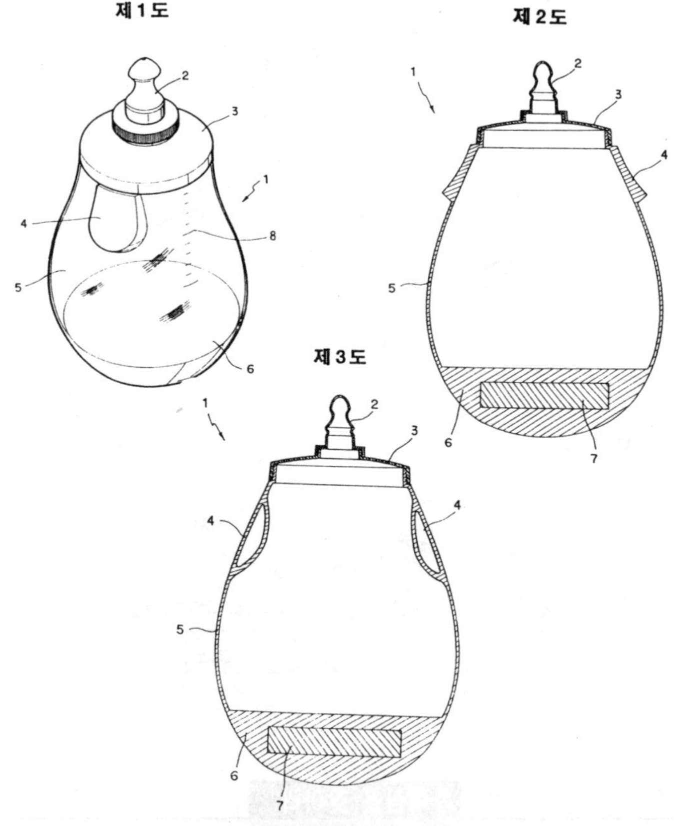

《정답》 7. 무게추

4

같은 값이면 다홍치마

 **용기의 종류**

    발명력이 있는 사람과 없는 사람을 구분하는 방법은 간단하다. 발명력이 있는 사람은 작은 아이디어라도 주의를 집중시키고 있다는 점이다.

    그 아이디어가 후에 어떤 결과를 가져올지는 모르지만 그 아이디어가 큰 돌파구를 열 수 있다는 것을 믿고 그것을 실현시킬 수 있다는 확신을 갖고 노력한다.

    인간의 정신력은 매우 놀라운 것이어서 어떤 어려운 상황에서도 극복할 수 있다. 스스로가 자신의 아이디어에 대한 자신감이 없어 반신반의하는 정신으로 발명에 임한다면 훌륭한 발명으로 이어질 수 없다.

    만일 발명가가 되겠다고 마음을 먹었다면 자기 아이디어의 뛰어난 가치를 믿고 끈기 있게 발전시켜야 한다.

    이러한 자세를 취하다 보면 다소 모험도 해야 한다. 때로는 기존의 법칙을 깨뜨리게 될 경우도 있고 여러 가지의 답을 찾아야 되고 나아가 다른 분야에까지 접근해야 한다. 또한 애매한 결과도 수용해야 한다.

새로운 것을 시도하도록 자신을 자극시켜 발견한 아이디어, 특히 조그마한 아이디어라 할지라도 이를 발전시켜 나가야 한다.

발명적인 사람은 이러한 작은 아이디어도 무언가 기발한 아이디어로 이끌어 갈 수 있다는 자신감을 갖고 있다.

세상에 역경을 딛고 일어선 기쁨보다 끈 기쁨은 없다고 한다. 역경이 있기에 창조도 있는 것이다. 발명가들의 의견을 종합해 보면 역경의 소산인 슬픔 등이 발명을 낳게 되는 동기가 된다고 한다.

힘이 들면 들수록 그 역경을 극복하려는 의지가 강해지고 그런 의지는 곧 성공하려는 야망을 불러일으키기 때문이다. 한마디로 역경은 사람을 창조적으로 몰아가는 힘이 있다.

그러나 창조적 사고는 꾸준히 쉬지 않고 지속될 때 그 진가를 발휘한다.

그러면 인간의 창조력이 우리의 용기문화를 어떻게 발전시켜 왔는지 살펴보자.

병조림이 세상에 나온 지 10년 후인 1819년 튜란드는 '주석깡통을 이용한 식품밀봉용기'라는 이름으로 특허를 땄다. 튜란드의 원래 직업은 주석기술자. 병조림을 워낙 즐겨 먹다보니 자연히 단점을 발견할 수 있었던 것이다.

'병마개도 안전하고 양초도 병 속으로 들어가지 않으며 가벼운 데다 병도 잘 깨지지 않는다면 더욱 좋을 텐데……'

그는 병조림을 먹을 때마다 이런 생각을 했다.

그러던 어느 추운 겨울날, 아침부터 주문 받은 주석깡통을 만들던 튜란드는 점심시간이 되자 병조림을 꺼냈다. 그런데 너무 차가워 도저히 먹을 수가 없었다. 궁리 끝에 주변의 깡통에 병조림을 쏟아 붓고 난로에 끓여 보았다. 편리하기가 그만이었다.

'그래, 병 대신 깡통을 쓰면 깨질 염려도 없고 특히 추운 겨울에는 데워 먹을 수도 있겠구나.'

식사를 마치고 병과 깡통을 치우던 그는 머리에 이런 아이디어를 떠올렸다. 확신을 얻은 그는 깡통을 이용해 통조림을 만들어 보았다. 그리고 특허출원도 서둘러 했다. 자신도 놀랄 만큼 대단한 인기였다. 단순히 깡통을 만지던 이전의 수입보다 훨씬 많은 돈이 들어왔다.

그러나 안타까운 점은 발명가의 손으로 기업화를 이루지 못한 점이다. 당시만 해도 생산과정이 거의 수작업에 의존하던 실정이었기 때문에 통조림 역시 뚜껑 하나 하나를 납으로 땜질해 내는 원시적인 공정이었다.

세계최초로 통조림 공장이 세워진 것은 1830년이다.

영국 런던의 자본가가 시효가 끝난 튜란드의 특허를 그대로 차용, 막대한 자본을 투자해 본격적인 통조림시대를 열었다.

이와 같이 발명은 역사 속에서 개량되고 새로운 아이디어가 첨가되기도 하여 계속 발전한다.

여러분은 세수나 목욕을 할 때 무엇을 사용하나요?

비누나 물비누를 사용하게 되는데 이것에 따라 용기 또한 달라지게 된다. 그 내용물을 잘 보관할 수 있고 편리하게 사용할 수 있도록 하는 것도 발명이다.

용기를 편리하게 사용하기 위한 방법을 생각해 보자.

자동문과 같은 원리를 응용해서 세제용기 앞에 손바닥이 닿기만 하면 저절로 세제가 나올 수 있게 하는 용기를 만들어 보는 것이다. 이를 위해서는 손바닥이 세제 용기와 일정하게 간격을 가까워지면 이를 감지할 수 있는 전자감지기를 용기에 부착해야 한다.

이번에는 세제 자체가 아닌 세제 사용의 편리를 도모하기 위해 고안된 발명품을 살펴보자.

밥을 먹고 나면 꼭 하는 것이 있다. 바로 이를 닦는 일이다. 지혜는 하루에 3번 이를 닦는다. 학교에 들어가지 전 단것을 많이 먹어 충치가 생겨 고생을 했었는데 지금은 치과에 다녀온 끔찍한 기억 덕분에 열심히 이를 닦는다.

고학년이 되면서 점심은 학교에서 먹는데 식사 후에는 꼭 이를 닦는다. 칫솔은 학교에 두고 다니니까 학교에서도 불편이 없다.

오늘 아침에도 이를 닦고 서둘러 학교에 가려는데 어머니가 지혜를 부르신다.

"지혜야, 넌 왜 매일 치약을 이렇게 짜니? 치약은 밑에서부터 짜서 쓰라고 얼마나 얘기를 해야 알아듣겠니?"

지혜는 아차 하는 생각이 들었다. 지혜는 치약 짜는 습관 때문에 자주 꾸중을 들었었다. 학교에 와서도 지혜는 기분이 좋지 않았다.

'벌써 사흘째 혼나는 것인데……. 안 그렇게 하겠다고 하면서 잊기가 일쑤니…….'

하면서 정말 조심해야지 하고 다짐하는데 선생님께서

"지혜야, 오늘 기분이 안 좋아 보인다. 무슨 일이 있었니?"

라고 물으신다.

지혜는 솔직하게 아침에 집에서 있었던 일을 선생님께 말씀드렸다. 그랬더니 선생님께서 치약짜개 발명에 대해 적은 것을 주셨다.

치약짜개는 아주 간단한 발명품이었다. 치약이 들어 있는 맨 아래쪽에 끼워 위쪽으로 점차 밀어 주면서 사용하는 것이었다. 모양은 내용물을 다 쓴 치약 용기만이 들어갈 수 있도록 가운데에 공간을 만들어 놓은 직육면체였다.

이러한 치약짜개는 아주 사소하면서 간단한 발명품이다. 그러나 이것이 점차 모양을 갖추어 발달하면 훌륭한 발명품이 되는 것이다.

이 밖에 치약을 손쉽게 짤 수 있는 다른 방법은 없는지 생각해 보자.

발명의 착상 힌트

1. 손으로 치약짜개를 밀어 올리지 않고 소형전기모터를 이용하여 일정량의 치약이 나오도록 하면 더욱 편리할 것이다.
2. 롤러의 원리를 응용하여 칫솔을 치약출구에 대기만 하면 나오는 기구는 어떨까?
3. 카메라의 필름이 감기는 구조와 기능을 여기에 응용해 볼 수는 없을까?

우리들이 사용하는 여러 가지 음식, 세제 등에 따라 그 용기 및 사용방법이 다양하기 때문에 발명아이디어는 무궁무진하

다. 그냥 쉽게 지나치지만 않는다면 훌륭한 발명품이 탄생될
것이다.

　자 그럼, 이제 어떤 새로운 용기들이 우리들을 기다리고 있
을까 살펴보자.

 밀착 튜브용기

　유리에 어떤 형상으로 굴절을 주느냐에 따라 용도가 다르
게 쓰이게 된다.

　유리를 오목렌즈로 만들어 응용하면 어떤 발명품이 될까?

　커다란 돋보기로 태양열을 모으면 한 정점에서 종이를 태
울 수 있는 온도를 얻게 된다. 이것은 초점기법의 원리이다.

　발명품을 홍보하려고 할 때 하나의 목표점에 초점을 집중
하여 점차 논리를 좁혀 감으로써 최대한의 효과를 얻듯이 바로
돋보기의 초점기법에 맞추어야 비로소 구매자의 눈길을 끌어
인기를 얻게 된다.

　단편적인 착상에 의존하여 연구개발을 진행하려는 태도는
오류이며 무계획적인 진행으로는 아무 것도 얻을 수 없다.

　용기 따로 튜브 따로 떨어져 있는 것을 결합하면 무엇이 될
까?

　어떤 사물에 초점을 맞추면 더욱 성공적일까?

　튜브용기를 사용하는 화장품 및 여러 분야에 사용할 수 있

으며 특히 가정에서 많이 사용하는 치약에 사용된다.

　종래의 튜브용기는 내용물을 어느 정도 사용하고 남은 내용물을 사용하자면 손으로 짜고 도구를 사용하는 등 손가락으로 꼭꼭 눌러 사용해도 결국은 내용물을 깨끗하게 사용할 수가 없어 낭비라는 단점이 있었다.

　이러한 불편을 없애고자 튜브용기 내에 밀체를 삽입시켜 튜브용기를 사용할 때 편리함과 실용적으로 사용하게 하였다.

　사용용도는 화장품, 치약 등에서 매우 유용하게 사용될 것이다.

▶ 밀착튜브용기 ◀

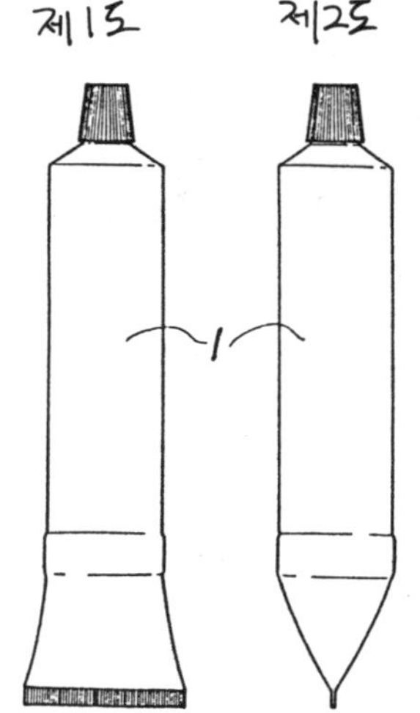

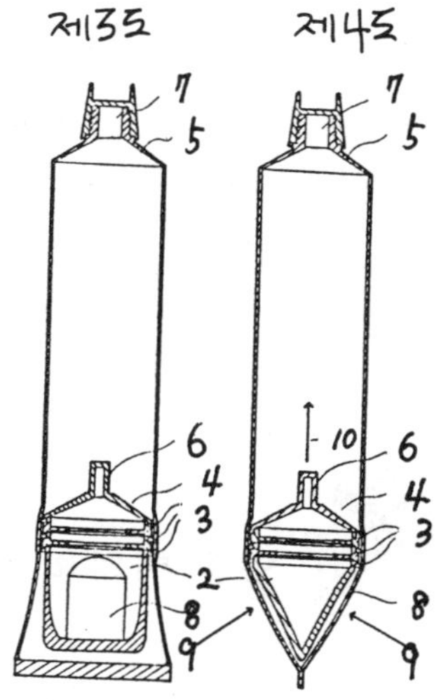

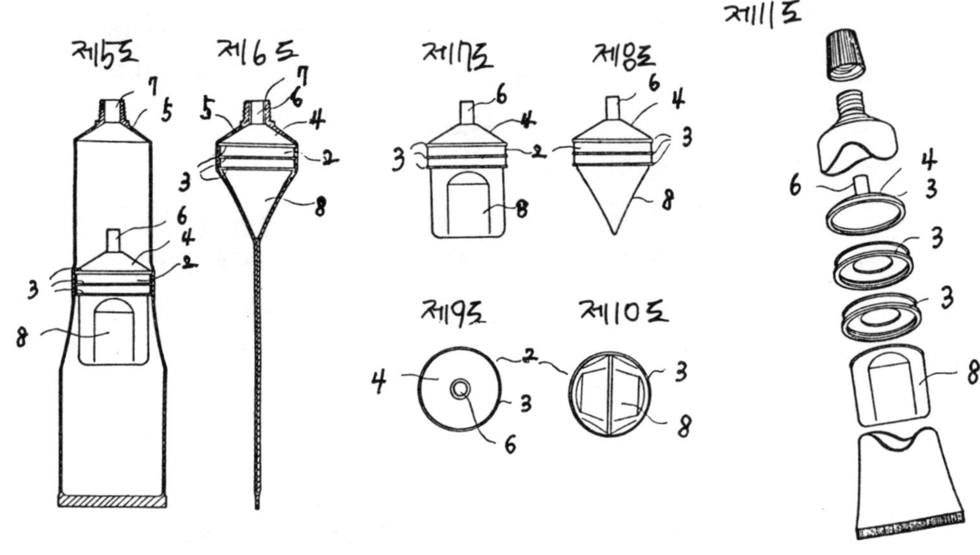

양구 치약용기

치약과 칫솔의 종류는 매우 다양하다. 어린이용과 어른용,

남성용과 여성용 등 많은 제품이 쏟아져 나오고 있다.

특히, 이것은 우리의 구강 건강과 밀접한 관련이 있는 것으로 사람들의 관심은 예사롭지 않다. 그래서 건강을 위한 치약도 많이 나와 있다.

어른들은 이왕이면 건강에 좋은 소금이나 한방을 이용한 치약을 사용하지만 우리 어린이나 청소년들은 그 마음이 같지가 않다. 그들은 대부분 향긋하고 달콤한 맛을 지닌 치약을 원한다.

이렇게 다양한 소비자의 요구를 위해서 각각 다른 종류를 지닌 치약이 탄생된다면 어린이도 매일 괴롭게 이빨을 딱지 않아도 될 것이다.

2개의 치약용기를 일체로 하는 취합한 양구 치약 용기에 관한 것으로 양쪽으로 구분된 치약용기 내에 이종성분의 치약을 각각 수장시켜 취향별로 각각의 치약을 사용토록 함으로써 각각 다른 치약을 구매해야 하는 불편을 덜고 비좁은 칫솔통이나 치약걸이에 1조로 된 치약용기를 보관 사용할 수 있는 사용상의 편리도 제공하는 유용한 고안이다.

▶ 양구 치약용구 ◀

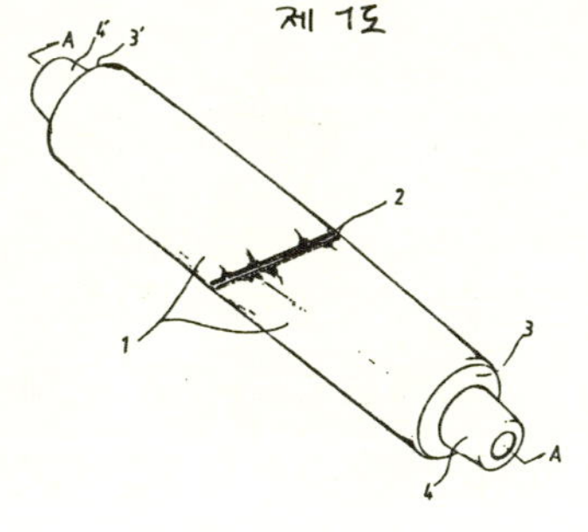

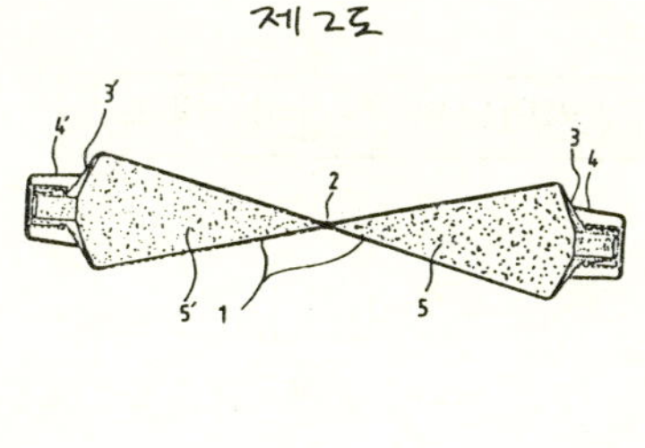

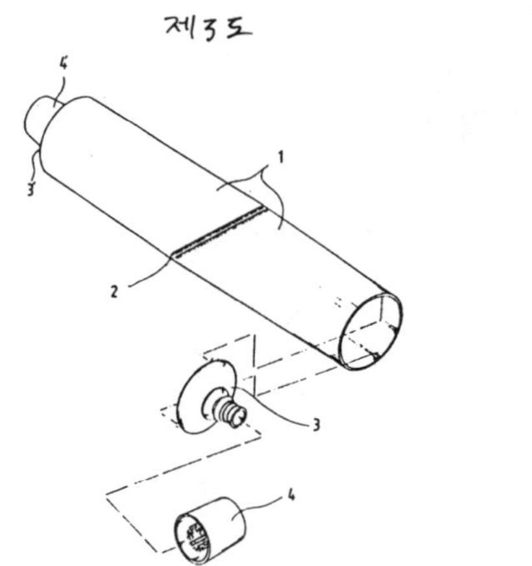

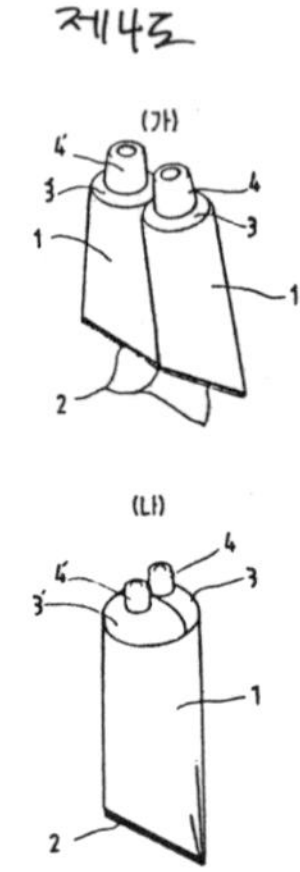

3.3′. 토출마구리부　4.4′. 원터치마개　1. 튜브　2. 열압착테

3.3′. 구리비

《정답》　2. 열압착테

식음료 용기

떠서 먹는 아이스크림이나 요구르트는 숟가락이 필요하고 음료수는 빨대를 필요로 한다. 흔히, 가게에서는 이것을 위해 빨대나 숟가락을 따로 마련해 두고 있다.

　　그것을 들고 다니다 보면 잃어버리기 십상인데 이것을 해결할 수 있는 방법은 없을까?

　　식음도구를 용기에 내장하면 될 것이다. 어떤 음료는 빨대를 바깥에 붙여 놓은 것이 있다. 물론, 쉽게 잃어버리는 것을 막을 수는 있지만 외관상 보기가 좋지 않고 손에 쥐고 다니기도 불편하다.

　　그렇다면 식음료 용기의 내부에 식음도구를 구비해야 한다는 말인데 자세히 알아보자.

　　식음료를 담기 위한 식음료 용기인데 그 몸체 내부에 음료수나 식품이 담기는 공간부를 갖춘 식음료 용기에 있어서 공간부에 담긴 식품 또는 음료수를 먹거나 마시기 위해 사용될 빨대나 숟가락 등의 식음도구가 수용되도록 몸체의 일부가 공간부측으로 인입되어 형성된 식음도구 수용부를 구비하는 것이 특징이다.

　　이 용기는 식음도구를 용기 몸체의 외주면에 대해 돌출되지 않는 상태로 수용할 수 있는 간단한 구성의 식음도구 수용부를 구비하고 있으므로 식음도구가 식음료 용기로부터 분리되거나 손상을 입게 되는 것을 방지할 수 있으며 제작비용이 절감된다.

▶ 식음료 용기 ◀

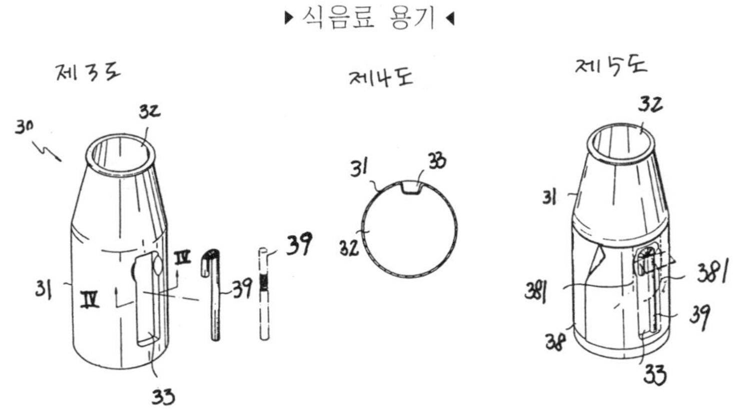

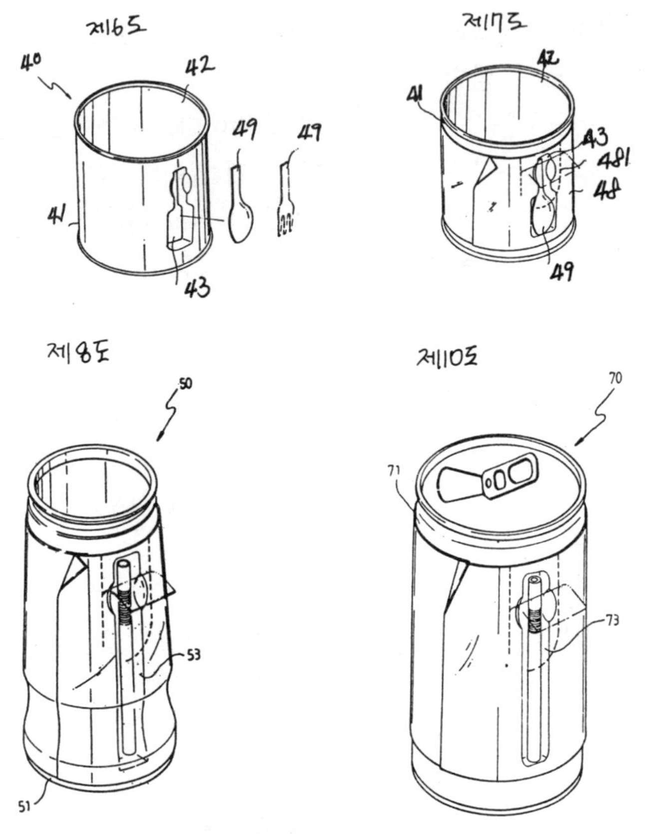

핵심을 찾아라

39. 빨대   33. 빨대내장홈   32. 용기   43. 도구내장홈   49. 숟가
락   49'. 포크   53. 빨대내장홈   73. 개봉구

《정답》 43. 도구내장홈 73. 개봉구

음료수 용기

　예전에는 식수만이 유일한 음료수였다. 세월이 흐르고 문화가 발달함에 따라 우리의 음료문화도 발전하여 왔다. 여러 종류의 음식이 만들어지고 또 거기에 맞는 음료를 요구하게 되었다. 때로는 달콤한 맛, 때로는 톡 쏘는 시원한 맛 등의 필요에 따라 각종 음료가 시판되고 있으며 계속해서 만들어지고 있다.

　이제는 그 날의 기분에 따라 음료수를 선택하기에도 힘든 세상이 되었다. 비슷한 종류의 많은 음료가 나와 있기 때문이다.

　각각의 경쟁회사는 수요자의 구미를 당기게 하기 위해 음료용기의 외관상 문제까지 신경을 곤두세우게 되었다.

　어떻게 하면 눈에 띄고 더욱 맛있는 표현을 할 수 있을까? 그래서 여러 가지 아름답고 개성 있는 용기가 많이 탄생되었다.

　이제는 여기에만 그쳐서는 안 되는 상황이다. 어떻게 하면 소비자가 편리하게 음료수를 마실 수 있을까? 하는 용기의 기능적인 면에 집중을 해야 한다.

　음료 용기의 불편함을 한번 생각해 보자.

　빨대로 먹게 되어 있는 음료수는 그것을 먹다 보면 빨대가 용기 속으로 들어가서 나오지 않거나 쉽게 빠지는 것을 볼 수 있다.

　이러한 문제를 해결하면서 맛과 외관상의 부분까지 탁월하다면 음료문화에 큰 주인공이 되지 않을까 한다.

　'음료수 용기 1'에 관한 것으로 내부에 음료수가 담기는 캐비티가 마련되며 그 상면에 캐비티와 연통되는 적어도 두 개의 유출공이 형성되고 외주면에 빨대가 삽입되는 삽입부가 마련된 본체와, 이 본체의 설치된 상기 인입부로부터 빨대가 인출되는 것을 방지하는 빨대의 인출방지수단을 구비하게 된 것이 특징이다.

　이로 인해 사용이 간편하고 외관상에도 보기 좋다.

　'음료 용기 2'의 고안은 내부에 음료수가 담기는 캐비티가 마련되며 그 외주면에 이로부터 소정 깊이로 인입된 인입부가 형성된 본체와 이 본체와 일체로 형성되며 캐비티의 주입구로부터 바닥면과 인접된 부위를 연결하는 관부와 상기 인입부에 지지되며 상기 관부의 상단과 결합되는 빨대를 구비하게 된 것을 특징으로 한다. 따라서 사용이 간편하고 외관상으로도 보기 좋은 장점이 있다.

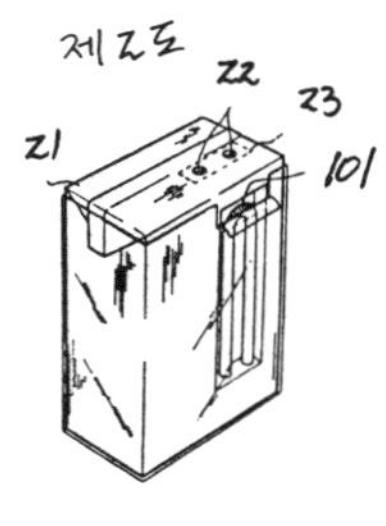

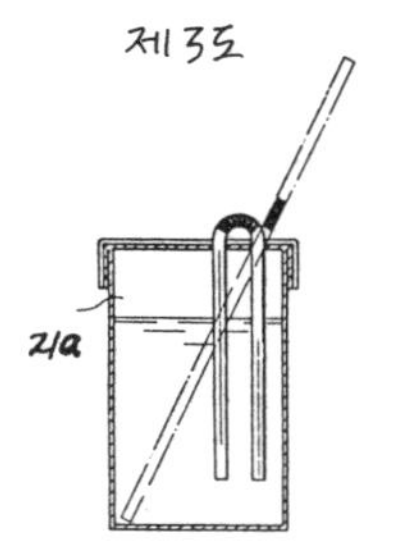

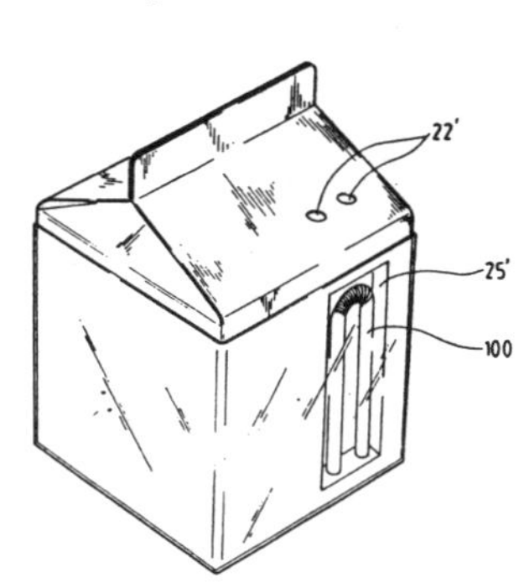

핵심을 찾아라

21a. 음료팩   22'. 밀봉구멍   25'. 내장홈   100. 빨대

《정답》 100. 빨대

5

편지 한 장

 **봉투의 여러 가지 쓰임새**

이것이 무엇일까? 왜 이럴까? 이렇게 하면 어떨까?

수많은 사람들이 이런 의문과 질문을 계속해 왔다. 작은 것에도 흥미를 가지고 관찰하고 추리하고 지금 이 시간에도 이러한 인간의 끝없는 의문과 탐험은 계속된다.

바로 인간의 이러한 의문제기와 발견이 있기에 오늘날의 위대한 발명품이 탄생할 수 있었을 것이다. 발명은 선대의 과학자들이 남긴 업적을 정리하고 응용하여 실용화하는 과정이라고도 할 수 있다.

벨의 전화기를 살펴보자. 그것을 간단하게 벨의 뛰어난 업적이라고 생각할지도 모른다. 하지만 조금 더 생각해 보면 더 많은 사람들의 땀이 모아져 이루어낸 것임을 알 수 있다.

한 이태리 사람이 발명한 볼타 전지와 프랑스 사람인 앙페르가 발견한 전기와 전지의 관계법칙, 그리고 전기저항의 원리를 밝혀낸 옴이 없었다면 벨의 전화기는 오늘날 세상에 나타나지 못했을 것이다.

이렇게 각기 다른 곳에서 전혀 다른 사람이 발견해 낸 것이 하나의 발명품으로 정리되었다. 바로 이러한 일이 발명가가 해야 할 일이다.

증기기관의 원리나 사진기의 기본원리는 모두 발명 시기보다 수백 년 전에 밝혀진 것이다. 그러나 각기 다른 사람에 의해 발견된 사실들이 모아질 방법이 없었다. 그래서 무언가 발명할 사람은 누군가 이미 거쳐간 과정을 다시 밟으며 한번 한 시행착오와 시련까지 되풀이해야 한다.

발견은 발명을 키우는 비료이다. 여러 가지 사실들에 대한 발견이 이루어지면 그만큼 풍성한 발명을 얻을 수 있는 것이다.

이런 일도 발명인가 하고 웃을지도 모를 발명이 있다.

나가노현의 우에노 히로지는 어느 날 도쿄역에 쌓인 수많은 짐들마다 빠짐없이 붙어 있는 목제 짐표를 보았다.

"저 많은 짐에 하나 하나 목제 짐표를 붙이려면 얼마나 힘들까? 종이 짐표를 붙이면 간단할 텐데……."

그렇게 생각한 그는 두꺼운 종이에 구멍을 뚫고 철사를 꿰어 보았다. 이것이 바로 현재 사용 중인 짐표의 고안이다.

그런 것쯤 하고 웃을지도 모르지만 이 실용신안 하나로 세상 사람들이 얼마나 편리해졌는가를 생각해 보자.

"자동차의 발명을 하는 것보다 안전핀 발명을 하는 것이 더 돈벌이가 된다."

이것은 어느 미국 발명가의 말인데 시사해 주는 바가 매우 크다.

토머스 캘러헌은 상업용 봉투로 대성공을 했다.

내용물에 찍힌 수신인의 주소 및 이름이 투명 셀로판을 통해 들여다보이는 봉투이다. 이것은 수신인의 주소 및 이름을 다시 쓰지 않아도 되어 인력과 경비를 절감해 주므로 실용성이 있다.

그는 전형적인 샐러리맨이었는데 실로 우연한 기회에 떠올린 아이디어로 세계적인 특허품을 내놓았다.

캘러헌은 어느 날 같은 사무실에서 근무하는 타이피스트가 내용물에도 수신인의 주소와 이름을 치고 또 봉투에도 똑같은 내용을 치는 것을 보고 이중 일이라는 생각을 했다.

"똑같은 내용을 두 번씩이나 치는 건 비생산적이야."

그는 좋은 방법을 궁리해 보았으나 잘 떠오르지 않았다. 그리고 타이피스트의 이 같은 일은 매일 반복되었다.

일을 시키는 상관도 일을 하는 타이피스트도 당연한 것으로 생각, 아무도 개선하려고 하지 않았다. 이중으로 하는 일을 개선해야 한다고 생각하고 있는 사람은 캘러헌뿐이었다.

그러던 어느 날, 손수건을 사기 위해 양품점에 들른 그는 문제를 해결할 수 있는 원리를 발견했다. 양품점 주인은 포장지에 곱게 포장된 손수건 더미 속에서 원하는 색깔을 금방 찾아냈다.

비결은 간단했다. 손수건 포장에 예쁜 무늬의 구멍을 뚫어 셀로판을 붙여 놓아 손수건의 색깔을 확인할 수 있었기 때문이다.

그는 집에 돌아온 즉시 봉투를 찾아 수신의 주소와 이름 쓰는 부분을 직사각형으로 곱게 오려내고 손수건 포장에서 셀로판을 떼어 붙여 보았다.

봉투 속이 들여다보였다.

"내용물에 타이핑하는 수신의 주소와 이름을 봉투의 셀로판 부분에 나타나도록 하면 되겠구나."

투명 셀로판을 붙인 상업용 봉투의 탄생은 이렇게 이루어졌고 실용신안과 의장권을 획득하는 데도 2년이면 충분했다.

위와 같이 발명은 실용성이 있어 그 제품이 반드시 우리의 생활에 도움을 주어야 한다. 발명은 항상 그 시대의 흐름에 적응해야 하고 많은 사람이 필요로 하는 경우에 성공할 가능성이 높다.

이 밖에 어떤 편리한 봉투가 있을까?

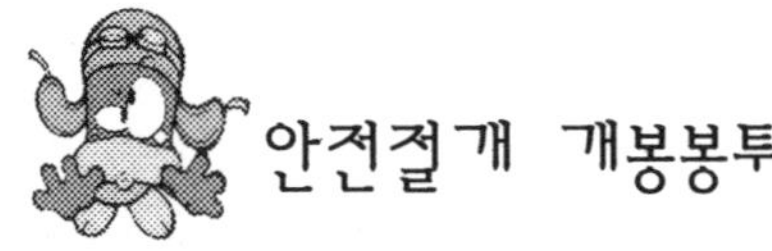

안전절개 개봉봉투

편지봉투와 관련된 발명 아이디어를 찾으려고 하면 무엇이 먼저 떠오를까? 현재의 우편제도를 가장 먼저 착상한 사람은 1899년 영국의 로랜드힐이라는 사람이다.

어느 날 그는 처마 밑에서 우편물 때문에 다투고 있는 우체부와 아주머니를 보았다. 아주머니는 우편물을 받지 않겠다고 우기고 우체부는 받아야 한다고 서로의 입장을 내세우고 있었다.

그 당시 우편제도는 우편물을 받는 사람이 그 요금을 지불하도록 되어 있었는데 로랜드힐이 목격한 그 다툼의 문제점은

바로 그 비싼 요금 때문이었던 것이다. 이러한 제도의 문제점
을 찾아낸 로랜드힐은 연구 끝에 우표를 고안하기에 이르렀다.

이후 우편봉투를 칼이나 가위 없이도 자를 수 있는 아이디
어가 탄생되었다. 주로 우편용 소형봉투의 안전절개 개봉을 그
목적으로 봉투 내용물의 손상 없이 간단하게 특정부위만 안전
하게 뜯어지도록 한 안전개봉 기능을 가진 봉투이다.

종래의 봉투는 개봉시 규칙적인 개봉이 되지 못하여 뜯다
가 내용물이 손상되지나 않을까 불안한 마음으로 사용한 것이
사실이다. 따라서 본 고안은 이러한 불편을 없애고 새로운 실
용성을 추구한 것이다.

종래의 규격봉투에 섬유실 가닥의 양쪽 끝단을 봉투 자체
의 내면 지점에 접착시켜 개봉 절개시는 내장한 실과 같이 뜯어
잡고 봉합된 봉투의 접어진 선을 따라 잡은 섬유실의 지편을 밖
으로 잡아젖혀 따라 당기면서 절개하도록 만들었다. 이로 인해
내재물의 손상을 막으면서 안전절개를 하게 된다.

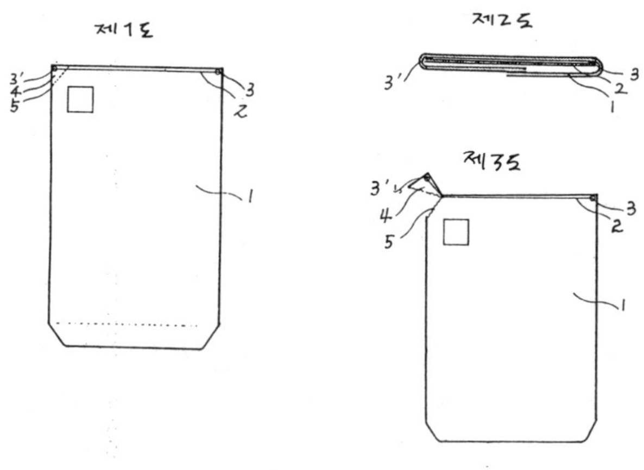

▶ 안전절개 개봉봉투 ◀

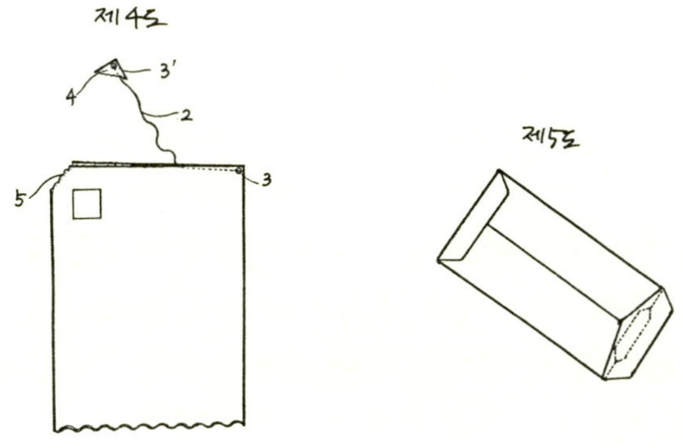

1. 봉투본체 2. 섬유실 3-3' 모서리 4. 손잡이편 5. 점선
(펀칭)

《정답》 2. 섬유실

개봉이 용이한 봉투

'봉투'라고 하면 여러 가지를 떠올릴 것이다.

편지봉투, 서류봉투 등 다양하게 쓰이고 있다 지금은 점점 사라져 가고 있지만 그래도 많이 이용하고 있는 편지봉투에 관해서 살펴보자.

편지는 사람들을 설레게 하고 행복하게 만든다. 물론, 그렇지 않은 경우도 있겠지만 대부분의 사람들은 서로의 마음을 교감하기 위해 이것을 사용하게 된다. 그래서 우체부 아저씨는 매일 감사의 소리를 듣고 살아가신다. 우리가 흔히 편지봉투에 '우체부 아저씨 감사합니다'라고 쓰지 않는가!

편지를 받아들고 빨리 보고싶은 마음에 봉투를 뜯어보지만 보기만큼 쉽지가 않다는 생각을 누구나 했을 것이다. 특히, 꼼꼼하게 틈도 없이 풀로 붙여져 있는 경우라면 더더욱 고생이다.

이런 불편을 해결하고 쉽게 봉투를 개봉할 수 있는 방법은 없을까?

이 봉투는 봉투의 개방부 반대쪽 절첩부에 실을 넣어 밖으로 노출되게 절첩밀봉하여 내용물을 넣고 개봉부를 밀봉하였다가 개봉시에는 절첩부 밖으로 노출된 실의 끝을 잡고 개봉할 수 있도록 했다. 이에 따라 개봉이 쉽게 되는 장점이 있다.

▶ 개봉이 용이한 봉투 ◀

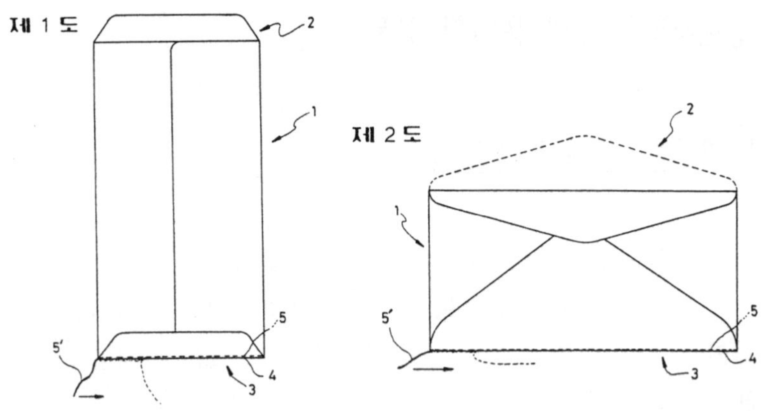

《정답》 5. 섬유실

쓰레기 봉투 설치대

아이디어 착상의 세계

환경의 문제가 심각하게 대두되면서 우리 가정에서는 쓰레기 봉투를 구비하게 되었다. 환경문제의 주범 중에 하나인 쓰레기를 잘 이용하고 깨끗하게 처리하자는 의미에서 시작된 것이다. 물론, 쓰레기를 줄여 보자는 목적도 있다.

각 구청에서 지정된 쓰레기 봉투를 쓰지 않을 경우에는 여러 가지 제재가 가해진다. 벌금이나 그런 것들 때문에 쓰레기 봉투를 사용하는 것은 아니지만 쓰레기를 분리하고 쓰레기 봉투를 사서 버리기란 여간 귀찮은 것이 아니다. 하지만 우리의 자식이 살아가야 할 곳이라고 생각하면 이 불편함은 감수해야 한다. 이런 불편을 조금이라도 덜기 위해 우리의 아이디어를 발휘해 보자.

쓰레기 봉지는 비닐로 되어 있어서 쓰레기가 어느 정도 쌓이기 전에는 이리저리 넘어지고 미관에도 좋지 않다. 이것을 고정시켜 쓰레기를 담기에도 편리하게 할 수는 없을까?

기존 쓰레기통의 벽면을 없이하고 쓰레기 봉지를 걸 수 있

는 투입구와 높이를 조절할 수 있는 지지봉과 밑받침으로 구성
되어 있으며 쓰레기 투입구에 쓰레기 봉지를 벌려 걸 수 있는
설치대 틀이 있으며 봉지 고정 덮개로 쓰레기 봉지를 고정하며
쓰레기 봉지의 크기에 따라 지지봉을 이용하여 높이를 임의로
조절할 수 있다.

　또한 투입구에 뚜껑을 부착하였으며 쉽게 분해 및 조립할
수 있게 하였으므로 사용용도가 넓고 효율적으로 쓰레기 수거
를 할 수 있다.

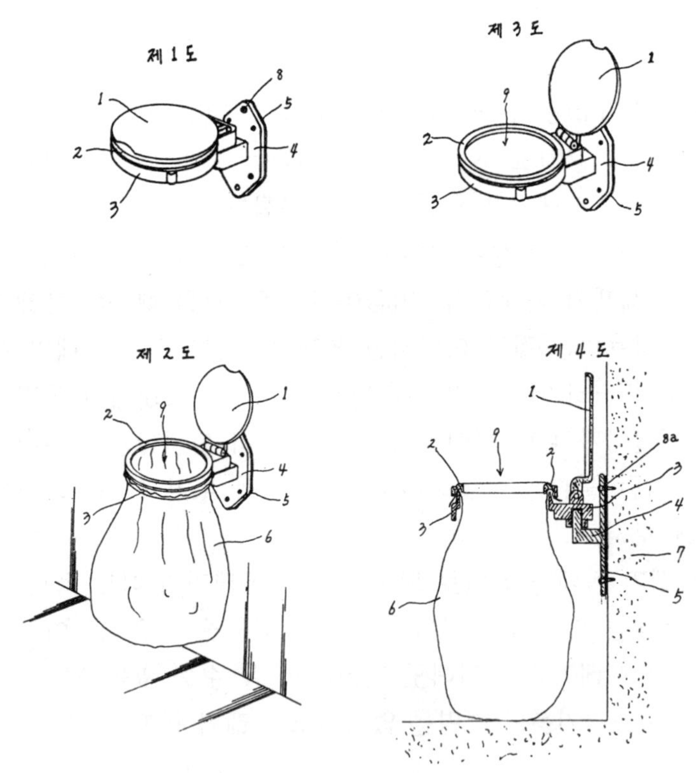

▶ 쓰레기봉지 설치대 ◀

《정답》 2. 봉지 고정 덮개

6

전화에서 휴대폰까지

 **발명에서 시작되는 작은 변화들**

　1837년 미국의 물리학자 페이지는 전자석의 코일에 전류를 흘려 보냈다 끊었다 할 때에 전자석이 희미하게 소리를 내는 것을 발견했다. 그것은 전자석이 철판을 끌어당기기 때문에 나는 소리가 아니라 전자석 자체에서 나는 소리였다. 이 소리는 '가르바니 음악'이라고 부르게 되었다.

　세계에서 최초로 이 음악을 이용한 통신기를 만든 사람은 독일의 교사인 라이스였다. 이것은 맥주통을 송화기로 하고 바이올린을 수화기로 하는 무척 색다른 전화기였다.

　라이스는 이 장치를 1861년에 발표해서 텔레폰이라고 이름 지었는데 현재까지도 텔레폰이라고 불리고 있다.

　1876년에 미국의 알렉산더 벨이 다른 전화기를 발명했다.

　벨은 농아학교의 교사였는데 그의 아버지도 유명한 언어학자로 벙어리에게 말을 가르치는 시화법을 고안한 사람이다.

벨이 만든 전화기의 장치는 막대 자석에 코일을 감아서 만든 전자석 위에 엷은 철판을 두고 그 철판을 향해서 소리를 내면 음파가 철판을 진동시키는 구조였다.

벨은 1876년 6월 3일 이 전화기의 특허를 얻고 다음 해 벨전화회사를 설립해서 전화기 제조를 시작했다. 그런데 뜻밖의 일이 발생했다.

벨이 특허를 신청한 것과 같은 날에 그레이라는 사람도 같은 원리의 전화기를 발명해 특허신청을 냈는데 그레이는 자신의 발명을 이미 미국 최대의 전신회사인 웨스턴 유니언에 판 것이었다.

이리하여 벨 회사와 웨스턴 유니언 회사의 법정 싸움이 일어났다.

그런데 자세히 조사해 보니 벨이 신청한 접수 시간이 그레이보다 두 시간 빨랐다. 그래서 벨회사가 승소, 웨스턴 유니언은 전신사업만을 하게 되었다.

벨의 이름이 전세계에 퍼지자 라이스가 태어난 고향인 독일의 게른하우젠의 사람들은 벨보다 라이스가 먼저 전화기를 발명했다며 분개했다.

그 무렵, 발명왕 에디슨도 전화기의 개량에 나섰는데 1878년에 새로 개량한 송화기는 벨의 것보다 우수했으나 수화기는 아무래도 벨의 것에 미치지 못했다. 벨회사는 곧 에디슨에게 이 발명특허를 사들였고 에디슨의 송화기와 벨의 수화기를 합쳐 우수한 전화기를 개발하기에 이르렀다.

이리하여 벨회사는 그 후에도 새로운 발명이 나오면 즉시 그 특허권을 사들여서 또 다른 경쟁상대가 나오지 않도록 했다.

전화를 이용하는 사람이 점차 많아지자 교환기의 연구도 활발해져서 1889년에는 미국의 스트로저가 자동 교환기를 발명했다.

그 후에도 전화기는 눈부신 발전을 거듭해 왔다.

최근 이어폰처럼 귀에 꽂는 작은 전화기가 개발되어 화제가 되고 있다.

일명 '휴대용 전화기'로 불리는 이 전화기를 개발한 사람은 전자기술과는 거리가 먼 일본대학 입시센터 특별연구반에서 일하는 오노 히로시 교수.

"이 전화기는 휴대에 따른 불편이 전혀 없지요. 이어폰과 비슷한 크기의 수신기를 귀에 꽂는 것만으로 전화통화가 가능하기 때문이지요."

오노 교수는 휴대용 전화기 시장의 추세가 날로 소형화되는 것에 착안, 어떻게 하면 좀더 작고 편리한 전화기를 만들 수 있을까 고민했고 학생들이 귀에 이어폰을 꽂고 공부하는 것을 보고 힌트를 얻었다.

그러나 발명은 그렇게 쉬운 일만은 아니었다. 그가 처음 시도한 것은 자료수집과 분석이었다. 처음으로 대하는 기술내용이 대부분이었으나 막상 수집한 자료를 분석하고 나니 어느 정도 자신감이 생겼다. 이 때부터 본격적인 연구에 돌입했다.

"관련되는 자료는 전부 수집했지요. 그리고 논문을 쓰는 마음으로 하나하나 정리했습니다. 여러 가지 어려움이 있었지만 이미 개발된 기술과 이론을 분석한 결과를 정리해 보니 해답은 의외로 가까운 데 있었습니다."

그는 사람이 말을 할 때는 귓뼈와 귓구멍에서 진동이 일어나는데 이 전화기 없는 전화기를 귀에 꽂고 말을 하면 원통형의 진동탐지센서가 진동을 음성으로 바꿔 상대에게 전달할 수 있다는 원리이다.

또한 상대방의 음성은 이어폰 마이크에 내장된 미니 스피커에서 울려 나오기 때문에 통화에도 지장이 없다. 따라서 전화를 하면서도 다른 일을 동시에 할 수 있고 공사현장같이 시끄러운 곳에서도 통화가 가능하다.

이미 일본의 관련회사가 이어폰 마이크를 상품화하기 위해 설비투자와 각종 연구와 준비를 하고 있는 상태여서 아마 가까운 미래에 이 획기적인 전화기를 사용할 수 있을 것이다.

이 밖에도 또 어떤 편리한 발명품들이 우리의 생활을 즐겁게 해 주는가?

허리띠에 호형휴대폰 부착장치

아이디어 착상의 세계

발명은 통신기기의 발달에도 큰 몫을 하고 있다.

전화기가 발명되었을 때, 그 시대의 사람들은 얼마나 신기해했을까? 그 시대의 사람들이 지금의 우리가 가지고 다니는 휴대폰이나 호출기를 본다면 아마 기절할 것이다. 그만큼 통신기기가 거대한 파도와 같이 큰 변화를 하고 있으며 그 변화를 겪을 때마다 그것은 시대의 문화를 좌우하고 있다.

지금은 휴대폰의 보편화라는 물결에 휩싸여 있다. 누구나 휴대폰이나 PCS를 가지고 다닌다. 얼마 전에 유행했던 호출기는 사라지는 파도와 같이 사람들의 시선에서 멀어져 가고 있다.

　거리를 가다 보면 호출기를 무료로 나누어 주는 광경을 많이 목격할 것이다. 휴대폰도 1년만 지나면 그런 추세가 된다고 전망하고 있다.

　휴대폰 경쟁은 그것이 얼마나 작게 만들어졌으며 잘 걸리는가 하는 데 있다. 작게 만들어진다는 것은 그만큼 사람들이 휴대하기에 간편한 것을 원하고 있다는 의미가 된다. 쉽게 휴대할 수 있는 허리띠를 만들어 보는 것도 이 시대의 유행을 창조하게 될 것이다.

　이 고안은 휴대폰의 기능을 최대한 살릴 수 있게 크기를 충분히 하면서도 운반이나 휴대가 전혀 사람에게 부담이 되지 않게 하기 위해 체형에 알맞게 하여 허리띠에 부착하여 휴대운반할 수 있는 휴대폰 부착장치이다.

▶ 호형휴대폰 부착장치 ◀

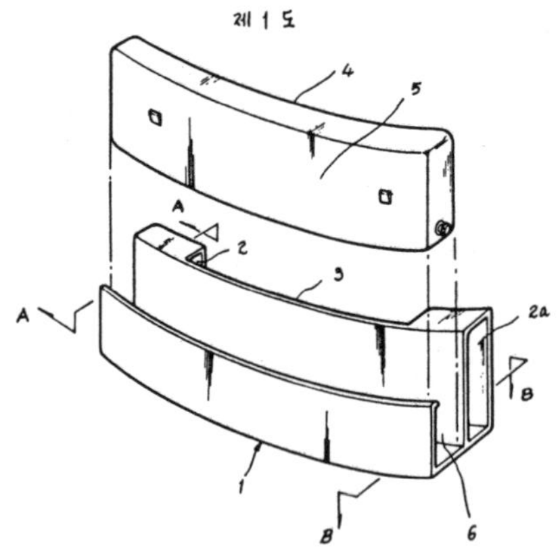

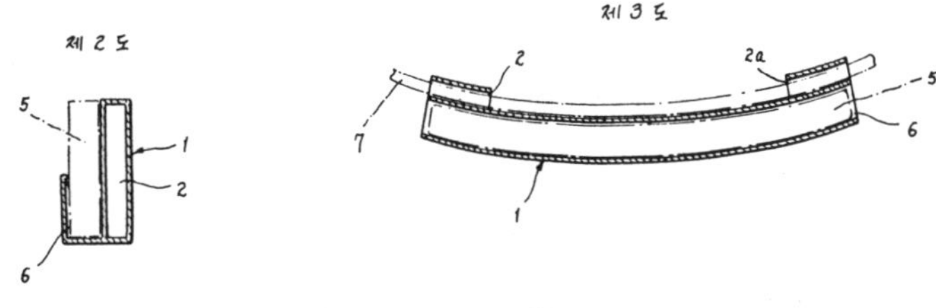

핵심을 찾아라

1. 케이싱동체   2. 삽입장공   3. 호형곡선   4. 호형곡선
5. 휴대폰   6. 휴대폰 탈착부

《정답》 6. 휴대폰 탈착부

손이 자유로운 전화기

아이디어 착상의 세계

　전화기나 휴대폰을 사용할 때에는 항상 손에 들고 귀와 입에 맞추어 갖다 대야 한다는 보편적인 고정관념을 가지고 있다. 이런 고정관념을 탈피하여 손을 사용하지 않고 통화할 수 있는 전화기나 휴대폰을 생각해 보자.

　귀는 전화의 음성을 들으면 되는 것이고 입으로는 상대방이 들리도록 말을 하면 되는 것이다. 굳이 들고 전화할 필요가 없다는 얘기이다. 손이 자유로워지면 전화하면서도 여러 가지 일을 할 수 있는 장점이 생긴다. 이러한 장점을 개발시키며 불편한 점을 없애기 위해 손이 자유로운 전화기를 만들어보자.

　　손이 자유로운 전화기는 손을 사용하지 않고도 송수화기로 통화할 수 있도록 한 것이다. 업무 중이거나 다른 일을 하면서도 통화할 수 있어 업무의 효율성을 높여 주는 편리한 전화기이다.

　　다이얼부를 갖는 전화기 위쪽의 수납실에 송수화기를 안착할 수 있도록 한 통상의 것에 있어서 상기 송수화기의 수화기 쪽에는 고리를 붙여 귀에 걸릴 수 있게 하고 송화기 쪽으로는 플렉시블관을 형성하여 이의 각도조절이 자유롭도록 한 것에 요지가 있다.

▶ 손이 자유로운 전화기 ◀

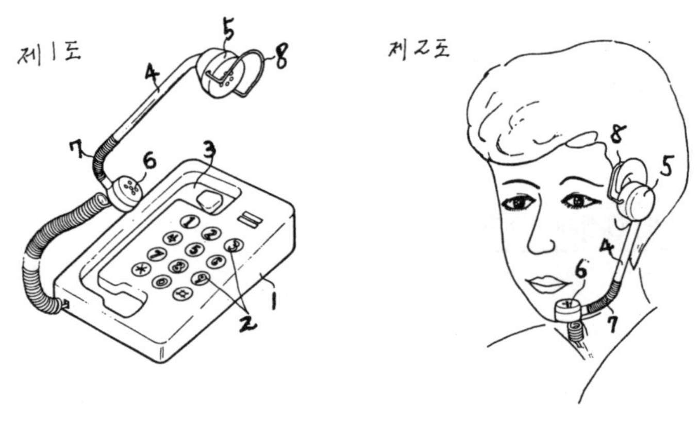

핵심을 찾아라

1. 전화기　2. 다이얼부　3. 수납실　4. 송수화기　5. 수화기
6. 송화기　7. 플렉시블관　8. 걸고리

《정답》　8. 걸고리

이어폰 코드 권선장치 내장 리모콘

이어폰은 아주 가는 줄로 되어 있다. 세게 당기거나 줄이 엉키면 금방 음질이 나빠지고 잘 들리지도 않는다. 특히, 과격하거나 급한 성격의 소유자는 한 달에도 몇 번씩 이어폰을 교체하게 된다. 이러한 불편을 감소시킬 수 있는 방안은 없을까?

만약, 줄을 굵게 한다면 효율적인 측면에서 문제가 될 것이다. 그렇다면 딱딱한 물질로 줄을 만든다면 그것 또한 문제점이 많을 것이다.

줄을 안전하게 보호하는 방법은 어떨까?

재생버튼, 녹음버튼, 고속감김버튼 및 되감김 버튼으로 이루어진 기능버튼과 이어폰 코드 로킹버튼이 설치되는 리모콘 본체와 상기 리모콘 본체에 형성되어 이어폰을 보관하기 위한 이어폰 보호캡부 내에 설치되어 이어폰 코드의 보호를 위해 이어폰 코드를 이어폰 보호캡부 내에 감겨진 상태로 유지 보관하도록 권선하기 위한 이어폰 코드 권선장치와 상기 이어폰 코드의 감겨진 상태를 외부 힘으로 해제하여 이어폰코드를 소망하는 길이만큼만 이어폰 보호캡부로부터 빼낸 위치에서 상기 이어폰 코드 로킹버튼과 연동하여 이어폰코드를 고정시키기 위한 이어폰 코드 로킹장치로 구성된다.

이로 인해 이어폰의 보호를 위해 이어폰코드를 감아서 보관할 수 있으며 또한 상기 리모콘 본체에 설치되는 기능버튼이

야광으로 되고 점자표시가 되어 있으므로 야간 이용에 편리하
고 시각장애자들도 사용할 수 있다.

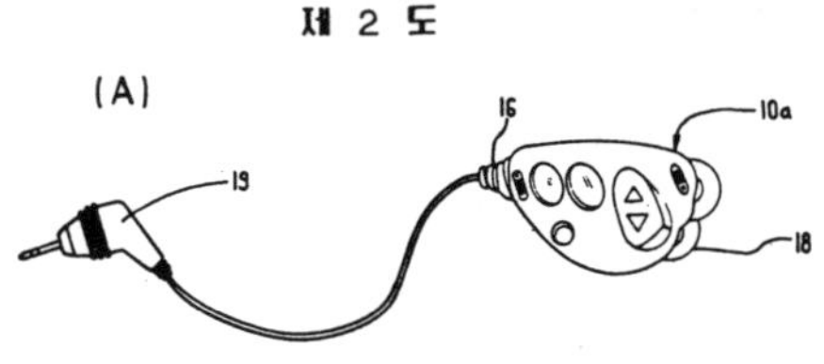

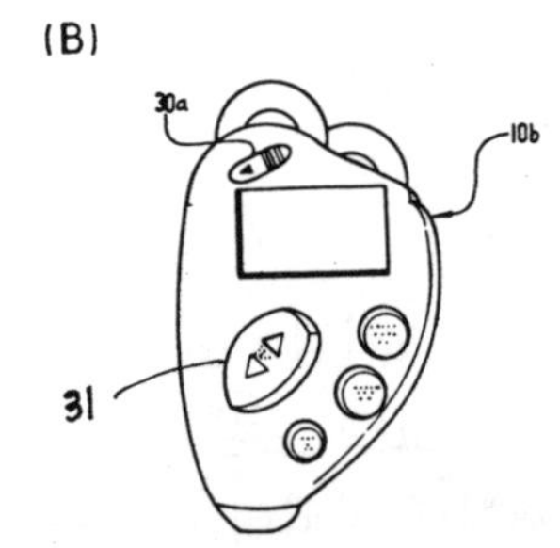

핵심을 찾아라
13. 잭   18. 볼륨   10b. 리모콘본체   30a. 고속감기   31. 재생버튼

《정답》 10b. 리모콘본체

7

돈이 되는 뚜껑

 ## 밀봉구의 발명은 어디까지 왔을까

　　고기나 생선이 상하기 쉽다는 것은 1만년 전부터 알려져 있
었다. 그러다가 점차 굽거나 끓이거나 한 것이 날것보다 잘 상
하지 않는다는 것을 알게 되었고 차차 햇볕에 말리거나 소금에
절이거나 그을려서 훈제로 하는 식품보존법이 발명되었다.

　　"식품이 상하는 것은 공기 속에 우글우글하는 눈에 보이지
않는 미생물이 식품에 번식하기 때문이므로 가열하면 미생물은
죽는다. 그래서 가열한 식품을 공기에 닿지 않게 보존하면 몇
해가 되어도 변하지 않는다."

　　이것은 17세기 이탈리아의 생물학자 레디의 연구결과이다.

　　19세기 초에 아페르는 나폴레옹 원정군이 식량부족으로 고
생한다는 말을 듣고 식품보존을 위한 연구를 했다.

　　마침 당시는 나폴레옹의 명령으로 '상하지 않고 맛도 변하
지 않으며 운반에 편리한 식품의 저장법을 발명한 자에게 상금

을 준다'는 현상모집이 발표되었던 때였다.

아페르는 1809년 마침내 병조림의 연구 개발에 성공했다.

그 무렵, 영국의 듀랜드는 유리병은 깨지기 쉽고 무거우므로 유리병 대신 양철로 만든 깡통을 착안, 그는 요리를 담은 양철 깡통을 고온으로 삶아서 식기 전에 뚜껑을 덮고 땜질하는 것을 연구했다. 그 후 1822년경부터 통조림이 시판되게 되었다.

이후에도 용기문화는 끊임없는 발전을 계속해 왔다.

가정이나 직장에서 우유의 식생활은 널리 보급되어 있다. 맛도 좋고 영양도 많은 오늘날의 우유가 젖소에서 짜내 유가공업체의 가공을 거친 후 먹을 수 있게 되기까지는 수많은 발명가들의 노력이 필요했다. 가공 처리하는 기계의 발명과 용기, 포장, 배합이나 발효방법 등으로 우리 입맛에 맞게 먹을 수 있도록 발명되어 왔다.

그러면 우유팩을 살펴보자.

우유가 유리병 속에 담겨진 시절이 있었다. 그 후 우유팩도 수없는 발전을 해 왔는데 액체냐 분말이냐에 따라서 용기도 다양하고 개폐방법도 각각 다르게 고안되었다. 또한 보관이나 운송과정에 변질되지 않도록 밀폐방법도 개발되어 왔다.

그러나 조금만 관찰해 보면 아직도 우유팩에는 여러 가지 불편이 있음을 알 수 있다.

가령 1000CC짜리 우유를 먹는다고 해보자. 우유를 먹고 나면 남는 양이 있는데 우유팩은 상단부를 당기면 개봉되어 우유를 먹을 수 있도록 제작되어 있다. 남은 양을 보관하려고 개봉부분을 다시 접어놓지만 완전히 밀봉되지는 않는다. 실수로 건드리면 넘어져 우유 범벅이 되기도 한다.

바로 이런 문제점을 체험하고도 그냥 넘겼다면 오늘 다시

한 번 문제의식을 가지고 개선을 한다면 바로 발명이 되는 것이다.

우유팩이 넘어져도 밀봉이 잘 되면서 개폐를 몇 번이고 할 수 있는 장치를 고안해 보자.

그러기 위해 두뇌 회전을 시켜보자.

발명을 하려면 먼저 밀봉구에 관한 마개종류와 구조, 기능에 대하여 자료를 수집하고 원리를 분석해 보자.

음료수 병의 마개 원리를 우유팩에 결합시켜 볼까?

슬라이더 지퍼를 결합하여 개폐시킬 수는 없을까?

샴푸처럼 누르면 나오는 분무식 방법은 없을까?

볼펜의 중심 가락지를 결합시킬 방법은 없을까?

집게로 클립되게 할 수는 없을까?

밴드로 밀봉시킬 수는 없을까?

치약처럼 만들어 마개로 남은 양을 밀봉시킬 수는 없을까?

발명의 자료수집을 어떻게 많이 했느냐에 따라 참신하고 기발한 아이디어가 속속 떠오를 것이며 모든 이들을 만족시켜 주는 발명품이 탄생될 것이다.

여러 가지 방법 중에 구하기 쉬운 볼펜으로 개폐시킬 수 있는 아이디어를 착상해 보자.

볼펜중심 가락지의 한쪽 면을 쇠톱으로 절단하여 홈을 만들고 먹고 남은 우유팩을 다시 접어 볼펜 가락지의 홈으로 끼우면 흔들어도 우유는 새어 나오지 않는다. 아주 간단함 속에 발명이 숨어 있는 것이다.

이 밖에 또 어떤 것이 있을까?

그 과제는 바로 미래의 발명가, 여러분의 몫이다.

식품보관 용기의 뚜껑

우리들의 음식문화는 전통적으로 한식이라 한다.

한식의 음식들을 살펴보면 대개 변질이 잘 되는 음식이기 때문에 보관을 잘 해야 한다. 이 때문에 우리 조상들은 식품을 보관하는 다양한 방법을 고안해 왔다.

땅을 파서 묻어 두었다 필요할 때 꺼내 먹는 방법이 있는데 지금도 초겨울이 되면 배추나 무 등을 묻어 두었다 보름이나 대보름날 꺼내 요리를 해서 우리의 식탁을 풍성하게 해 준다.

또한 땅 속에 굴을 파서 식품을 보관하는 방법을 이용하기도 했는데 그러다 보니 용기뚜껑을 열 때 산소가 뚜껑 안으로 들어가서 식품을 변질시키는 경우도 있었다. 만약 귀한 손님이라도 오신 식탁 위에 이렇게 변질된 음식을 사용한다면 여간 낭패가 아니다.

바로 이러한 곳에도 깜짝 아이디어가 필요하다.

일반적으로 각종 용기입구를 닫는 데 사용하는 뚜껑은 스냅식으로 용기입구를 닫는 것과 나사식으로 용기입구를 닫는 것, 그리고 주로 김치통에 많이 사용되는 것으로 크램핑 걸고리에 의해 김치통의 입구를 닫는 것이 있다.

이들 뚜껑을 사용할 경우에는 뚜껑을 열고 닫을 때마다 항상 외부공기가 유입되어 그 안에 보관하는 음식물 등이 쉽게 부패되는 문제점이 있다. 그래서 용기 안에 있는 공기를 빼내는

방법이나 도구를 고안하여 사용되는 것도 있지만 앞으로도 간
단하면서 편리한 진공용기가 개발되어야 한다.

또한 용기의 내용물을 꺼낸 만큼 중간 차단장치가 내려가
면서 밀봉시키는 방법도 훌륭한 아이디어이다.

이 밖에 뚜껑에 주사기를 이용하여 공기를 빼내는 방법은
없을까?

발효하는 식품을 보관하고 있는 상태에서 뚜껑을 닫아 두
게 되면 용기 안쪽에 보관되어 있는 식품이 발효하는 과정에서
가스를 발생시키게 되는데 그 가스량이 점점 많아지면서 내부
압력이 증가되어 심할 경우에는 용기가 터지게 되는 문제점도
지니고 있다.

이러한 기존의 문제점을 해결하기 위해 뚜껑에 다수의 통
기구멍을 관통 형성하고 그 상측에 진공유지용 비닐필름을 씌
우며 그 상부에는 상부뚜껑을 설치하여 식품보관용기 안쪽을
진공상태로 만들어 음식물을 신선하게 장기간 보관할 수 있도
록 했다.

▶ 식품보관 용기의 뚜껑 ◀

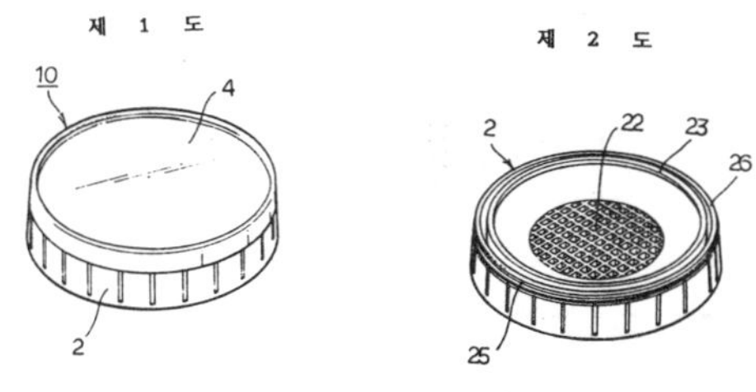

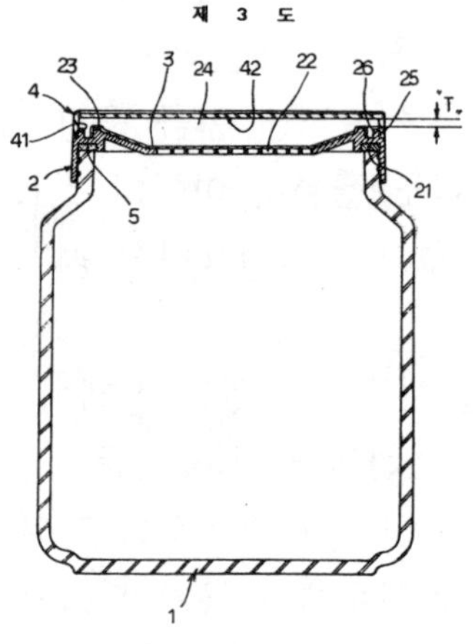

핵심을 찾아라

1. 용기   2. 하부뚜껑   3. 비닐필름   4. 상부뚜껑   5. 패킹
10. 뚜껑   21. 패킹안착홈   22. 통기구멍   23. 돌출테두리
24. 공간부   25. 스냅돌기   26. 상부뚜껑 조립대   41. 스냅홈
42. 침

《정답》 22. 통기구멍

합성수지재 밀봉캡

아이디어 착상의 세계

  주방에 가보면 병이나 용기 속에 다양하게 내용물이 들어

있는 것을 볼 수 있다. 그런 용기의 뚜껑인 밀봉캡을 자세히 살펴보면 틀어막는 것, 돌리는 것, 나무재료, 코발트재료, 알루미늄재질, 함석 등 여러 가지로 만들어져 있다는 것을 알 수 있다.

이들 용기뚜껑의 문제점을 살펴보면 밀봉이 잘 되는가? 제작원가가 저렴한가? 사용이 편리한가? 재활용이 가능한가? 등의 문제점이 발견된다.

양손을 사용하여 음식을 만들고 있을 때 소금, 고춧가루, 참기름을 넣어야 한다면 양념을 무치지 않고 어떻게 개봉하여 닫아서 잘 보관할 수 있을까?

누구나 이런 고민은 한 번쯤 해 보았을 것이다.

결론부터 말하자면 이럴 경우 합성수지재 밀봉캡은 재료바꾸기 발명에 해당한다. 기존에 사용하는 밀봉캡보다 더욱 실용적이며 기능이 향상되고 가격 또한 저렴하여 소비자에게 혜택을 주는 유익한 발명이 되는 것이다.

병이나 용기의 밀봉캡을 원터치 캡으로 고안한다면 어떨까? 잡으면 열리고 놓으면 닫히는 밀봉캡을 발명할 수는 없을까? 합성수지 재료로 밀봉캡을 고안한다면 사출성형방법으로 대량생산이 가능하여 가격 또한 저렴하므로 소비자에게도 싼 가격으로 공급할 수 있다.

이렇게 기존의 사용재료와 다른 재료를 사용하는 것도 좋은 아이디어이다. 다른 재료로 밀봉캡을 제작한다면 비용이 추가되고 운반이나 이동할 때 파손으로 인해 찌그러질 염려가 많다.

일반적으로 밀봉캡은 입구에 끼워진 고무마개를 감싸는 알루미늄캡과 상기 알루미늄캡을 감싼 상태에서 병을 밀봉하는 합성수지 캡으로 구성되어 있다.

　알루미늄캡은 제조과정 및 완제품에서 알루미늄 가루 및 표면코팅제가 떨어져 고무마개의 표면을 오염시킬 염려가 크기 때문에 합성수지로 대체하는 것이 바람직하나 알루미늄캡을 사용하지 않을 경우 병의 밀봉상태를 유지하기 어려운 문제점이 있었다.

　이와 같은 점을 감안하여 기존에 출원한 것이 있으나 이것은 별도로 제작된 커버가 있어야 하기 때문에 구조가 복잡할 뿐만 아니라 병을 개봉하기 위해서는 커버를 벗겨내야 하는데 커버가 고무마개 윗면에 밀착되어 있기 때문에 개봉작업이 매우 번거로웠다.

▶ 합성수지제 밀봉캡 ◀

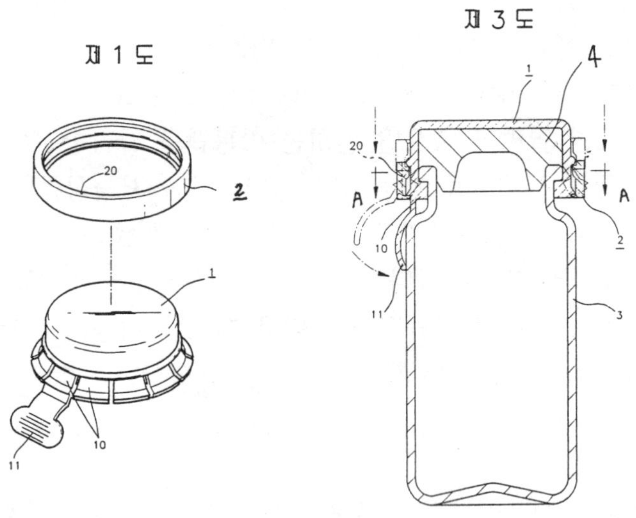

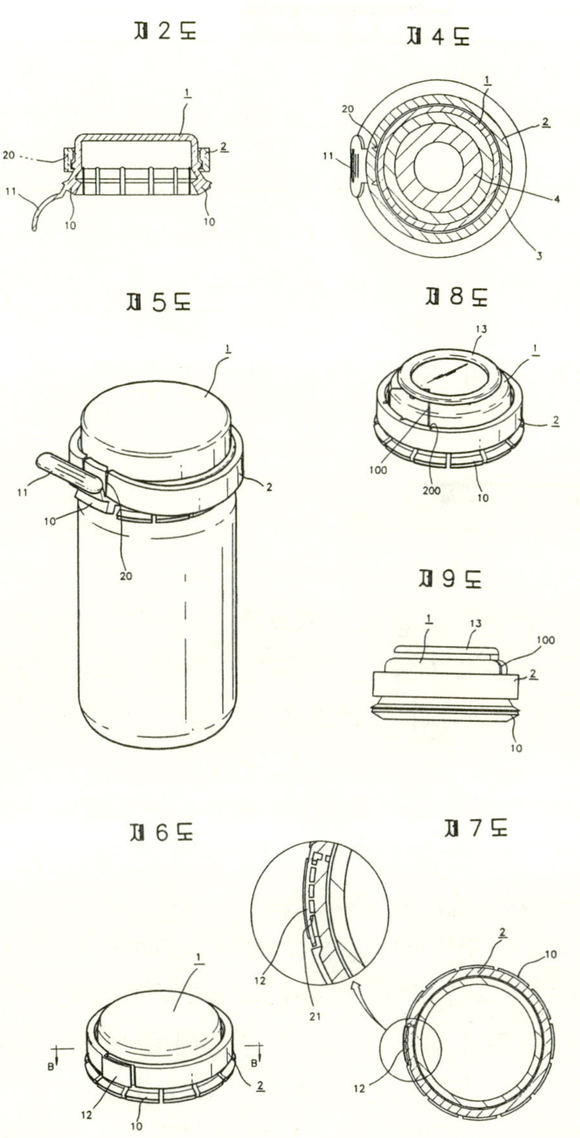

제 2 도
제 4 도
제 5 도
제 8 도
제 9 도
제 6 도
제 7 도

《정답》 10. 탄력편 11. 12. 파지 손잡이

음료수용기 마개 대용 맛 보존장치

음료수는 현대문명이 낳은 발명품일까? 지금도 세계인들의 손에서 떠날 줄 모르고 사랑 받는 유명한 코카콜라의 발명으로 서양인들에 의해서 인류의 생활을 바꾸어 놓았다고 해도 과언은 아니다.

우리 나라의 민속음식인 음료수에 해당하는 식혜와 수정과는 음료수 역사와 전통 속에 후세에 내려져 오고 있고 누가 발명했는지는 아쉽게도 알 수 없다.

한 가지 분명한 것은 음료문화의 창조정신에서 빚어 낸 훌륭한 발명품이라는 사실이다. 음료수를 오랫동안 보관해도 맛이 변하지 않도록 하기 위해서 지금 이 순간에도 수많은 아이디어를 발상하고 있고 또한 관련된 장치를 고안하고 있다.

식혜와 수정과도 캔에 넣어 유통하고 보관하는 방법을 고안하여 대량생산을 가능하게 했고 이와 함께 사과나 배를 갈아 만든 음료수까지 등장했다. 그러나 아무리 좋은 발명이라도 소비자의 입맛을 충족시켜 줄 수 없다면 성공한 발명이라 할 수 없다.

음식물의 제 맛을 유지, 보관할 수 있는 도구들이 많이 고안되었지만 아직도 남은 과제는 많다고 할 수 있다.

먹다 남은 소주, 맥주, 콜라 등의 맛 보존을 해 줄 수 있는 장치가 고안된다면 기존의 불편을 덜어 줄 것이다.

각종 병이나 플라스틱 용기로 이루어진 탄산음료 등의 음료수 용기에 있어서 음료수를 마시던 도중 남는 음료수를 용기 내부의 압력을 상승시킨 상태에서 보관할 수 있도록 하여 원래의 맛이 상실되는 것을 방지하도록 하는 음료수 용기 마개 대용 맛 보존 장치에 관한 것이다.

종래 유리병으로 된 음료수 용기는 뚜껑이 금속재로 이루어져 한번 개봉하면 정확히 밀봉시킬 수 없게 되어 남은 음료수를 보관하기가 어려웠으며 페트병으로 된 음료수 용기는 회전시켜 개봉하게 되므로 먹다 남은 음료수 용기를 뚜껑으로 다시 밀봉시킨 후 보관해서 먹게 된다.

그러나 한번 개봉시킨 뚜껑은 밀봉시킨다고 해도 완전한 밀봉이 이루어지지 않게 되며 내부가 대기중의 상태이므로 음료수 중의 이산화탄소가 발생하면서 음료수 원래의 맛을 서서히 상실해 가게 되어 시간이 지난 후 먹을 때에는 제 맛을 느낄 수 없는 결점이 있다.

따라서 이러한 결점을 해소하기 위해 제작된 것이다.

▶음료수용기 마개 대용 맛 보존장치◀

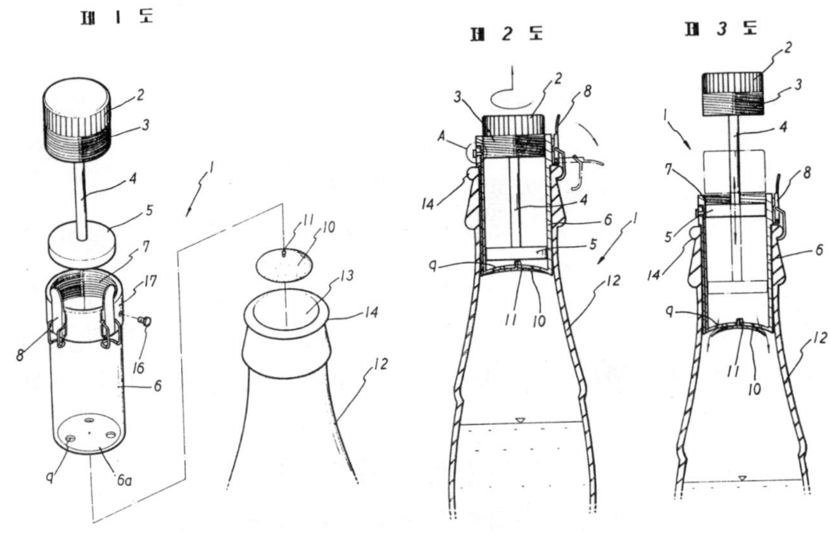

핵심을 찾아라

1. 맛 보존장치   2. 손잡이   3. 수나사   4. 피스톤축   5. 피스톤   6. 몸체   7. 암나사   8. 고정구   9. 기공   10. 역지변   11. 고정돌기   12. 음료수 용기   12. 주둥이   14. 턱   16. 판   17. 배출구멍

《정답》 1. 맛 보존장치   5. 피스톤

 용기 뚜껑

우리가 생활하면서 사용하는 수많은 용기 중에는 뚜껑이 있어야 하는 것과 그렇지 않은 것이 있다. 그렇다면 용기뚜껑이 꼭 필요한 것 중에서 뚜껑의 기능이 제대로 발휘되는 것이 있는가 하면 그저 덮개의 기능으로 만족하는 것이 있다.

또한 어떤 뚜껑은 호스와 연결된 것도 있으며 뚜껑을 돌려 사용하는 것, 눌러서 닫고 당겨서 열고 하는 것, 밀어서 사용하는 것 등 여러 가지가 있다.

현재의 용기에 무엇을, 어떻게, 기능이나 구조 장치를 추가, 개선 개량하면 발명이 될 수 있는 것이다.

다음 발명은 용기에 담긴 용액을 호스로 뽑아낼 때에 용기입구를 통해 외부공기를 용기내부로 집어넣어 쉽게 뽑아낼 수 있도록 용기뚜껑을 열지 않은 상태에서 용기입구를 개방 및 밀폐시키는 용기뚜껑이다.

종래에는 용기에 담겨 있는 용액을 호스를 통해 덜어내는 경우에 있어서 개폐시키는 용기뚜껑이 이중마개 구조로 이루어져 있어서 용액을 덜어낼 때마다 이중마개를 모두 열어서 외부공기가 용기 내부로 원활하게 들어갈 수 있도록 용기입구를 개방해 놓아야 하므로 용기를 사용하는 데에 번거로운 단점이 있었다.

제 1 도

제 3 도
(가)

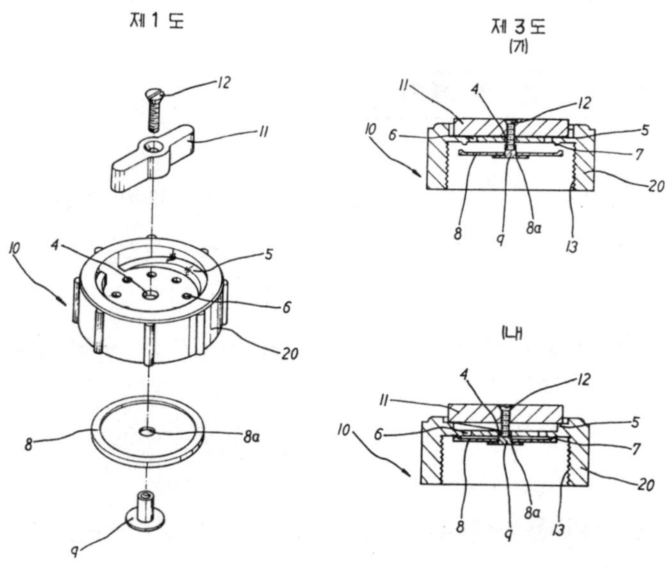

(나)

제 2 도

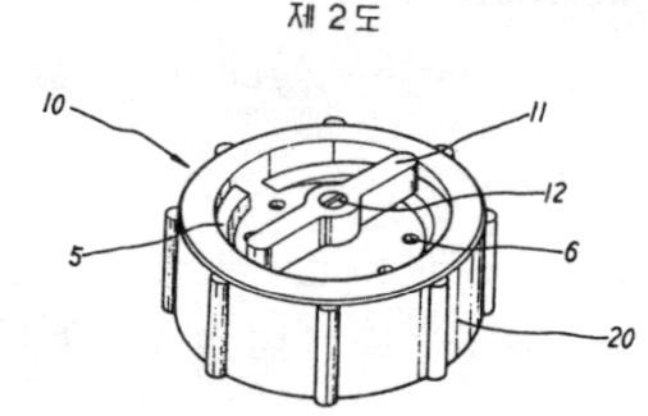

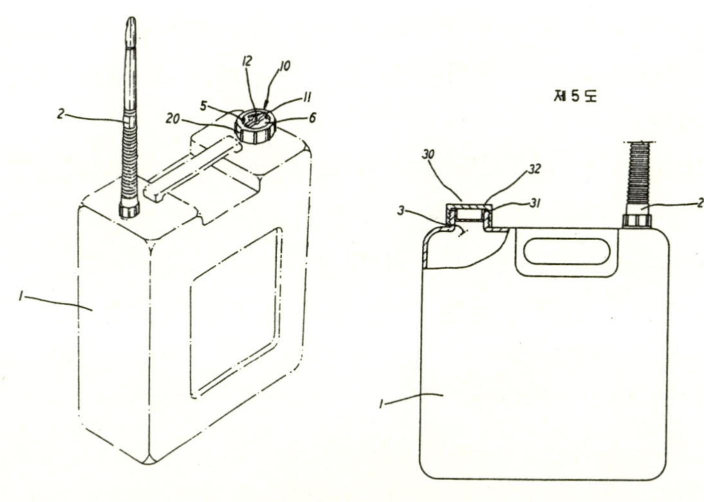

핵심을 찾아라

1. 용기   2. 호스   3. 입구   4. 구멍   5. 돌부   6. 통공
7. 돌기   8. 패킹   9. 고정봉   10. 용기뚜껑   11. 레버
12. 체결구

《정답》 8. 패킹 11. 레버

 세제용기의 주출구

우리가 먹는 음식에는 주재료는 아니지만 약방의 감초처럼 없어서는 안 될 것이 있다. 바로 음식의 맛을 돋구어 주는 조미료이다. 과거에는 소금이나 고춧가루, 간장 같은 자연 조미료밖에 없었는데 지금의 부엌에는 다양한 화학 조미료가 많이 있

다. 이러한 화학조미료는 어떻게 발명되었을까?

일본의 이케다 박사 부인은 훌륭한 음식 솜씨를 가지고 있었다. 그래서 이케다 박사는 가능한 한 집에서 식사하는 습관이 있었다.

그러던 어느 날, 식탁에 박사의 입맛에 꼭 맞는 국이 있었다. 그는 별 생각 없이 부인에게 물었다.

"국물 맛이 좋은데 이 맛의 비결이 뭐지?"

"다시마를 넣어서 국물 맛을 냈어요. 다시마 덕분이죠."

"다시마 국물이라……. 도대체 다시마에는 어떤 성분이 있길래 이런 맛이 날까?"

이케다 박사는 다시마의 성분을 연구하기 시작했다. 그는 다시마와 물을 같이 넣고 끓여 다시마물을 만들었다. 그리고 나서 그 다시마물을 다시 수증기가 증발할 때까지 끓였다. 그는 다시마물의 수분이 모두 증발하면 다시마 성분만 남을 것이라고 생각했다.

그러나 예상과는 달리 다시마의 겉 부분에 묻어 있던 흰 가루만이 남아 있었다. 그래서 다시 다시마물을 가열해 보았다. 이번에는 네모난 결정체가 생겨 그는 즉시 그 성분을 검사했다. 그러나 그것은 소금이었다.

이케타 박사는 여기에서 포기하지 않았다.

이번에는 다시마에 묻어 있는 흰 가루와 소금을 분리해 내고 다시 가열해 보았다. 드디어 쌀 모양의 결정체를 얻었는데 이것이 '글루타민산 소다'라는 다시마의 주성분이다.

이러한 조미료의 성분을 밝혀낸 사람은 이케다 박사지만 상품으로 실용화시킨 사람은 스즈키 시부로스케이다.

그가 화학조미료를 시장에 내놓겠다고 하자 당시 사람들은 모두 그를 비웃었다. 상품가치가 없다고 판단했기 때문이다.

그러나 소비자의 반응은 대단했다. 자연조미료의 번거로운 조리에 지쳐 있던 주부들은 이 편리한 화학조미료를 사용하기 시작했다. 우리의 주방에 화학조미료가 굳건히 자리를 지키고 있는 이유는 편리함 때문이다.

우리 주방에는 또 어떤 것들이 있을까?

냄비는 음식을 조리할 때, 없어서는 안 될 필수도구이다. 그래서 음식의 종류나 양에 따라 냄비의 종류 또한 다양하게 나와 있다. 음식을 여러 가지 해야 할 경우에는 여러 종류의 냄비에 각각 만들어야 하는데 이럴 경우 번거롭다.

그렇다면 냄비 하나를 2~4등분하여 한꺼번에 조리하여 작은 상에 다양한 음식을 놓을 수 있는 냄비가 있다면 어떨까?

찬그릇을 보면 한 그릇에 여러 홈이 파여 있어 가지가지 음식을 넣을 수 있는데 그것을 냄비에 응용해 본 것이다. 또한 냄비에 도마를 내장시켜 보면 야외에서 조리할 때, 편리할 것이다.

이 밖에도 음식을 할 때, 국자를 놓을 곳이 적당치 않을 경우가 있는데 이럴 경우 냄비에 국자를 걸 수 있는 국자걸이를 고안해 보는 것도 좋을 것이다.

냄비에 국물을 자동으로 넣을 수 있는 장치와 조리시간을 알려 주는 타이머, 알람기능을 추가한다면 어떨까?

냄비 밑면에 물결 홈을 파서 열전도를 많이 받게 하면 빨리 조리할 수 있어 연료절약의 효과를 얻을 수 있다.

그 밖에 어떤 냄비가 가능할까?

　　설거지 도구들을 살펴보자. 설거지에 필요한 것은 세제와 수세미이다. 세제는 대부분이 액체로 되어 있어 따라 쓰는데 필요량보다 많이 나와 낭비하게 되는 경우가 있고 이는 환경오염에도 많은 영향을 준다. 또한 설거지할 때에는 반드시 수세미나 스펀지가 필요한데 이러한 것 없이 편리하게 설거지할 수는 없을까?

　　이 고안은 세제 용기의 사용기능이 주로 액체를 담아 두는 것에 불과하였으나 액체세제를 사용할 때 많은 양이 나올 경우가 있다. 이렇게 불필요한 양이 나오기도 한다.

　　또한 기존에는 별도의 세척기구인 수세미 등을 사용하여 설거지를 했으나 이 세제용기의 주출구는 병 입구의 롤러에 의해 세제 양이 자유자재로 조절되고 또한 세척 기능까지 있는 편리한 도구이다. 병입구에 주출구와 마개를 나사맞춤으로 구성했고 점성이 있는 액체를 롤러에 의해 조절하면서 세척부분을 닦을 수 있도록 했다.

▶ 세제용기의 주출구 ◀

제 1 도

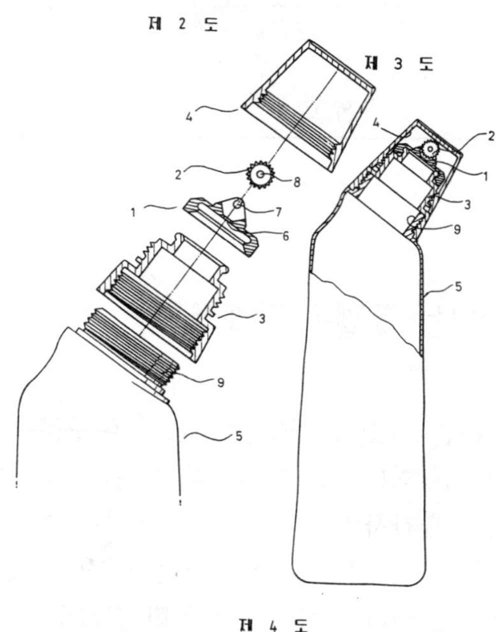

제 2 도
제 3 도
4
2
8
1
7
6
3
9
5
4
2
1
3
9
5

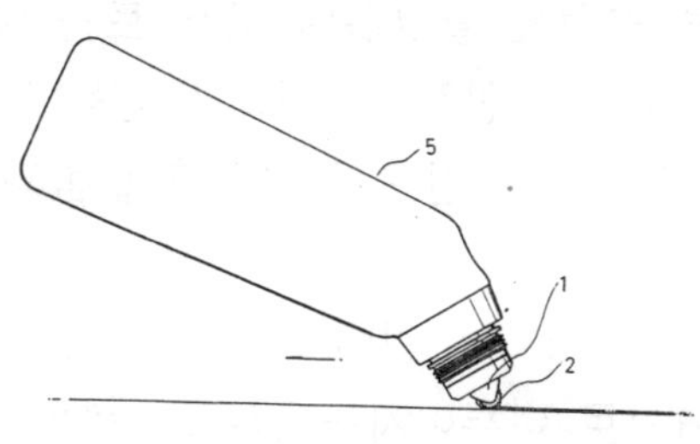

제 4 도
5
1
2

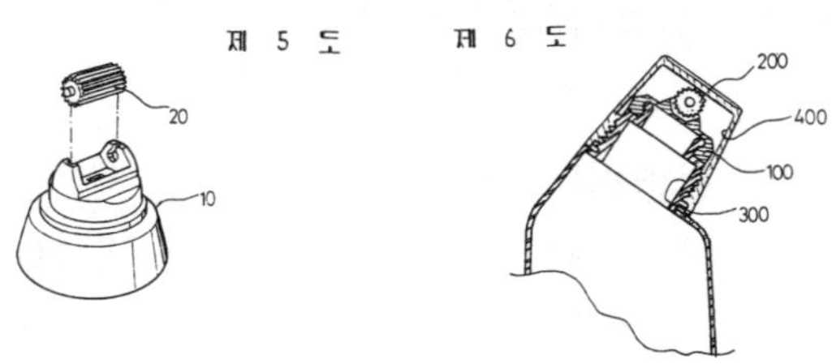

제 5 도
제 6 도
20
10
200
400
100
300

《정답》 2. 롤러

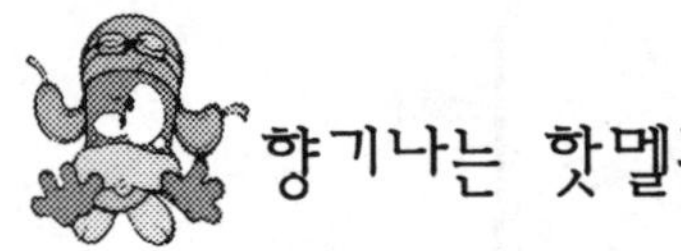 향기나는 핫멜트 접착제

발명가가 되려면 장소에 구애됨이 없이 연구하는 습성을
길러야 한다. 발명은 어디서나 이루어질 수 있기 때문이다.

발명사를 보면 중간자의 이론은 침대 위에서 착안한 것이
며 자동직기는 흔들리는 기차 안에서 떠올린 아이디어였다.

그러나 발명의 소재나 착상이 떠오르면 일정한 시간을 정
해 놓고 연구하는 습성도 필요하다. 질레트는 아침에 수염을
깎다가 턱에 상처를 입어 안전면도기의 발명을 결심했고, 매일
수염을 깎으면서 연구의 시간으로 정하고 실험과 연구를 했다
고 한다.

발명이란 우연한 기회에 얻어질 수도 있으나 에디슨의 말
처럼 99%의 노력으로 이루어지는 경우가 훨씬 많다. 따라서
발명하는 자세에 있어 중요한 것은 매일 일정한 시간을 정해 놓
고 연구하는 것이다.

인쇄기와 활자를 발명하여 처음으로 성경을 인쇄한 구텐베
르크도 저녁 식사 중에 낱개의 활자를 착안하게 되었다고 한
다. 그 무렵의 책은 사람들이 한자 한자를 펜으로 써야 했기 때
문에 한 권의 책값은 굉장히 비쌌다.

당시 그는 성직자로부터 성경을 판목으로 해서 만들어 달라는 부탁을 받고 일을 시작했다. 그런데 판목이라는 것이 판자에 글자를 조각하여 그것에 먹물을 묻혀 종이에 인쇄하는 것이었다. 판목 한 장이 한 페이지가 되는 셈이어서 실제로 판목의 분량도 굉장히 많았다.

몇 년에 걸쳐 그 작업을 하던 그는 어느 날 저녁 식사 중 아내와 대화를 나누면서 한판씩 조각하는 것이 아닌 한 글자씩 조각하는, 한 개의 나무에 한자만을 조각해서 그것을 몇 번이고 사용하는 활자와 이를 이용한 인쇄기를 생각해 냈다.

이처럼 후세에 커다란 영향을 준 대단한 발명도 연구실이 아닌 끊임없이 노력하는, 그리고 항상 깨어 있는 데에서 비롯되었다.

발명을 하려면 또 한 가지 염두에 둘 것이 있다.

이용할 수 있는 것은 최대한 이용하라. 그리고 우선 주위를 돌아보라는 것이다. 물, 공기, 흙, 산, 강, 그 어느 것도 소홀히 하지 말아야 한다.

냄새도 팔 수 있는 세상이 우리를 기다리고 있다. 실제로 미국 캘리포니아에서는 귤 향기를 팔고 있다. 캘리포니아 주를 달리고 있는 고속버스는 중유에 귤의 향료를 넣어 사용하고, 또 차 안에다 귤 향기를 뿌린다. 이러한 서비스는 귤의 세계적 생산지로 유명한 지역특성을 살린 것이기도 하고 과일 전문 생산업체의 한 광고전략이기도 하다.

거기 곳곳에 넘쳐흐르는 신선한 향기에 사람들은 실제로 이 회사를 생각하게 됐고 이 덕분에 이 회사의 매출이 급증하였다고 한다.

미국 버몬트 주의 한 사람은 솔잎향기를 이용해 기업체를 세웠다. 그는 젊은 시절 병으로 요양을 한 적이 있었다. 그 곳은 소나무가 우거진 아주 아름다운 곳이었다.

"정말 좋은 향기군. 머리가 맑아지고 병까지 낳은 것 같아."

그는 특히 그 곳의 맑고 신선한 소나무 향기를 좋아했다.

"이 좋은 향기를 많은 사람이 맡아 보게 할 수 없을까?"

그는 오랜 궁리 끝에 솔잎향기가 나는 비누를 연구, 개발했다. 물론 이 신선한 향기를 지닌 비누는 커다란 인기를 누렸다. 최근에는 솔잎 드링크까지 개발, 시판되고 있다.

이제 냄새에 대한 관심은 높아져 가고 있다. 향기나는 잉크가 개발되기도 하고 종이에서 향기가 나는 상품도 나오고 있다. 이대로 냄새에 대한 세밀한 연구개발이 진행된다면 냄새까지 전달하는 텔레비전까지 나올지도 모를 일이다.

아이디어 착상의 세계

그렇다면 향기에 대한 어떤 발명이 준비되어 있을까?

최근 소비자의 요구는 더욱 다양하고 더욱 편리한, 게다가 실용적인 제품을 원하고 있다. 발명 또한 이러한 소비자의 요구를 만족시켜 줄 만한 한 차원 높은 것이어야 한다.

향기나는 액세서리는 어떨까? 아름다운 액세서리를 하고 게다가 향기까지 맡는다면 얼마나 좋을까?

액세서리 조립용인 핫멜트 접착제에 방향제 분말을 내장하여 액세서리 제품 완성 후에 특유의 향기가 발산되게 하여 장식성을 향상시켰다.

　　액세서리 조립용 핫멜트 접착제에 있어서 이 접착제의 재질 내부에 식물향이나 풀향기가 고농축된 방향제 분말을 일체적으로 함께 내장하여 향기나는 액세서리를 만든 것이다.

▶ 향기 나는 핫멜트 접착제 ◀

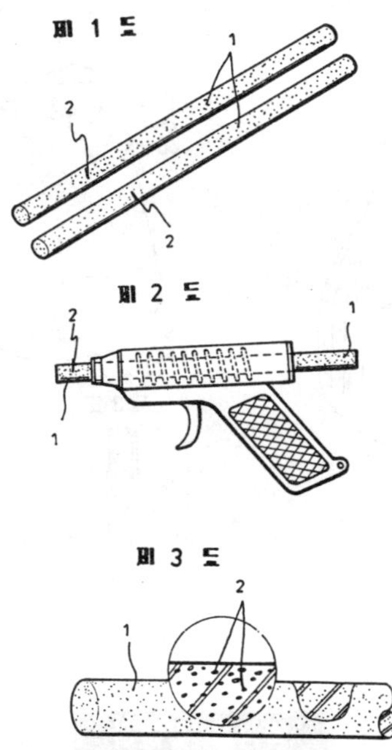

《정답》　2. 방향제분말

전동기를 이용한 소형 분무기

▶ 전동기를 이용한 소형 분무기 ◀

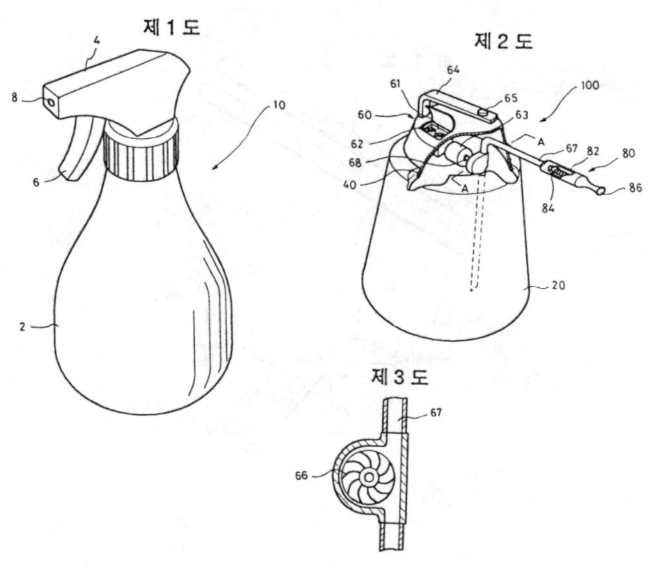

2. 물통　8. 노즐　62. 배터리　64. 손잡이　65. 스위치
68. 모터　82. 분사조절구

《정답》　62. 배터리　65. 스위치　68. 모터

휴대용 다단 분유 케이스

▶휴대용 다단 분유 케이스◀

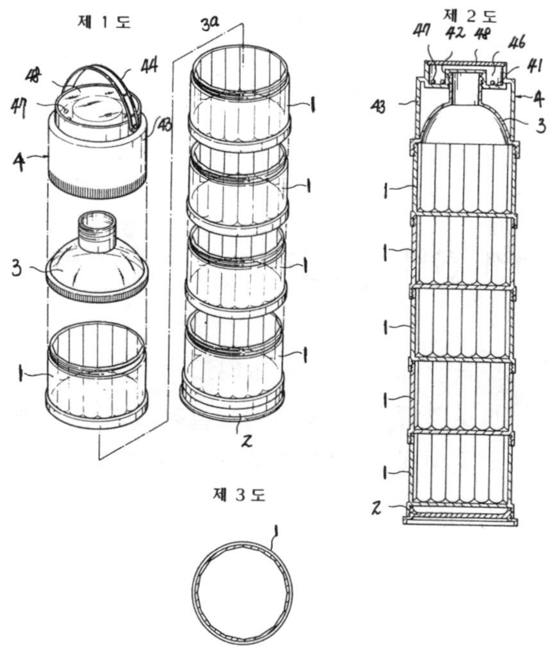

《정답》 3. 주입구 3a.

신발은 과학 아닌 의학

 ## 어떤 신발이 좋을까

로마의 옛 속담에 "가질 수 있다고 믿어라, 그러면 당신은 그것을 반드시 갖게 될 것이다"라는 말이 있다. 오늘날 유명학자들이 '사고의 위대한 힘'에 대한 관심을 갖고 여러 가지 연구와 실험을 하고 있다.

전기학의 천재인 슈타인메츠는 "앞으로 50년 동안의 가장 중대한 발전은 인간의 정신에 관한 연구일 것이다"라고 했다.

자연의 힘은 파괴되기도 하지만 행복을 주기도 한다. 가령 홍수는 큰 재해를 가져오지만, 사막을 초원으로 만들어 주고, 장미꽃 화원을 만들기도 한다. 불은 집과 재산을 태워 버리기도 하지만 우리들의 방을 따뜻하게 해 주기도 하고 음식을 맛있게 조리하기도 한다.

마음의 힘도 이와 비슷하다. 마음의 힘은 인류를 위해 노력하기도 하지만 경우에 따라서는 국가나 인류에게 큰 피해를 끼치기도 한다. 인간의 마음에는 위대한 힘이 있다. 그러나 대부분의 사람들이 이 위대한 힘을 사용하지 못하고 있다. 만일 이 힘을 사용하기만 하면 우리는 어떤 소망도 이룰 수 있을 것이다.

따라서 우리가 무엇을 발명하려고 할 때 그에 앞서 중요한 것은 '그것을 반드시 할 수 있다'라는 마음의 자세이며 그러한 마음의 힘을 스스로 믿는 것은 무엇보다 중요하다.

무슨 일이든 목표가 분명해야 성공할 수 있다. 발명도 마찬가지이다. 생선장사에서 발명가가 된 일본인 아라이가 그 좋은 예이다.

가난한 가정에서 태어난 아라이는 초등학교를 졸업하고 바로 생활전선에 뛰어들었다. 그는 여기 저기를 돌아다니며 일자리를 구했으나 학력도 보잘것 없고 나이 어린 그에게 선뜻 일자리를 내주지 않았다.

겨우 얻은 자리가 바로 생선가게였다. 그의 일은 얼음 창고에 생선을 나르는 것이었다. 섭씨 30도가 넘는 무더운 여름에도 얼음 창고에서는 두꺼운 방한복을 입고 장화를 신어야 했다. 엄청난 추위를 이기기 위해서였다.

아라이는 두 손으로 입김을 불어가며 열심히 생선을 날랐다. 어려서부터 어려운 가정형편 때문에 온갖 고생을 해 본 경험이 있는 그에게 이 정도 추위는 문제되지 않았다. 그런데 문제는 정작 다른 데 있었다. 바로 장화였다. 얼음 위를 걸을 때 장화 안팎의 온도가 차이나서 장화 안에 습기가 생기는 것이었다. 그 습기로 인해 장화 속에선 미끌거리며 불쾌함과 함께 악취까지 풍겨 나왔다.

이렇게 지내니 아라이는 무좀에 걸리고 말았다. 아무리 발을 깨끗이 씻어도 소용이 없었다. 무좀은 점점 더 심해질 뿐이었다.

"근본적인 문제 해결을 해야 하는데……. 장화 속의 습기를 어떻게 없앨 수 있을까? 무슨 좋은 방법이 없을까?"

여러 날을 머리를 쥐어짜며 고민했지만 아이디어는 떠오르지 않았다.

어느 여름날, 여느 날과 마찬가지로 생선을 얼음 창고로 나르던 그는 우연히 주인이 신고 있는 그물망 가죽 구두를 보게 되었다.

"좋은 걸……. 저런 그물망 가죽 구두는 통풍이 잘되어 발도 상쾌하고 땀도 나지 않아 무좀도 걸리지 않을 텐데……."

주인의 그물망 가죽 구두를 바라보던 아라이는 엉뚱한 아이디어를 떠올렸다.

"맞아. 바로 구멍이야. 내 장화에도 구멍을 내면 습기가 차도 통풍이 잘되니까 괜찮겠지. 어디 한 번 해볼까!"

그는 장화 바닥과 앞뒤에 작은 구멍을 뚫어 통풍이 잘 되게 해 보았다. 그랬더니 놀랍게도 습기가 없어졌고 기분 또한 상쾌했다. 그는 곧 특허청으로 달려가 실용신안 출원을 했다.

순간의 아이디어로 그는 통풍되는 편리한 장화를 발명한 것이다.

명석이는 과학시간이 제일 즐겁다. 평상시에는 아무렇지도 않게 쓰이던 것들이 조금만 만들어 보면 다르게 변하는 것이나 비커에 물을 넣고 실험을 할 때 신기한 것이 한두 가지가 아니었기 때문이다.

그런데 갑자기 일이 생겼다. 친구 슬기의 동생인 영특이가 없어졌다는 것이다. 온 동네가 떠들썩하게 구석구석을 찾아 다녔지만 영특이는 없었다.

둘은 서둘러 파출소에 달려갔다. 그런데 영특이가 파출소로 울면서 들어오는 것이었다. 슬기와 영특이는 몇 년 만에 만난 것처럼 부둥켜안고 울었다.

"아이들을 잃어버리는 것을 막는 방법은 없을까?"

순간 명석이의 머리에 스치는 것이 있었다.

신발을 이용해서 미아가 방지되는 것을 막는 것, 과연 어떻게 하면 될까?

좋은 생각이란 바로 주소, 전화번호를 적은 종이를 신발에다 붙이는 것이었다. 그런데 친구 생일 잔치에 가서 신발을 잘못 신고 온 기억이 났다. 신발을 벗고 나면 꼭 붙어 있게 할 수 있는 방법은 없을까? 특히 급할 때, 신발은 찾는 시간이 많이 걸리는 문제점을 해결할 수 있을 것이다. 그렇다면 미아방지도 되고 가지런히 놓는 신발은 어떻게 고안하면 될까?

미아방지를 위한 메모는 신발 바깥쪽에 붙이고 매직 테이프 같은 찍찍이는 그 위에 붙이면 된다. 이렇게 하면 길을 잃을 염려도 없고 신발도 나란히 벗을 수 있어서 편리하다.

위의 나란히 신발과 미아방지용 신발은 조금만 생각하면 생활이 편리해질 수 있다는 것을 보여주는 예이다.

그런데 이런 발명에도 문제는 있다. 보통 신발에 찍찍이를 붙이고 또 메모지를 붙이려면 손이 많이 가고 번거롭다. 신발을 만드는 과정에서 그런 구조로 나온다면 다행이지만 말이다.

그럼, 다른 방법을 한번 생각해 보자.

1. 신발을 빨 때마다 손상이 되는 메모지를 좀더 오래 간직
   할 수 있는 방법은 무엇일까?

2. 오랫동안 신발을 신으면 찍찍이가 낡아서 잘 안 붙게 될 염려도 있다. 좀더 오래 찍찍이를 쓸 수 있는 방법은 없을까?
3. 나란히 신발은 신발 양쪽이 서로 붙어야 한다. 서로 맞붙게 하려면 우선 주위의 서로 잘 붙는 물질을 이용해 보자. 서로 잘 붙는 물질에는 어떤 것이 있을까?
4, 꼭 붙지 않더라도 신발을 서로 걸어 두는 방법도 좋은 생각이다. 이럴 때 걸고리를 이용하면 어떨까?

이 밖에 어떤 신발들이 우리들의 생활을 편리하고 윤택하게 해 주는가?

# 신발의 발전

발명의 역사는 사람을 편리하게 하려는 발명의 연속, 이것이 인류문명의 발달과정이라고 해도 과언이 아니다. 지금 우리 주위에 있는 모든 사물은 이러한 노력의 결과이다.

이러한 편리함은 또 불편을 낳고 불편을 느끼면 사람들은 더 편리하게 할 수 있는 방법이 없을까 하고 생각한다.

불편한 것을 편리하게 한 발명의 예를 들어 보자.

공원에 나가면 배드민턴으로 체력을 단련하는 사람들을 많이 볼 수 있다. 그러나 이 배드민턴도 70년 전만 하더라도 아무나 즐길 수 있는 운동이 아니었다. 왜 그랬을까? 배드민턴 공은 새의 깃털로 만들어서 가격이 비쌌기 때문이다.

이러한 사실을 매우 안타깝게 생각하고 쉽게 만들 수 있는 공에 대해서 고민하는 사람이 있었다. 바로 영국의 킬튼이라는 사람이었다.

"저렇게 좋은 운동을 누구나 즐길 수 있으면 정말 좋을 텐데……."

그러던 어느 날 그는 신문을 보다가 눈이 한곳에 집중되었다. 신문에는 플라스틱이 새로 개발되어 여러 가지 생활용품들을 만드는 데 유용하게 쓰일 것이라고 씌어 있었다.

그는 곧장 나가 플라스틱 공을 구해왔다. 그리고 이것을 이용해 배드민턴 공을 만들 수 있는 방법을 연구했다.

그는 드디어 플라스틱을 이용해서 오늘날 우리가 쉽게 볼 수 있는 배드민턴 공을 발명했다. 그 덕분에 보다 많은 사람들이 즐겁고 손쉽게 배드민턴을 즐길 수 있게 되었다.

언어나 말 등은 인간이 생각하고 있는 것을 표현하는 것이다. 우리들은 표현할 수 있는 능력을 가졌기 때문에 서로의 생각을 알 수 있다. 그 중에서도 글이나 그림 등으로 표현할 수 있도록 일차적으로 도와주는 도구가 필기구이다.

옛날 우리 조상들은 붓으로 글씨를 썼었다. 붓글씨는 쓰기도 어렵지만 일상적으로 사용하기에는 여간 불편한 일이 아니었다. 우선 먹을 갈아야 하고 그리고 외출시에는 휴대하기도 곤란하다.

필기구의 초기형태는 석목이었다. 석목을 점점 더 사용하기 편리하게 개선한 것이 오늘날 우리들이 사용하는 연필이다. 어떤 발명품이던 처음부터 완벽한 발명품이 나오기는 힘들다. 처음 생각했던 대로 발명품을 완성했다 하더라도 사용하다 보면 불편한 점이 또 있게 마련이다. 그러면 그 불편을 없애기 위해 또 다른 발명품을 만들어야 한다.

이렇게 한다면 발명이란 끝이 없는 것을 알 수 있다. 석목에서 연필로, 연필에서 샤프펜슬로 변화한 예도 편리함을 향한 연필의 끊임없는 변신이라고 할 수 있다. 이 말은 현재 우리들이 사용하는 모든 것이 발명의 대상이 될 수도 있다는 뜻이다.

사람들이 많이 모인 곳에 가보면 부모를 잃은 아이들은 볼수 있다. 엄마 아빠와 헤어졌을 경우 집 전화번호를 기억하면 다행이지만 나이가 어리거나 또 갑작스런 충격으로 자기이름과 전화번호 등을 잊어버리는 경우가 많다. 그럼 어떤 방법이 좋을까?

바로 이럴 때 발명의 힘이 빛을 발한다.

많은 사람이 모이는 장소에 신발을 벗어 놓으면 신발이 각각 섞여 있어서 찾으려고 고생을 했던 경험이 있을 것이다. 신발 한 쌍이 가지런히 모아지도록 고안했다면 이런 불편은 없었을 것이다.

다음과 같이 신발을 이용하는 방법은 어떨까?

발명의 착상힌트

1. 이름표를 신발에 붙여 놓으면 모양과 무늬로도 찾기 쉬울 것이다.
2. 그림의 이름표 외면을 매직테이프를 부착하여 한 쌍이 되도록 하면 된다.
3. 이름표가 주머니도 될 수 있도록 고안하여 귀중품을 보관할 수 있게 하면 옷에 주머니가 없을 때에도 편리하다.
4. 신발에 에어백을 내장하여 발목을 보호할 수는 없을까?

5. 신발의 문제점을 찾아 다른 원리나 물건, 다른 방법을
   결합하여 변화를 시도해 보자. 물론 실용성을 감안해야
   한다.

   스포츠는 건강과 함께 맑은 정신을 만들어 준다. 새벽에 일
어나 맨손체조를 즐기는 것, 뜨거운 햇빛 아래 땀이 모래먼지
에 범벅이 되도록 친구들과 어울려 공을 차는 것, 조깅을 하는
것 모두가 스포츠이다.
   스포츠의 종류는 매우 다양하다. 씨름, 태권도, 권투와 같
은 투기경기가 있는가 하면 농구와 배구, 축구, 야구와 같은 구
기도 있다. 마라톤, 창던지기 같은 육상이 있고 뜀틀이나 평행
봉 같은 체조도 있다.
   우리의 조상들은 산으로 들로 뛰어 다니며 동물을 사냥하
고 나무열매를 따먹으며 살았을 것이다. 혹, 이웃 부족과 어떤
이익을 다투기 위해 싸우는 경우도 있었을 것이다. 그럴 때 이
들은 서로 붙잡고 뒹굴며 또는 주먹으로 치고 발로 차며 서로의
힘을 견주었을 것이다.
   이 때는 토끼 등의 뒤를 쫓아서 가장 빨리 달리고 창을 정
확하고 멀리 던져 토끼를 잡거나, 이웃 부족과의 싸움에서 상
대방을 이기는 사람이 가장 인기가 있었을 것이다. 이처럼 달
리고 쏘고 하는 오늘날의 스포츠는 우리의 조상들의 일상적인
삶에서 처음 출발하지 않았을까? 그러나 오늘날의 스포츠는 매
우 다양하게 발달했고 그 용품 또한 수많은 발명을 거듭해 왔
다.
   스포츠와 발명 또한 함께 발전해 왔다고 할 수 있다.
   역사가 발전해 오면서 사람들은 비행기와 컴퓨터, 텔레비

전 등을 만들어냈다. 그 옛날에는 꿈에도 생각하지 못했던 비약적인 발전이다.

그런데 사람들은 왜 이런 것들을 만들었을까? 사람들의 삶을 더 편안하고 넉넉하게 하기 위해 만들었을 것이다. 그렇다면 이런 것들을 어떻게 만들었을까? 새로운 것을 생각하고 만들어 내기 좋아하는 사람들의 창의성 때문이다. 스포츠도 마찬가지이다.

그 몇 가지 예를 들어 보자. 일상적인 생활 속에서 할 수 있는 스포츠와 레저에 관한 발명에는 어떤 것이 있을까?

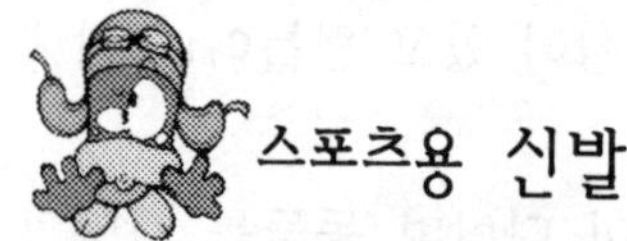

스포츠용 신발

아이디어 착상의 세계

황영조, 이봉주 등 세계를 빛낸 마라토너는 강인한 정신력과 신체의 훈련으로 월계관을 쓴 것이다. 이들이 이러한 영광을 차지할 수 있었던 한 부분은 바로 신발인데 신발의 경량화와 떨어지는 충격 흡수력, 미끄러지지 않도록 해 준 새로운 고안, 또한 바람의 저항을 적게 받으려고 제작된 타원형 구조 등 스포츠과학이 빚어낸 연구개발의 결실 덕분이다.

이러한 첨단 스피드화는 우승의 영광을 가능하게 한 원동력이었고 발명의 분야는 이처럼 스포츠 분야에도 다양하게 접목되고 있다.

이 고안은 작은 동작으로서 오락 및 전신 운동의 효과를 극

대화시킬 수 있는 새로운 스포츠용 신발이다.

　　운동용 신발을 구성함에 있어 신발밑창의 전후 양방향에 양측 끝단부를 갖는 강력 코일 스프링을 볼트와 너트로 각각 결합시키고 코일 스프링 접지 바닥부에는 고무평판창을 볼트와 너트로 각각 결합시켰다.

▶ 스포츠용 신발 ◀

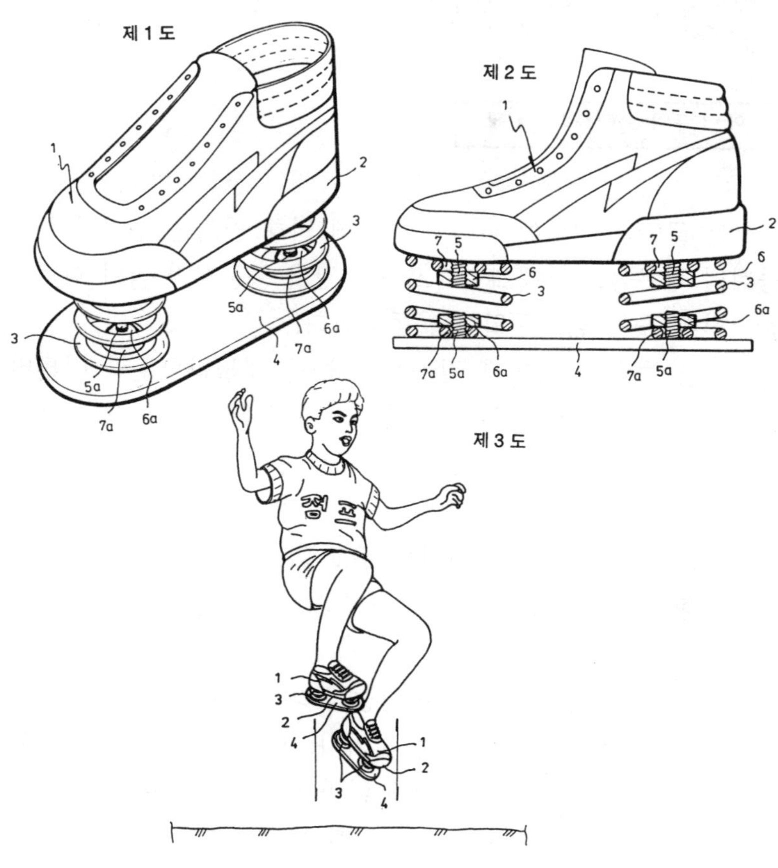

핵심을 찾아라

1. 신발   2. 신발밑창   3. 코일스프링   4. 고무평판창   5. 볼트
6. 너트   7a. 끝단부

《정답》 3. 코일스프링

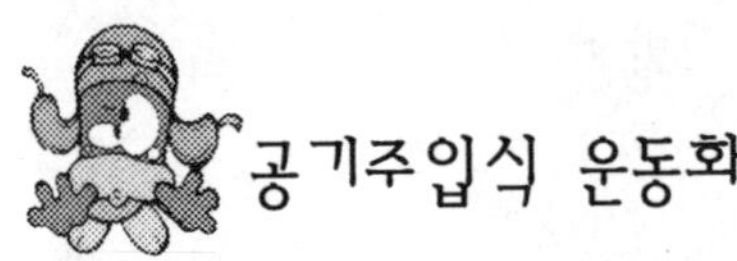

공기주입식 운동화

아이디어 착상의 세계

　본 고안은 한쪽에 부착된 펌프에 의해 공기를 주입하여 운동화의 보온성을 극대화시키고 착용감을 향상시켜 발의 피로를 감소하여 주는 공기주입식 운동화이다.

　최근 들어 운동화에 갖가지 기능을 덧붙임으로써 이른바 특수기능 운동화라고 하여 운동화의 용도를 단순한 신발에서 경기력 향상을 도모하는 스포츠용구로까지 발전시키고 있으나 이러한 것의 대부분은 환기와 완충을 주목적으로 하여 운동선수의 경기력 향상만을 주안점을 두고 있으며 실제로 그 효과도 불확실한 것으로 알려져 있다. 더구나 일반인들에게는 그 효용가치가 매우 미미하다.

　공기주입식 운동화는 일반인들을 대상으로 한 신발 본래의 편안한 착용감에 주안점을 둔 것이다. 발의 형태가 고르지 못한 사람들은 운동화와 발이 맞지 않아 오랜 시간 운동화를 신거나 잘 맞지 않는 운동화를 신고 심한 운동을 했을 경우 평상시

보다 더욱 심한 발의 피로를 호소하게 된다.

이로 인해 운동화 본래의 기능인 우수한 착용감을 주기능으로 하는 것이 필요하게 되었다.

최근에 학생들의 추세는 자신의 발보다 조금 큰 운동화를 구입하여 발이 자라게 되더라도 계속적으로 신을 수 있는 운동화를 원하기 때문에 실제 운동화를 신고 다니는 학생들은 불편을 감수하면서 큰 사이즈의 운동화를 신는 폐단이 대두되었다.

특히 특수기능 운동화의 대부분이 통기성에 많은 비중을 두기 때문에 일반인들이 겨울철에 이러한 운동화를 구입하여 사용할 때에는 지나친 통기성으로 인해 발의 보온이 제대로 이루어지지 않아 많은 불편을 겪었다.

이러한 문제점을 해결하기 위해 갑피에다 공기를 주입하게 한 것이 있었으나 이것은 공기를 펌프가 아닌 입으로 불어넣게 되는 것으로 매우 비위생적이고 그 실용성이 적었다. 또한 튜브가 신발의 내부 양쪽 옆면에 붙어있어 신발의 착용감에만 주안점을 두었기 때문에 충격 흡수 및 쿠션에 대해서는 별다른 보완 사항이 없었다.

위와 같은 문제점을 해결하기 위해 운동화 내면의 앞 코부분 및 바닥면 전체에도 공기튜브를 하나로 만들어 운동화의 바깥에서 별도의 공기주입 펌프에 의해 공기가 주입되도록 하여 사용자가 운동화를 신고 펌프를 사용하여 공기를 주입했을 경우에 운동화의 크기가 사용자의 발과 잘 맞지 않더라도 공기튜브가 팽창하면서 발의 앞 코부분을 꽉 조여 주기 때문에 우수한 착용감을 얻을 수 있다.

운동화를 신고 운동을 할 경우에도 신발 밑창의 쿠션 외에 공기튜브의 공기압이 운동량에 따른 충격을 완충해 주기 때문

에 발의 피로를 최대한 감소시켜 주며 특히 겨울철에는 신발 내
부에 공기 보온층이 형성되는 역할을 하게 되므로 보온성이 우
수하다.

▶ 공기주입식 운동화 ◀

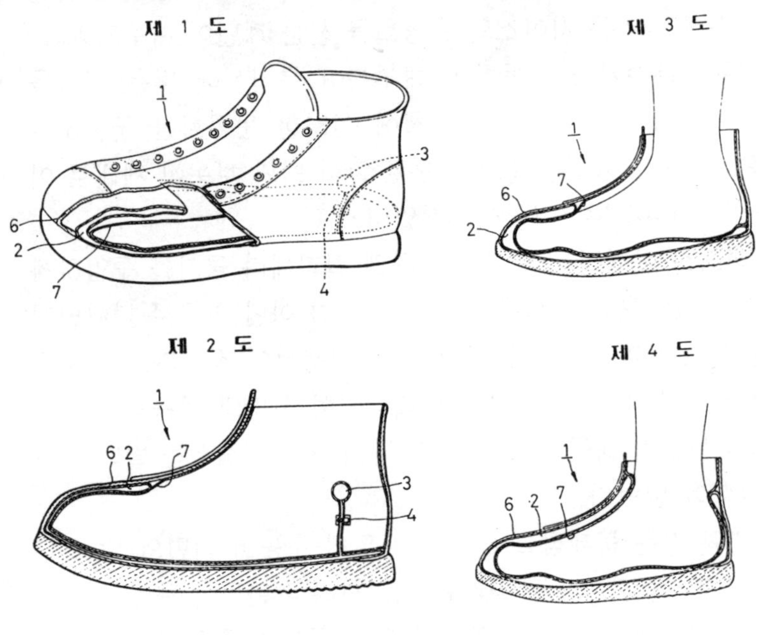

핵심을 찾아라

1. 운동화   2. 공기튜브   3. 공기주입 펌프   4. 체크밸브

《정답》 3. 공기주입 펌프

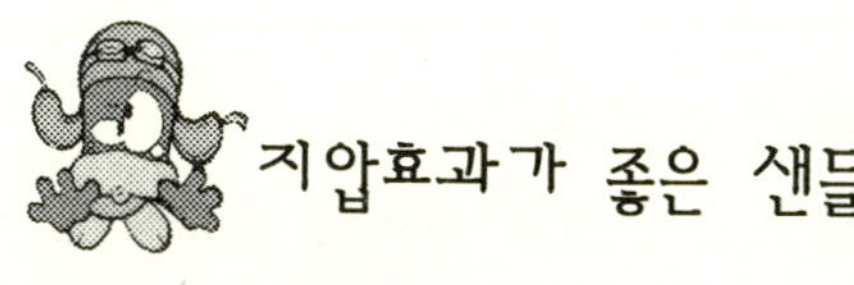

지압효과가 좋은 샌들

　　야외나 실내에서 신고 다니는 샌들은 다양한 기능과 구조로 만들어져 있다. 또한 최근에는 패션 신발도 만들어지고 있다. 남녀노소 대상층에 따라 샌들의 모양과 디자인도 새로운 아이디어로 만들어진다.

　　발명의 원리는 이렇게 응용하면 된다. 손에 들고 다니는 지압봉을 어디에 결합시키느냐에 따라 새로운 발명품이 탄생되는 것이다.

　　지압의 원리는 솟아 나온 돌기부분을 말한다. 여기에서 착안, 돌기를 팬티에 부착하면 지압팬티가 발명된다.

　　이렇게 지압의 효과를 주는 돌기부분을 기존의 사물에 더하면 새로운 정답이 나오는 것이다.

　　예 : 돌기＋라이터＝지압라이터. 지압숟가락, 젓가락, 지
　　　　압도어록
　　　　돌기＋볼펜＝지압볼펜. 지압수첩, 지압가위, 지압의자

　　지압이란 신체의 살이 뭉쳐져 있던 것을 풀어서 혈관에 충격을 주어 혈액순환이 잘 되게 하는 것이다. 발바닥 지압효과가 양호한 샌들의 새로운 구성에 관한 것으로 특징은 샌들의 상면에 지압돌조를 고정식으로 붙여 놓은 기종의 고안을 개량하

여 발바닥에 대한 지압효과가 돌기식 또는 돌조식으로 필요에 따라 변경사용이 가능하도록 한 것이다.

　지압효과를 높이기 위해 샌들에 지압 돌봉을 비교적 높게 만들거나 아니면 지압돌봉이 붙은 시트를 부착식으로 샌들에 접착하여 어떠한 샌들이든지 지압장치가 필요한 경우 간편히 지압샌들로 변형해서 사용할 수 있도록 했다.

▶ 지압샌들 ◀

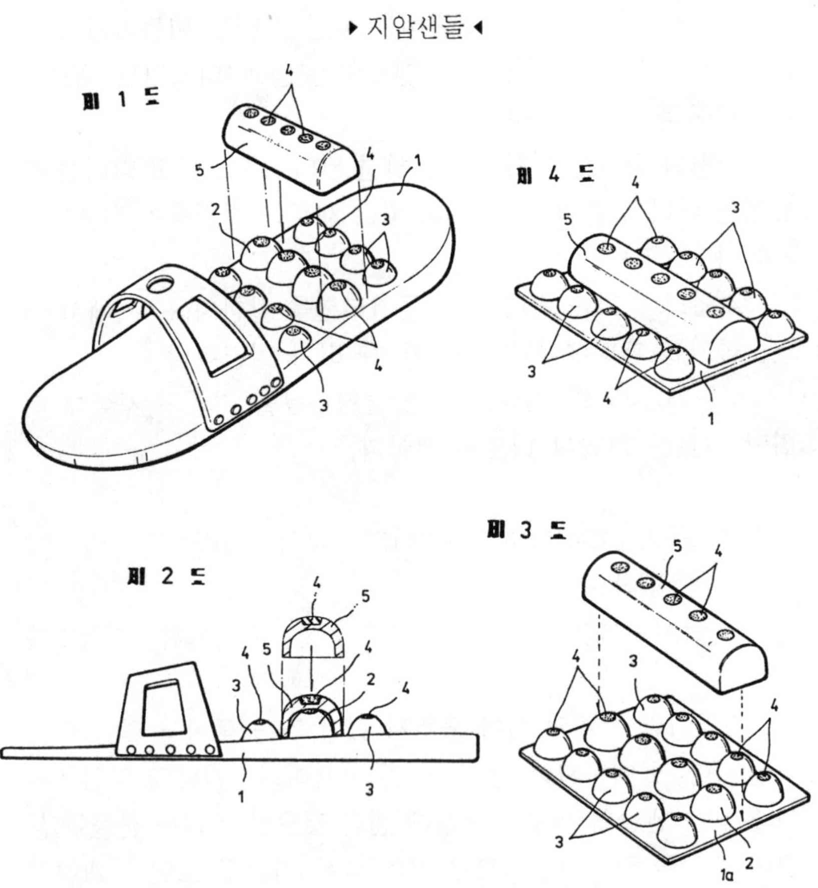

 ## 단화 및 평상화 겸용되게 한 신발

아이디어 착상의 세계

단화의 용도는 사용되는 기능과 구조에 따라 소비자의 욕구를 만족시켜 준다. 평상화는 각각의 기능을 지닌 신발을 하나로 더하기하여 상황과 용도에 따라 신을 수 있게 개발되었다. 이러한 단화 및 평상화를 겸용할 수 있게 한 신발은 없을까? 종래에는 단화와 평상화를 겸용되게 한 신발이 없었기 때문에 용도에 따라 사용하기에 적합한 단화 및 평상화를 각각 따로 마련해야 했다.

본 고안은 이상의 문제점을 해결하고자 신발 몸체의 전갑부의 트임부 안쪽에는 비교적 긴 받침판을 부착하고 목부위의 좌우쪽에는 끈이 걸리는 고리가 부착되며 목부위 둘레에는 파스티를 게재한 발목 보호대를 부착해 떼었다 붙였다 할 수 있게 하여 단화 및 평상화를 겸용되게 하였다. 또한 끈이 끼워지는 다수의 구멍쇠가 있는 발목보호대의 양끝 안팎에는 벨크로 테이프를 부착하여 필요할 때는 손목을 보호하는 손목 보호대의 역할을 할 수 있게 했다.

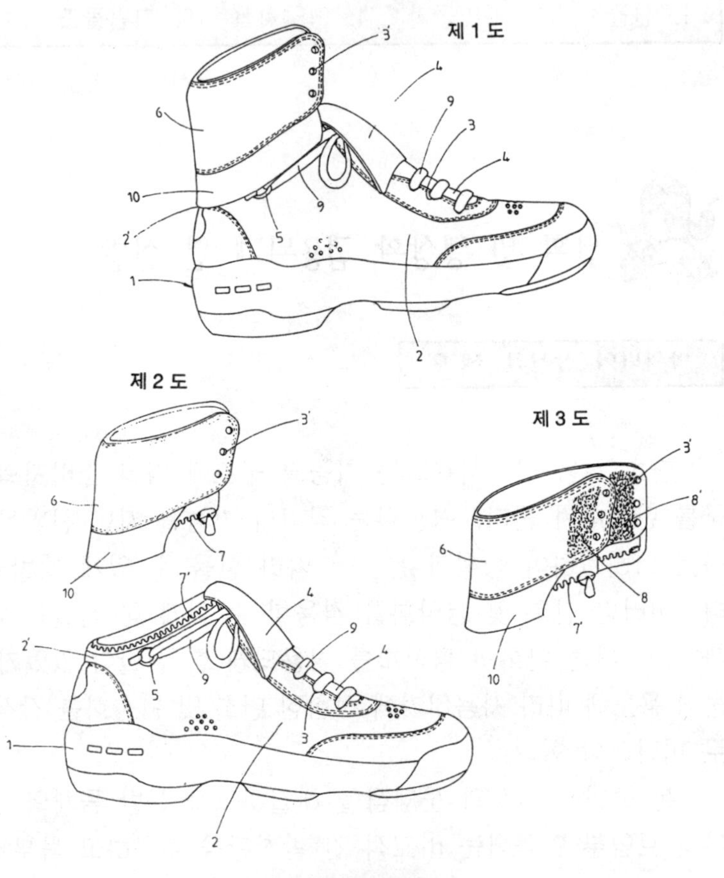

핵심을 찾아라

1. 신발몸체   2. 전갑부   4. 받침판   5. 고리   6. 보호대
7. 7′. 파스너

《정답》 6. 보호대

통풍 안전화

▶ 통풍 안전화 ◀

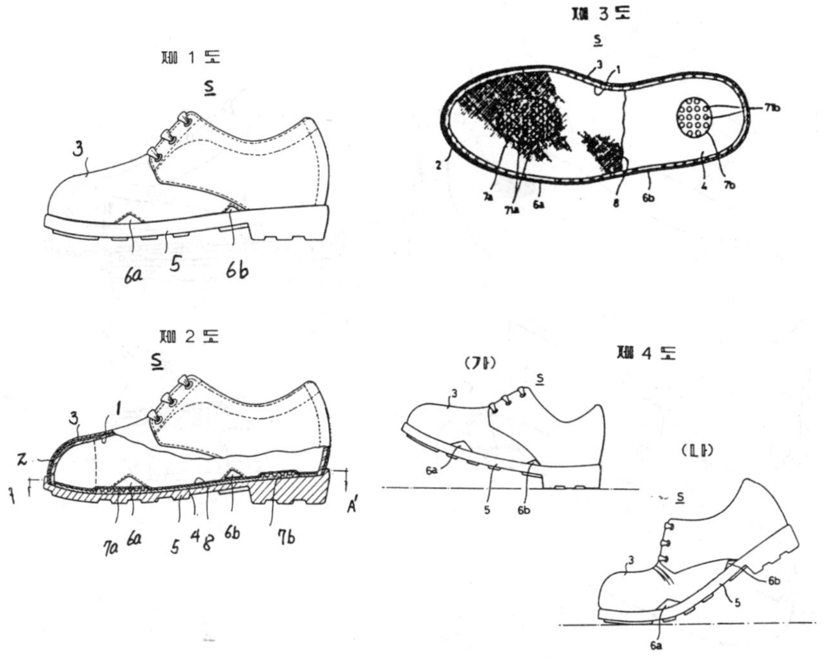

《정답》 6a. 6b. 통풍구 8. 망사체

공기주입식 위생신발

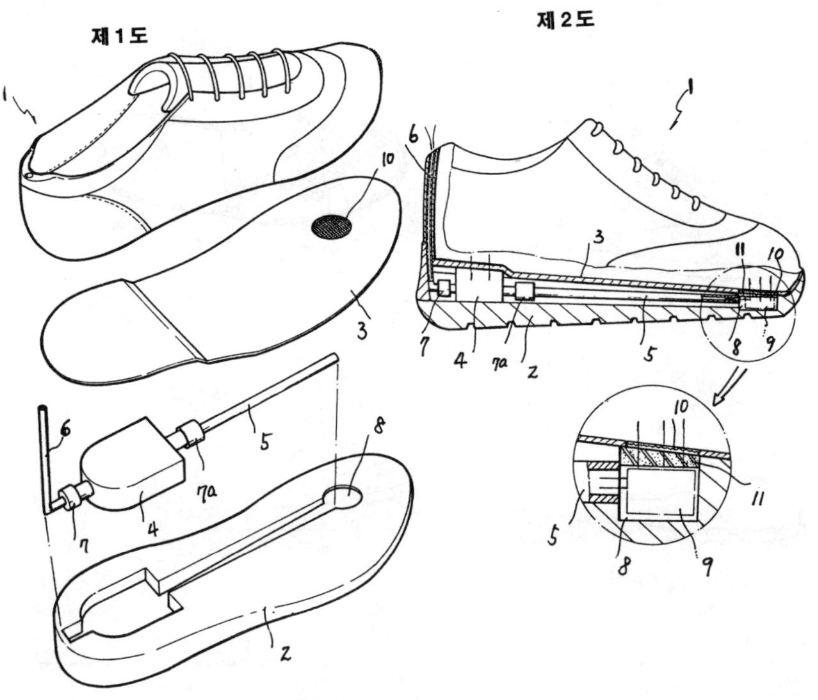

《명 칭》
2. 신발밑창 3. 깔창 4. 에어펌프 5.6. 급기관 7. 체크밸
브 8. 함실 9. 방향제 10. 망공 11. 스펀지

《정답》 4. 에어펌프

신발깔창의 키높이 조절구조

▶ 신발깔창의 키높이 조절구조 ◀

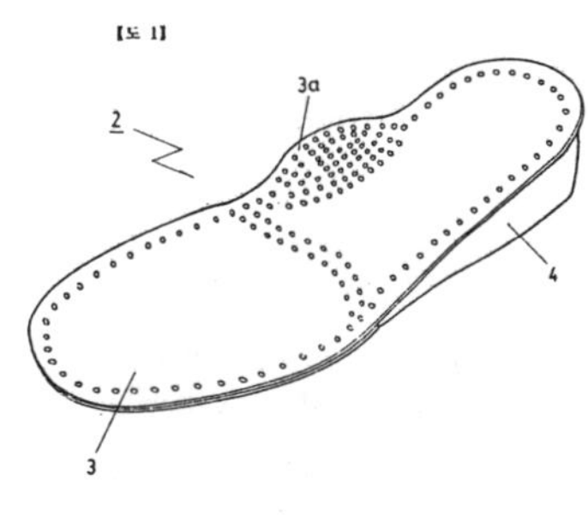

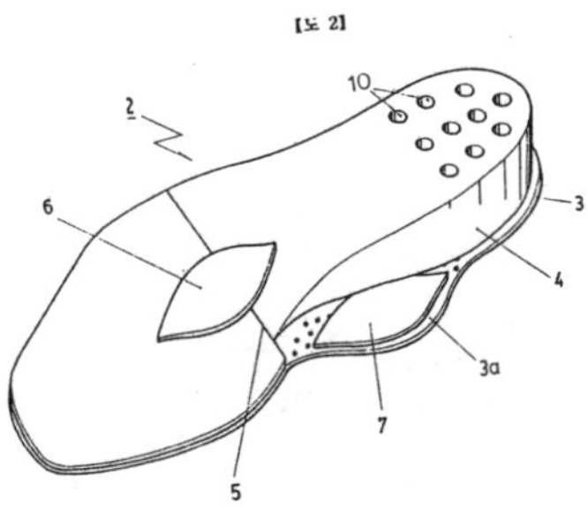

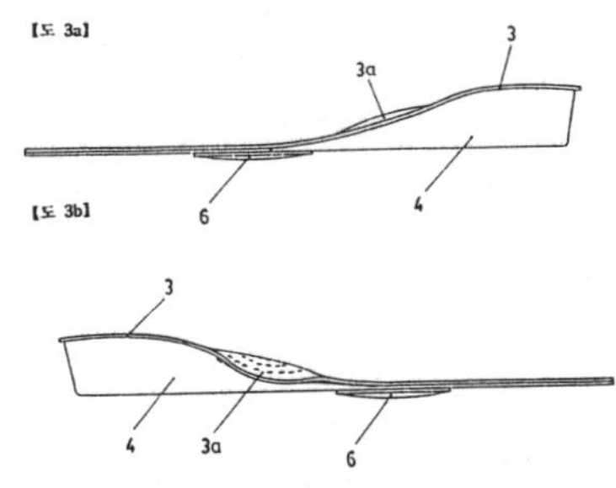

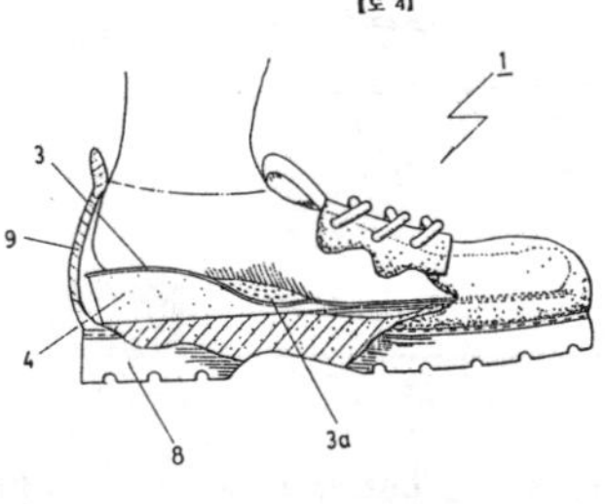

핵심을 찾아라

1. 신발   2. 신발깔창   3. 깔판   3a. 돌출부   4. 보조창
5. 경계선   6. 저면지지판   7. 내측지지판   8. 밑창   9. 갑피
10. 원통구멍

《정답》 3. 깔판 4. 보조창

위생용 발가락 커버

제 1 도

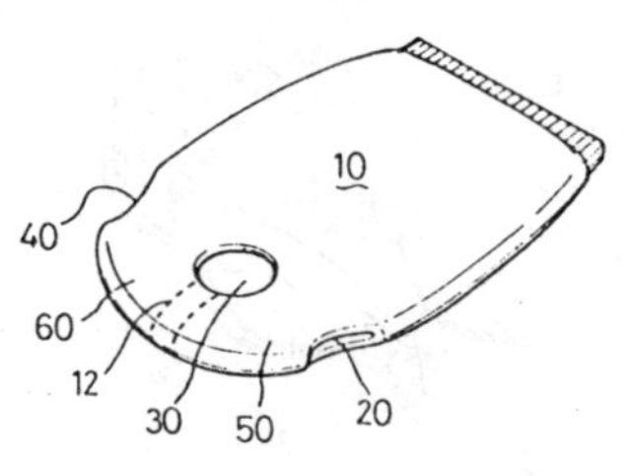

제 3 도

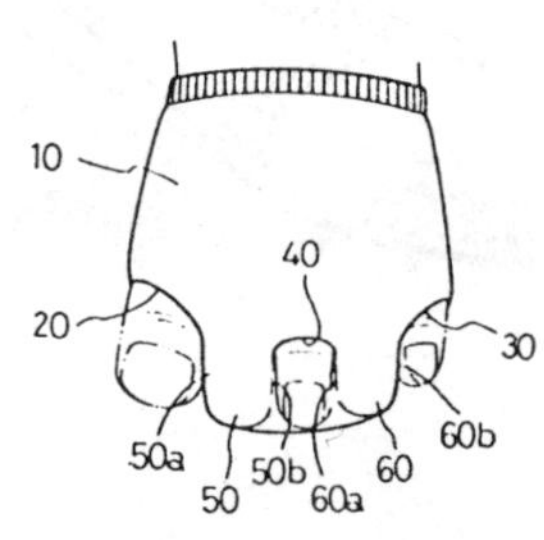

제 2 도

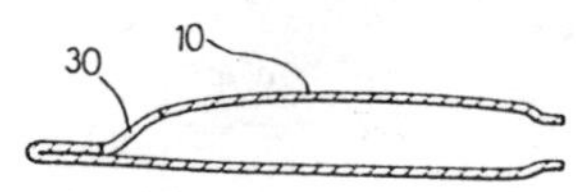

핵심을 찾아라

10. 커버   2. 엄지발가락 통공   30. 새끼발가락 통공   40. 셋째 발가락 통공   50. 발가락 삽입부   60. 발가락 삽입부

《정답》 10. 커버, 통공

조리학교 아이디어학과

 ## 요리를 빛내 주는 도구에는 어떤 것이 있을까

음식물도 발명품이라고 하면 의아해하는 사람들이 많다. 발명이란 무엇인가를 처음으로 만들어 내는 것이다. 음식도 사용하는 재료와 요리방법에 따라 맛이 각각 다르고 새로우면 발명품이라고 할 수 있다.

프라이드 치킨 대리점을 예로 들어 보자. 똑같은 닭을 재료로 사용하는 데도 상호가 다른 까닭은 무엇일까? 음식의 비결은 재료보다도 요리방법에 있는데 그에 따라 맛도 달라진다. 특유의 방법에 따라 만들어진 음식은 발명특허에 속한다.

이와 같이 별미를 만들어 낼 수 있는 아이디어 자체가 발명 아이디어에 속하므로 모든 음식물은 발명의 대상이다. 먹기 간편한 음식으로는 라면이 있다. 라면은 일본에서 발명한 것이다. 라면이 발명됨으로 인해 생활이 바쁜 사람들은 보다 빠르고 쉽게 음식을 먹을 수 있게 되었다.

끓여먹는 라면이 더 변형되어 요즘은 3분 요리가 발명되었다. 3분 라면에 3분찌개까지 손쉽게 만들 수 있는 음식들이 계속 발명되고 있다. 이러한 인스턴트 식품과 관련된 발명품은 앞으로도 많이 나올 것으로 예상된다.

음식물의 발명은 또한 식생활 문화를 변화시킨다. 더불어 음식 만드는 데 드는 시간을 줄일 수 있게 된 주부들은 편리한 생활을 즐길 수 있게 되었다. 또한 남자들도 요리를 만들 수 있게 된 것은 음식문화의 발달과 깊은 연관이 있다.

우리 나라의 독특한 음식인 김치도 발명품이다. 김치는 세계에서 단 하나밖에 없는 야채발효식품이다. 요즘은 그 맛을 인정받아 세계 곳곳으로 수출하고 있다.

이 외에도 음식물의 발명은 수없이 많다. 우리들이 먹는 모든 음식물은 발명품이며 또한 이를 새롭게 변형시킨다면 새로운 발명품을 탄생시킬 수 있는 것이다.

버터와 치즈의 원료는 우유이다. 우유를 대량 생산하는 서구에서는 잘 상하는 우유의 단점을 극복하기 위해 버터와 치즈를 개발했다. 우유라는 한 가지 원료로 제조방법을 달리하니 두 가지 제품이 발명된 것이다.

실제적인 음식물 발명품 이외에도 음식물과 관련된 발명품들이 많이 있다. 음식물 모양의 장난감도 있고 햄버거 모양의 저금통도 있다. 또한 모형 음식물도 있다.

음식을 만들 때 사용하는 기구의 발명도 비약적인 발전을 거듭해 왔다.

요즘은 주방용 가위가 따로 있다. 일반 가위를 주방에서 사용하면 그것이 주방용 가위겠지라고 생각할 수도 있을 것이다. 그러나 주방에서 쓰는 가위는 일반적인 가위의 쓰임과 다르기 때문에 그 모양도 달라야 한다. 주방용 가위는 자르는 기능, 긁어내는 기능, 다지는 기능 등을 각각 가지고 있어야 한다.

이 외에도 필요에 따라 더 많은 기능을 추가한 가위도 발명될 것이다.

마늘을 깔 수 있는 도구는 아주 간단하게 만들어졌다. 이것은 한 여학생이 어머니가 마늘 까는 것을 보고 생각해 낸 것이다.

마늘을 깔 때 바깥껍질이 잘 벗겨지지 않는다. 마늘 껍질을 함석이나 깡통조각의 날카로운 부분을 이용하여 깔 수 있게 만든 것이 마늘까개이다.

빙글빙글 돌리면서 각종 음식을 구워서 부쳐내는 모습을 보고 있으면 흥미롭다. 발명가는 독일의 헨리. 전 굽는 기구를 만드는 회사에 다니던 헨리는 불 위에 한 개의 팬을 올려 놓고 전을 부치는 것이 비생산적이라고 생각하여 여러 가지로 생각하고 궁리한 끝에 새로운 기구를 만들어 보기로 마음먹었다.

한 개의 전을 부치는 데 많은 시간이 소요되어 여러 개를 부쳐 낼 수 없어 상품화는 엄두도 낼 수 없었기 때문이다. 헨리는 이 기계의 히트를 예감하고 시간만 나면 연구에 몰두했다.

그러던 어느 날, 그는 친구들과 함께 호텔 내 식당에 들렀다. 처음 가본 호텔 식당은 분위기부터 달랐다.

식탁의자에 앉는 순간 헨리는 탁자 위의 회전원판을 발견했다. 어떤 용도인지 궁금했으나 물어 볼 수도 없어 한참 동안 기다리니까 종업원이 음식을 가져와 회전원판 위에 올려 놓았다.

잠시 후, 그의 친구들은 회전원판을 돌려가며 입에 맞는 음식을 접시에 담았다. 순간 헨리의 머리 속에 기발한 아이디어가 떠올랐다. 헨리는 자신도 모르는 사이에 함성을 질렀다.

대충 식사를 마친 헨리는 급히 집으로 돌아왔다. 그는 식탁의 회전원판을 생각하며 회전구이 기구의 도면을 그리기 시작했다.

열 개의 팬을 둥글게 연결하여 빙글빙글 돌리면서 전을 부치는 기구였다. 그는 서둘러 출원을 마쳤다. 이어서 다니던 회사도 그만 두고 직접 생산에 들어갔다.

한 시간에 열 개 정도밖에 부칠 수 없던 기존 구이 기구에 비해 헨리가 만든 회전구이는 300개나 부칠 수 있어 비교할 수도 없었다.

지금까지 음식물의 발명 및 그와 관련된 발명품들을 간단하게 살펴보았다.

이 세상에 존재하는 새로운 것들은 다 발명품이다. 맛있는 음식을 먹을 수 있다는 기쁨과 함께 음식물의 새로운 기구 발명에 동참해 보자.

어떤 새롭고 편리한 기구들이 우리의 식탁을 즐겁게 해 줄 것인가?

 ## 휴대용 숯불구이기

옥외나 야외에 설치하여 숯불구이나 철판요리를 하도록 한 휴대용 숯불구이기이다. 특히, 숯불이 지펴지는 화로에 손잡이의 조작으로 회동하는 받침쇠를 구성하여 그 상부에 안착된 구이판이나 요리판의 높이 조정을 가능하게 함으로써 숯불과 구

이판과의 간격을 적당하게 조정하여 보다 맛있는 요리를 하도록 했다.

인류의 문명이 발달함에 따라 일상생활에 쓰이는 요리 기구 또한 다양하게 발전되었다. 숯불을 열원으로 이용하던 요리 기구가 가스나 석유, 석탄, 전기 등을 사용하게 됨으로써 더욱 편리하게 되었다.

그러나 가스, 석유, 석탄, 전기들을 열원으로 하는 요리기구는 사용에는 편리하나 맛에 있어서는 떨어지며 야외나, 옥외 등에서 사용하려면 별도의 연료를 준비해야 한다. 또한 안전사고의 위험도 따른다. 특히, 가스나 전기를 사용하여 구운 음식은 그 맛이 숯불구이에 따라가지 못하므로 많은 사람들이 숯불구이를 선호하게 되었다.

그러나 기존의 구이는 숯불의 간격을 조정하지 못하고 숯불에 공급되는 연소공기의 조절로 화력만을 조절하여 고기를 구움으로써 요리하고자 하는 고기에 숯불이 너무 강하게 작용하여 고기가 타거나 연소공급을 너무 막아 버려서 숯불이 꺼지는 등의 문제점이 있었다.

본 고안은 이와 같은 문제점을 해결하기 위해 고기를 굽는 그릴이나 구이판을 승강시켜서 숯불과 구이판의 거리가 그때그때 조절되도록 하여 굽고자 하는 고기에 가해지는 열량을 변화시킴으로써 보다 맛있게 요리할 수 있게 하였다.

▶ 휴대용 숯불구이기 ◀

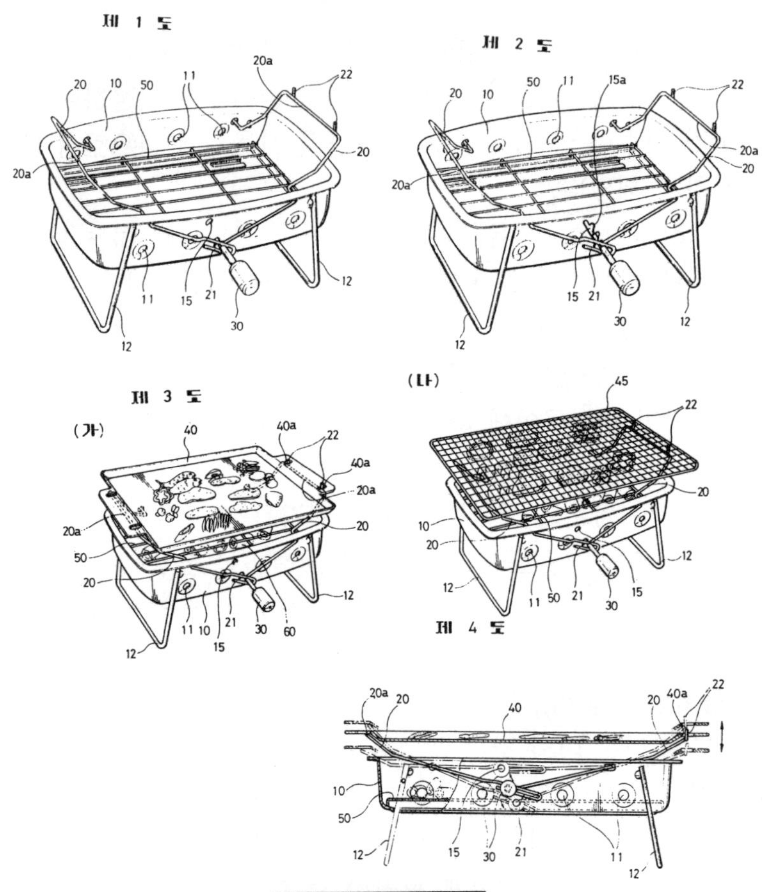

핵심을 찾아라

10. 화로   11. 통기공   12. 다리   15. 조정공   15a. 걸림턱
20. 받침쇠   20a. 절곡부   21. 가이드부   22. 고정핀   30. 손잡
이   40. 구이판   40a. 고정공   45. 그릴   60. 숯

《정답》 20. 받침쇠

 수냉식 석쇠

수냉식은 호스나 파이프 관 속에 물을 넣어 순환시키는 원리를 말한다. 물을 자연적으로 이동 순환시키려면 뜨거운 열을 전도시켜 수증기가 발생하면서 기압이 형성될 때 수증기를 이동시키면 간접열이 될 수 있다. 아니면, 호스나 파이프 중간에 온도감지 센서를 달아 미니 순환모터가 물을 강제로 순환시키는 방법도 있는데 이것은 우리가 사용하는 온수보일러의 원리이다.

이렇듯 수냉식 원리는 여러 가지 용도로 잘 사용되고 있다.

수냉식 원리를 이불에 결합시키면 무슨 이불이 탄생할까?

수냉식 이불이 만들어져 이불을 덮고 있으면 온 몸을 뜨겁게 해 주는 기능이 된다. 산과 들로 나갔을 때 갑자기 감기몸살 환자가 발생해도 걱정할 염려가 없다. 주전자와 호스만 있으면 수냉식 온돌방을 만들 수 있는 아이디어가 있기 때문이다.

일반적인 석쇠는 불과의 거리를 유지하면서 석쇠 위의 음식물을 굽게된다. 그런데 이렇게 사용하다 보면 석쇠에 음식 자리가 남고 타게 되는 경우가 많다.

수냉식은 석쇠를 파이프로 하여 파이프 속에 물이나 기름을 뜨겁게 해서 순환하게 하는 방식으로 고기가 잘 익고 탈 걱정 또한 없다. 수냉식 석쇠는 물 주입구를 물탱크의 밑바닥에 만들고 탱크 내부에 발행하는 증기압은 탱크 내부의 상층부로 연결시킨 방출관을 통해 외부로 방출되도록 구성한 것이다.
　　즉 좌우 양쪽의 물탱크 사이를 여러 개의 순환관으로 일정 간격 연통시켜서 물의 가열온도와 대류현상으로 계속 순환되게 함으로써 순환관 위에 얹혀서 가열 조리되는 음식이 불에 타거나 눌어붙지 않도록 했다.

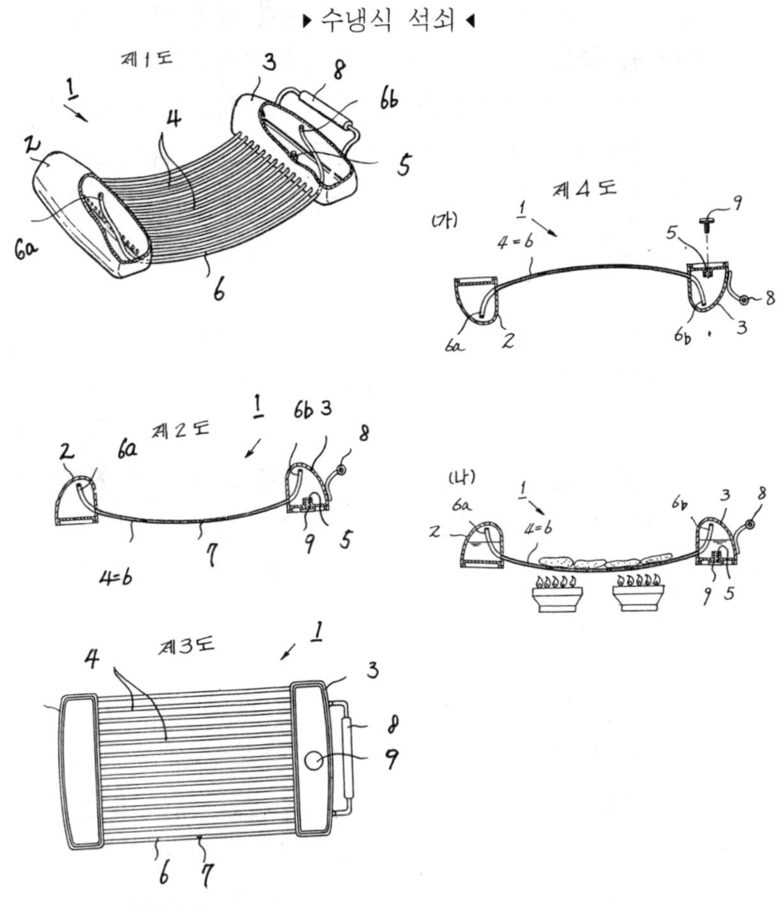

핵심을 찾아라

1. 수냉식 석쇠   2. 좌측 물탱크   3. 우측 물탱크   4. 순환관   5. 물
주입구   6. 증기 방출관   6a. 6b. 방출관 단부   7. 증기 방출공

《정답》 4. 순환관

가열 조리기의 트레이 자동배출장치

아이디어 착상의 세계

    도어를 개방하면 이와 동시에 트레이가 자동 배출되도록
한 가열조리기의 트레이 자동배출장치에 관한 것이다.

    가열 조리기에 있어 가열실과, 이 가열실을 여닫는 도어를
가지는 본체와, 상기 가열실 내부에 설치되며 음식물이 안착되
는 트레이와, 트레이가 본체 외부로 나올 수 있도록 트레이에
붙어 있는 적어도 하나 이상의 회전체와, 트레이의 무게에 의
해 상기 회전수단이 하향 미끄럼 운동하여 안내되도록 가열실
바닥에 마련된 안내 레일과, 트레이가 나와 있을 때 트레이의
넘어짐을 방지하는 전복방지턱과, 문을 닫았을 때에는 트레이
가 상하 가열실 내에 고정되게 하고 문을 열었을 때에는 트레이
의 잠금상태를 해제하도록 상기 도어의 한쪽 옆면에 지지돌기
를 포함한다.

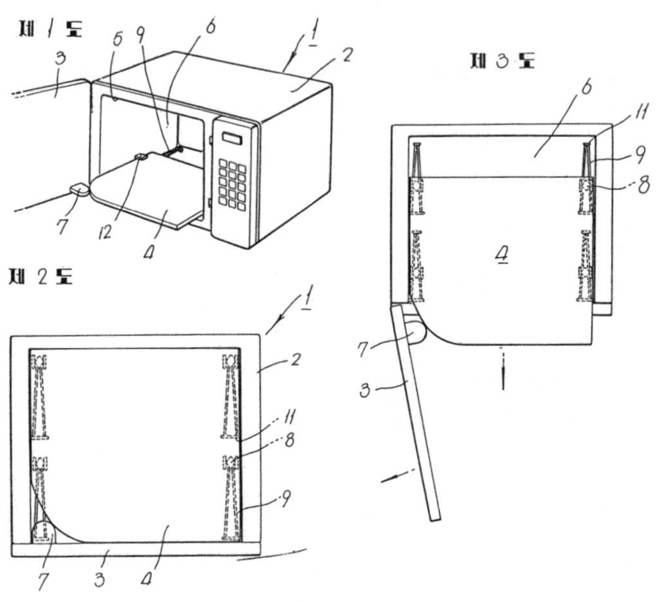

《정답》 8. 롤러 9. 안내레일

 # 물 끓이는 가열기

이 세상에는 해답이 있는 문제가 많을까? 아니면 해답이 없
는 문제가 많을까? 만약 해답이 없는 문제를 풀려면 어떻게 해

결해야 할까? 특히, 발명에는 아리송한 답도 있게 마련이며 그 해답은 몇 개일 수도 있다. 구하는 것에 따라 타당성을 가진 답이 나오기 때문이다.

그러나 하나의 답만을 찾는 습관은 문제를 생각하는 방법이나 취급하는 태도에 중요한 영향을 끼친다. 대부분의 사람들은 문제의 발생을 원하지 않고 문제가 생겼을 경우에는 흔히 처음에 발견된 해결방법만을 취하려 한다. 여기에 수반된 위험은 아무리 강조해도 지나치지 않다. 단지 하나의 아이디어만 갖는다면 오직 하나의 편협한 행동만을 하게된다.

이것은 사고의 다양성과 유동성을 요구하는 이 시대에서 낙오되는 결과를 초래한다. 해답이 없는 문제를 대할 때, 우리들이 기준으로 삼아야 할 것은 원칙이다.

이 원칙을 기준으로 하여 얼마든지 다양한 해답을 찾을 수 있다.

텔레비전을 예로 들어보자.

텔레비전은 흑백텔레비전에서 컬러텔레비전으로의 변화가 가장 큰 변화였다. 이뿐만 아니라, 채널변경도 회전식에서 버튼식으로 또 리모콘식으로 변했다.

이와 함께 여러 가지 장치가 훨씬 편리하게 바뀌었다. 이것은 시간이 지남에 따라 점점 더 기술이 발달하여 변하게 된 수직적 변화이다.

또 같은 리모콘이라도 만드는 회사에 따라 각각 다른 모델을 만들어 낸다. 텔레비전의 모양에서부터 세밀한 장치 하나에 이르기까지 그 모양도 각기 다르다. 이것은 수평적 다양성 또는 개성이다.

그렇다면 텔레비전의 진짜 모습은 무엇일까?

　누군가 이렇게 물었다면 여러분은 어떻게 대답할 것인가? 과거부터 현재까지의 텔레비전의 모습, 현재의 다양한 모습으로 시중에 나오는 텔레비전의 모습, 그 중 무엇이 진짜일까?
　정답은 모두다 진짜이다. 그 수없이 많은 텔레비전이 전부 해답이다.
　여기에서 한 가지 알아야 할 것은 해답이 없다는 것은 고정된 틀이 없다는 것이다.
　항상 변화하고 있음을 잊지 말아야 한다는 것이다. 발명에는 해답이 없다. 우리들이 고심해서 만든 발명품은 어쩌면 임시정답일지도 모른다. 더욱 새로운 생각이 더해지면 그 발명품은 또다시 새롭게 탄생되는 것이다.

아이디어 착상의 세계

　하나의 대상에 얼마나 많은 해답들이 숨어 있는지 알아보자.
　주전자를 예로 들어 보자.
　지금 우리들이 사용하는 주전자도 많은 변화를 겪어 왔다.
　어떻게 하면 안전하고 편리하게 사용할 수 있을까? 하는 부분에서 계속적인 발전을 해 온 것이다. 그 모양에서도 많은 변화를 겪었을 것이며 지금은 여러 종류들이 선보이고 있다. 가끔은 아름다운 모양과 색깔의 주전자가 우리를 매혹하기도 한다.
　하지만 아직도 주전자를 자세히 살펴보면 개선해야 할 점이 눈에 뜨일 것이다. 하나의 단순한 물건처럼 보이는 주전자에도 많은 문제와 해답이 있다. 아마 세심하게 문제점들을 생각한다면 해답들은 수 없이 쏟아져 나올 것이다.

그렇다면 좀더 편리한 주전자를 만들어 보자. 용기에 적당량의 물을 간편하게 끓일 수 있는 주전자의 새로운 형태이다.

뚜껑의 일축에는 온 오프 스위치가 부착된 스위치부를 설치하고 아래쪽에 니크롬선이 내장된 니크롬선 봉을 설치하여 상기 니크롬선봉의 니크롬선은 스위치가 연결되어 용기 내의 물만을 간편히 끓일 수 있도록 한 것이 특징이다.

▶ 물 끓이는 가열기 ◀

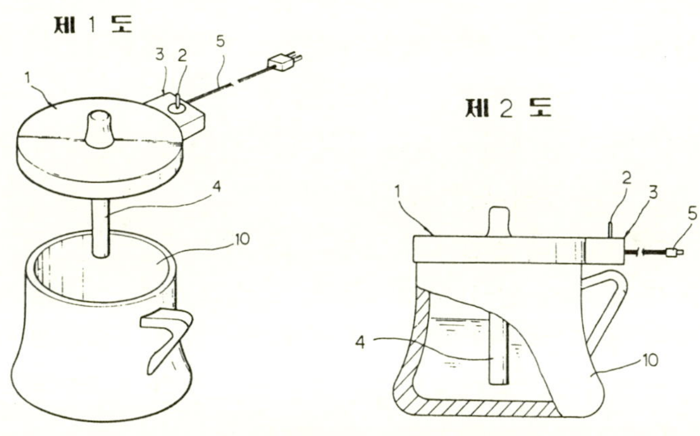

핵심을 찾아라
1. 스테인리스 스틸뚜껑　2. 온 오프 스위치　3. 스위치부
4. 니크롬선봉

《정답》　4. 니크롬선봉

전자레인지용 석쇠

옛날 석쇠라는 것은 화로나 불 위에 철망을 놓고 고기나 김, 건어물 등을 익히기 위해 사용되었던 기구이다.

서부영화를 보면 토끼, 양고기 등을 나무에 끼워서 모닥불에 익히는 장면을 볼 수 있다. 그런데 이 모닥불은 겉부분의 고기는 금방 타서 시꺼멓게 되고 고기 속은 덜 익는 단점이 있다.

이와 같이 많은 양의 고기를 골고루 익히기 위해서는 석쇠가 있어야 한다. 그러나 석쇠는 사용되는 재료에 따라 인체에 해롭다는 유해논쟁이 있다. 따라서 요즈음에는 갈비나 불고기를 구울 때 사용되는 황동 석쇠가 문제가 되고 있다. 이는 바로 우리에게 새로운 발명품을 기다리고 있는 것이다.

백 년 동안 전세계 시장을 움켜쥐고 있는 '왕관병뚜껑'은 농부인 페인터 부부의 합작 발명품이다.

무더운 여름날 농장에서 일하고 온 페인터 부부는 귀가 후 소다수 병을 따서 단숨에 들이켰다. 그리고 엄청난 복통 때문에 고생해야 했는데 이유는 병마개가 엉성하여 소다수가 변질되었기 때문이다. 사흘이나 복통 때문에 고생한 페인터는 완벽한 병 뚜껑을 만들겠다고 결심을 했다.

그 날 이후 쉬는 날이면 어김없이 시카고에 나가 각종 병마개를 수집하여 관찰했다. 그 후 부인은 더 열성적으로 병마개 수집에 나섰고 그러기를 5년.

3000여 개의 병마개를 수집했다.

본격적인 연구에 착수한 페인터는 기존의 불편하고 엉성한 병마개를 개량, 나사식 병마개를 발명했다. 그러나 이 나사식

병마개는 소다수나 맥주 같은 압력을 받을 경우엔 완벽하지 못
했다.

그 후 페인터 부인은 병 뚜껑을 모자처럼 씌운 다음 그 둘레
를 왕관모양으로 찍자는 제안을 했고 페인터는 즉시 행동에 옮
겼다. 당시 최고의 편리함을 가진 왕관병뚜껑은 전세계로 퍼져
나갔고 이들 부부는 명예와 함께 황금 속에 파묻히게 되었다.

이 왕관병뚜껑은 사용하기 불편한 것을 찾아내 개량한 발
명으로 간편하게 편리하게 인간의 생활을 변화시켰다.

최근 전자레인지의 보편적 사용에 힘입어 각종 다양한 전
자레인지가 개발, 시판되고 있다. 전자레인지의 불편은 없는
가? 자세히 살펴보자.

기존의 전자레인지용 석쇠는 종래에는 조리실 측면과 일정
거리를 유지하기 위해 트레이 주연부와 거리를 두고 석쇠를 올
려놓았다. 이에 따라 석쇠가 회전되어 조금씩 움직이면서 히터
의 열과 고주파를 제대로 조리물에 전달하지 못했다.

새로운 전자레인지용 석쇠는 바로 이 점에 착안하여 개발
되었다. 이 고안은 전자레인지용 석쇠를 구성함에 있어 다리의
끝이 트레이 표면에 수평으로 닿을 수 있도록 다리의 끝부분을
구부리되 그 구부러진 부분을 둥글게 만들었다.

따라서 올려지는 조리물의 양에 따라 석쇠의 다리가 바깥
으로 벌어지게 한 것으로 이와 같은 고안은 석쇠에 올려진 조리
물의 중량에 따라 다리 끝의 구부러진 부분이 바깥으로 벌어지

면서 끝단에 세워진 캡과 트레이 바깥 둘레부분이 밀착되어 석
쇠가 움직이지 않아 원활하고도 편리하게 조리할 수 있다.

▶ 전자레인지용 석쇠 ◀

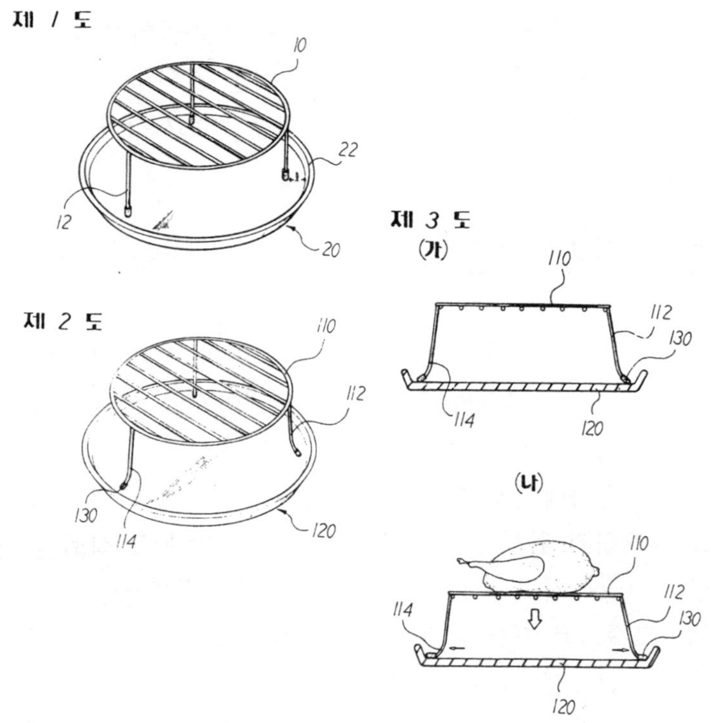

《정답》 110. 석쇠 120. 트레이 받침

논두렁과 넥타이

이젠 논두렁도 조립식 시대

얼마 전까지만 해도 넓은 들녘에서 소가 끄는 쟁기로 논을 갈고 있는 모습을 쉽게 볼 수 있었지만 지금은 산간마을의 계단식 언덕에서나 볼 수 있게 되었다.

발명문화의 혜택과 기계화된 농기구의 보급으로 이젠 추억으로 남은 쟁기질의 모습은 우리에게 고향의 향수를 불러일으킨다. 이러한 쟁기질에도 우리 농부들의 피와 땀과 발명의 슬기가 배어 있다.

쟁기는 논, 밭을 효율적으로 일구기 위해 소의 목덜미를 멍에에 끼워 벗겨지거나 아래로 쳐지지 않도록 고안하여 사용했다. 이렇게 과학적인 농기구는 선사시대부터 사용되어 왔다고 한다.

논두렁은 논과 논 사이의 경계선이며 농부들이 일을 하러 다니는 길이다. 또한 논두렁이 논바닥보다 높게 되어 있어서

농수로의 물을 받아 저장할 수도 있으며 비가 많이 오면 논두렁을 허물어서 물을 배출시킨다.

지면이 수면보다 낮은 네덜란드는 논두렁이 없고 수로로 되어 있어서 논과 논 사이에 판자를 놓아서 건너다니게 했다.

논두렁엔 잡초가 우거지는 대신 콩 등을 심어 수확을 하기도 한다. 땅을 경작하거나 씨를 뿌리고 잡초를 뽑는 일, 수확물을 베는 일, 알곡을 탈곡하는 일 따위의 농사일이 기계화되기 시작한 것은 18세기 이후의 일이다.

산업혁명이 일어난 데다가 농업생산을 늘릴 필요가 있기도 하고, 또 한편으로는 기계공업이 발달하게 되어 여러 종류의 농업기계가 발명되게 되었다.

벼나 보리를 베어서 거두어들이는 데에는 예로부터 동양이나 서양에서 모두 반달모양의 낫을 사용했다. 1826년 영국의 벨이 처음으로 가위와 같은 원리의 수확기를 발명했다. 이것은 말이 끌어서 수확하는 기계였다.

그 무렵, 미국에서도 버지니아 주의 대농장주의 아들인 매코믹이 그의 아버지와 함께 수확기 제작 연구를 하고 있었다. 그의 농장에서는 많은 흑인들이 일하고 있었다. 매코믹은 흑인 일군들이 밀을 벨 때의 손놀림을 잘 관찰해서 그대로 움직이는 기계를 만드는 것을 착상했다. 그리고 드디어 1833년 베어진 밀이 뿔뿔이 흩어지지 않는 수확기를 만들어 냈다.

말에게 끌게 하는 수확기로 베어진 밀은 자동적으로 간추려져서 뒤쪽에 있는 선반에 올려지므로 뒤에 있는 사람이 선반에서 그것을 땅에 내려놓기만 하면 되었다.

이 기계는 사람보다 6배나 빠르게 일을 해냈다. 이것을 구경한 사람은 크게 감탄했다.

매코믹은 곧 발명 특허를 얻어 미국의 동부와 서부에 공장을 세웠다. 이 공장은 발전을 거듭하여 마침내 세계에서 제일 큰 농업기계회사가 되었다.

한편, 베어서 단으로 묶어진 말을 타작해서 탈곡을 하는 도구는 옛날부터 방아나 절구 등 여러 가지가 있었다.

1723년 영국의 멘지스가 수차에 의한 탈곡기를 발명했다. 다시 영국의 마이클이 개량한 기계는 탈곡한 알곡과 쭉정이를 가려내는 풍구가 달려 있어서 자동적으로 쭉정이가 가려지는 기계였다.

탈곡기와 수확기를 하나로 결합할 수가 있다면 바쁜 추수기의 농사일에 거의 사람의 손이 가지 않아도 된다. 이리하여 만들어진 것이 '결합된 수확기'라는 뜻으로 콤바인 하비스터라고 하며 줄여서 콤바인이라고 한다.

1880년경부터 증기기관으로 탈곡 장치를 움직였으며 증기를 만드는 연료로는 밭에 흔하게 있는 짚을 이용했다. 그 후에는 추수를 위해서 콤바인을 밭에서 작동시키는 데에도 증기기관을 사용하게 되었다. 그러나 증기기관은 너무 무겁고 불편했으므로 마침내 탈곡 장치에 가솔린 엔진을 쓴 트랙터를 사용하게 되었다.

이리하여 아무리 넓은 밭이라도 구석까지 자유로이 몰고 다니면서 밀을 베어 묶거나 탈곡해서 쭉정이를 가려내는 일을 기계로 하게 되었다.

콤바인은 밭이 넓으면 넓을수록 능률적인 일을 할 수 있었다. 그래서 땅이 넓은 미국에서 발명되고 더욱 발달했는데 마침내 역시 넓은 국토를 가진 러시아나 오스트레일리아 등지에서도 대대적으로 사용하게 되었다.

수확하는 일이 기계화되자 씨를 뿌리기 위해서 땅을 갈거나 씨앗을 뿌리는 일에도 기계가 필요해졌다. 파종기는 1841년경에 미국의 기본스와 논페릭 형제들이 각기 연구 끝에 발명했다.

경운기는 처음에 말에게 끌게 하던 플라우를 대형화해서 증기기관으로 움직이는 견인차로 끄는 것이 먼저 연구되었다. 미국에서는 콤바인이나 파종기가 발명된 19세기 중엽부터 증기 트랙터의 연구가 활발해졌는데 곤란한 일이 많았다. 그것은 증기기관의 무게로 트랙터도 증기 기관차처럼 무거워졌는데 그 무거운 트랙터의 차바퀴가 지나간 뒤에는 땅이 매우 단단하게 되어 플라우의 날로 흙을 파서 일굴 수가 없는 일이었다.

1859년 미국의 밀러가 탱크나 설상차 등에 쓰는 캐터필러로써 차바퀴가 흙 속에 박히는 것을 막는 일을 착상했다. 즉 부드러운 눈 위를 걸을 때 신을 신고 걸으면 눈 속에 발이 푹푹 빠지지만 스키를 신거나 하면 빠지지 않는다. 이러한 원리로써 차량에 캐터필러를 달아서 트랙터의 무게가 넓은 면적에 고루 실리게 하면 된다고 밀러는 생각했다.

1901년이 되서야 겨우 미국의 롬버트가 실용적인 캐터필러를 만들었다.

이와 같이 미국에서는 넓은 땅에 적은 인력으로 농사를 짓기 위한 농업기계가 차례로 발명되어 농업의 기계화가 추진되었다.

땅이 좁고 인구가 많은 유럽에서는 농업을 기계화하는 것보다도 좁을 땅을 유효하게 이용하는 윤작법이나, 땅에 영양분을 주는 비료의 연구가 추진되었다.

그러나 미국에서 발달한 농업기계라도 시작은 대개 유럽에서 발명된 것이었다. 수확기나 탈곡기도 영국에서 발명되었으며 파종기도 미국에서 1840년에 발명되기 이전인 1731년 영국의 탈이 말에게 끌게 하는 파종기에 대한 연구를 발표했고 미국에서는 아직 파종기가 실용화되지 않은 1868년에 독일에서는 자크가 사람이 손으로 미는 바퀴가 달린 실용적인 파종기를 개발했다.

파종기로 골고루 뿌리면 사람이 손으로 하는 것보다 수확이 많으므로 파종기는 유럽에서 일찍부터 연구되었다. 경운기도 미국보다 한 발 먼저 1854년 영국의 파울러와 스미스가 증기 플라우를 발명했다. 이것은 증기 트랙터가 밭을 달리면서 흙을 단단하게 다지는 것을 막기 위해 밭의 한 구석에 놓아두고 튼튼한 로프로 플라우를 끄는 방식이었다.

결국 착상이나 발명은 유럽이 빨랐지만 실제 이용이나 발달은 미국에서 이루어졌다.

우리 나라나 유럽처럼 국토가 좁은 나라는 같은 땅에서 몇 해나 한가지 농작물을 경작해야 한다. 그렇게 되면 땅의 영양분이 줄어 농작물이 잘 자라지 않으므로 비료를 주게 된다. 동양에서는 인분, 마소의 똥, 어유, 콩깻묵, 퇴비를 거름으로 썼다.

19세기 중엽의 독일에 리비히라는 화학자가 있었다. 그는 모래땅에 비료를 써서 순무나 보리, 감자 따위를 자라게 했다. 그는 농민들로부터 추앙받았고 그의 이름은 유럽 전역에까지 알려지게 되었다.

그 후 영국의 로즈는 비료에는 질소비료, 인산비료, 칼슘비료가 제일 중요하다는 것을 밝혔으며 1900년이 되자 독일의 화학자 프랑크와 칼로가 석회질소라는 것을 만들었다. 이것을 발명한 두 사람은 처음에 그것을 비료로 쓸 수 있다는 것을 알지 못했다. 그 후 프랑크의 아들이 비료로서의 가치를 알아냈다.

이상과 같이 농업기계와 비료는 농업의 발달과 함께 계속적으로 새로운 발명품들을 만들어 냈다. 그렇다면 최근의 발명품들에는 어떤 것이 있을까?

조립식 논두렁

논두렁은 논바닥 흙으로 만들어지기 때문에 상면은 좁고 밑면은 넓은 삼각형 형태로 구성될 수밖에 없다. 논두렁이 차지하는 면적이 매우 많아 실제 이용률이 줄어들며 장마철이면 쉽게 무너지고 논두렁의 풀을 수확기까지는 2, 3번 풀을 베어 내야만 함은 물론 겨울을 지내고 봄에 농사철이 시작되면 논두렁을 보수해야 하는 등 많은 인력이 필요하다.

이러한 문제점을 해결하기 위해 고안된 조립식 논두렁은 첫째, 트랙터 등의 증기를 논두렁 가까이까지 근접시켜 논을 갈거나 써려도 논두렁이 밀려나거나 훼손되지 않는다. 둘째, 상면이 둥그런 형태이므로 씨앗이나 비료, 농약 등을 살포할 때 논두렁에 쌓이지 않고 논으로 굴러 떨어지기 때문에 낭비를 막아 준다. 셋째, 물넘이 기능을 갖추고 있어 별도로 물넘이를 설치할 필요가 없다. 넷째, 상측효과로 하측논의 흙이 서로 합쳐서 논두렁 자체를 더욱 견고히 고정시켜 준다.

▶ 조립식 논두렁 ◀

제 1 도

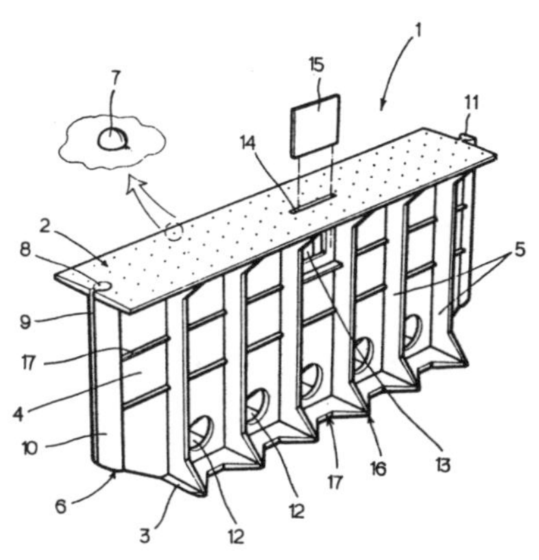

제 3 도

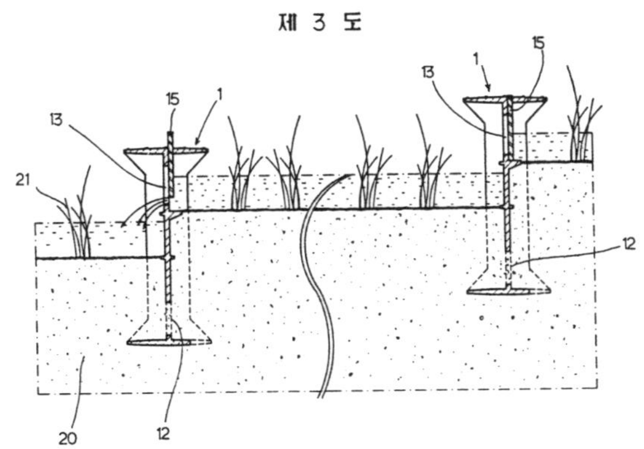

《정답》 12. 통공 13. 물넘이구멍 15. 차수관

조립식 논둑

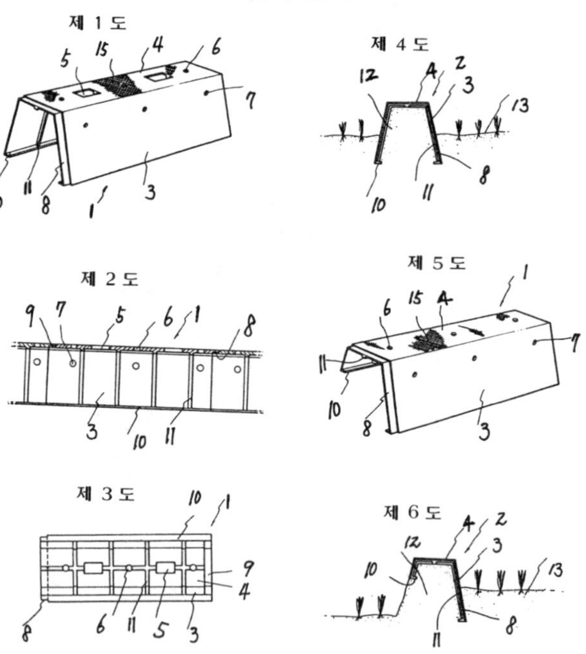

핵심을 찾아라

4. 상판   15. 너얼링   6. 구멍   5. 삽입공   7. 구멍   10. 고정턱
11. 리브

《정답》 4. 상판

 넥 타 이

어떻게 생각해 보면 우리 주위의 모든 것들이 발명의 씨앗
이다. 미국에서 롤러스케이트를 처음 고안한 사람은 그 특허를
100만 달러에 팔았다. 쇠못으로 곤란한 점이 있다고 하여 나무
못을 고안한 사람은 연간 50만 달러의 거액을 벌었다. 구두끈
매는 게 번거로웠던 남자는 '훅'이란 쇠붙이를 고안해서 그 권리
를 60만 달러에 팔았다.

공에 고무줄을 달아 공중에서 치며 노는 완구를 발명한 소
녀 또한 거액의 돈을 받았다. 등산을 즐기던 한 소년은 산 속에
서 길을 잃어 고통받던 경험으로부터 여행이나 등산에 없어서
는 안 되는 물병 뚜껑에 나침반을 붙이는 것을 개발했다.

또한, 과거에는 전표를 한 장씩 손칼로 끊어서 전달했는데
미싱바늘로 구멍을 내어 뜯어내는 것을 고안했다. 이것은 전표
뿐만 아니라 우표, 영수증, 복사지 등의 여러 용도에 사용되어
현대인들에게 편리함을 더해 주고 있다.

전후 영국이 달러 부족으로 어려움을 겪을 때, 한 상인이
'물 마시는 새'라는 완구를 발명했다. 이론은 참 간단했다. 새를
비스듬히 앉혀놓고 머리부터 꼬리까지 수은 온도계를 넣은 것

이다. 더워지면 수은이 올라가고 수은이 올라가면 머리가 무거워지므로 머리를 숙이게 되므로 주둥이가 밑에 있는 컵의 물에 닿아 물을 마시는 것처럼 보인다. 수은이 다시 물에 닿으면 온도가 내려가고 그러면 머리는 다시 올라간다.

참으로 간단한 원리인데 이 완구는 대단한 인기를 누렸고 전후 영국의 부족했던 달러벌이에 큰 역할을 했던 일등공신이었다.

그러자 미국 상인들도 가만히 있지 않았다. 그리고 등장한 것이 달걀을 낳는 닭이었다. 이것은 금속성 태엽장치로 닭이 아장아장 서너 걸음 걷다가 계란을 떨어뜨리고 또 다시 걸어가는 형태인데 이것이 전 미국시장을 석권했고 영국의 물먹는 새는 수입이 줄어들었다.

재봉에 사용하는 곰보 금속 골무를 가죽으로 바꾸어서 성공한 일본의 이시카와는 그 발명 후에도 가죽 안쪽에 셀룰로이드를 붙이기도 하고 나무 판자를 넣기도 하여 이 작은 골무 하나를 가지고 11종의 실용신안을 출원했다.

그후 코베시즈란 사람은 이 골무의 일부에 V자형 자국을 내어 그 가운데에 안전면도날을 넣어 상처를 내지 않고 실을 자르는 골무를 발명했다. 그랬더니 골무의 일인자인 이시카와도 그 점까지는 미처 생각하지 못했다고 하면서 기꺼이 그 권리를 채용했다.

그 후 치카에 가즈오란 사람은 비닐파이프를 끊어서 골무를 만드는 법을 발명했다. 그것은 투명한 코발트색으로 아름답고도 저렴하다는 장점이 있었다. 기존의 골무처럼 고리를 만들기 위해 실이나 끈으로 매야 하는 품도 들지 않았고 절단법이 훌륭해서 재료의 낭비가 없었으며 속도도 매우 빨랐다.

　이것 역시 이제 더 이상의 발명은 없다라고 생각했을 때 나온 것이어서 우리는 이렇게 작은 골무 하나에도 발명에 끝이 없다는 진리를 다시 한 번 되새길 수 있다.

　이러한 예 이외에도 우리 주변엔 발명할 것들이 수없이 많다. 작은 완구에서 작은 액세서리까지 모든 게 발명의 창고이다.

　남자들의 필수품인 넥타이를 살펴보자.

　넥타이의 유래는 기원전 2세기경 로마제국의 병사들이 전쟁에 나갈 때 아내가 부드러운 천으로 남편의 목에 둘러 주었던 것인데 정작 유럽에 소개된 것은 근세의 일이다.

　1656년 오스트리아의 크로아티아 병사들이 프랑스 국왕 루이 14세의 앞을 사열하며 지나갈 때, 루이 14세가 병사들의 목에 두른 이 천을 보고 왕 스스로 이것을 목도리로 쓰기 시작하면서 현대의 넥타이가 되었다고 한다.

아이디어 착상의 세계

　현대에 와서 성인 남자는 양복을 입었을 경우에는 넥타이를 착용해야 하는데, 물론 잘 매었을 경우엔 별 문제가 되지 않지만 그렇지 않을 경우 문제가 된다. 사실 넥타이를 매는 것은 생각처럼 쉬운 일은 아니다. 시간에 쫓길 때에는 넥타이 매는 일이 짜증나기도 한다.

　이러한 불편을 해소하기 위해 만들어진 개량 넥타이는 목 상단 부분에 매직테이프 붙여 쉽게 넥타이를 떼고 붙일 수 있도록 고안한 것이다.

　이것은 한결 간편하고 시간까지 절약되는 장점이 있다. 그렇다면 이 밖에도 넥타이는 어떤 불편이 있을까? 넥타이의 원단을 절감할 수 있는 아이디어는 없을까? 넥타이에 필기구를 넣을 수 있는 주머니는 어떨까? 넥타이의 흔들림을 방지하고 고정할 수 있는 장치는 어떨까? 넥타이를 와이셔츠 단추에 결합시키는 아이디어는 없을까?

넥타이에 별도의 묶음부재 없이도 하측 자유단부를 와이셔츠의 단추에 고정시킴으로써 바람 등에 흔들리는 것을 방지할 수 있는 넥타이를 목적으로 한다.

양단이 광폭부와 소폭부로 이루어지는 띠 모양의 헝겊부재로 이루어지는 공지의 넥타이에 있어 상기 소폭부의 길이방향 중심부에 같은 간격으로 다수의 단추구멍을 만들어 놓은 넥타이이다.

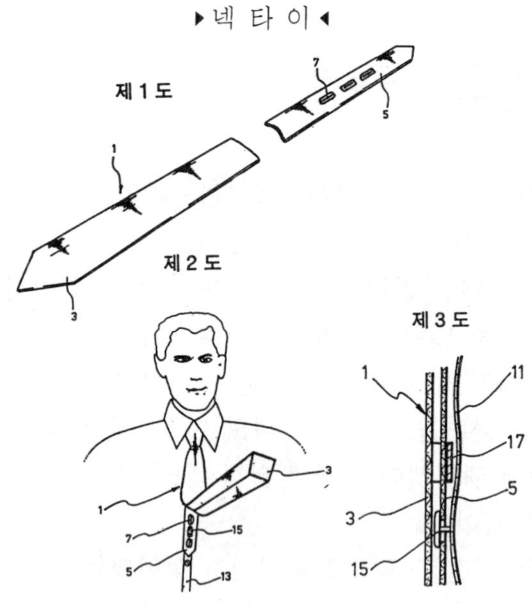

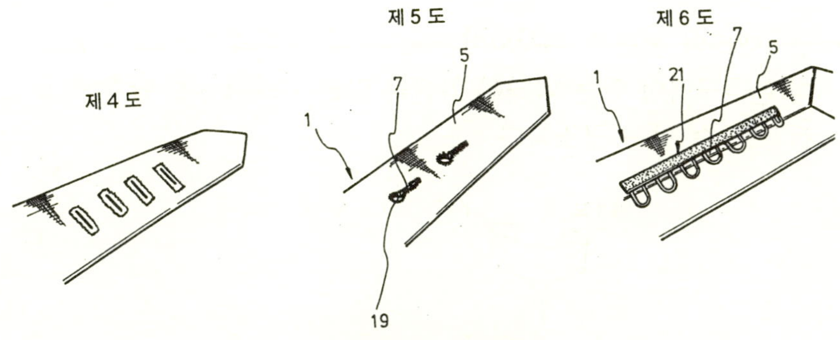

제 4 도

제 5 도

제 6 도

핵심을 찾아라

1. 넥타이   3. 광폭부   5. 소폭부   7. 단추구멍   11. 와이셔
츠   15. 단추

《정답》 7. 단추구멍

고정핀을 갖는 넥타이

▶ 고정핀을 갖는 넥타이 ◀

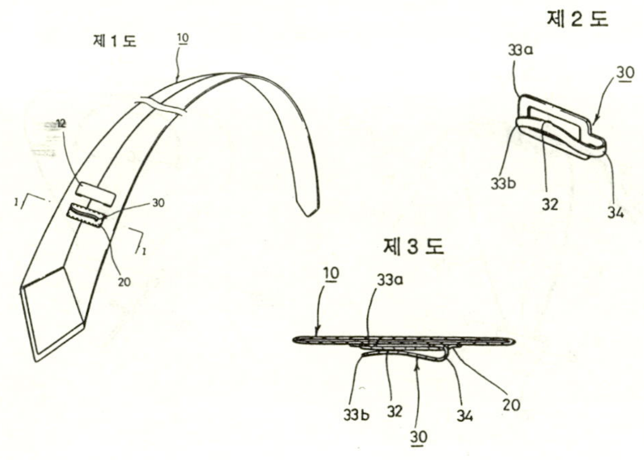

제 1 도

제 2 도

제 3 도

넥타이 뒷면에 부착되어 있는 직물 라벨의 형태를 변형하여 단추구멍이 있는 넥타이 라벨을 만들어 와이셔츠 단추에 고정시킬 수 있는 구조이다.

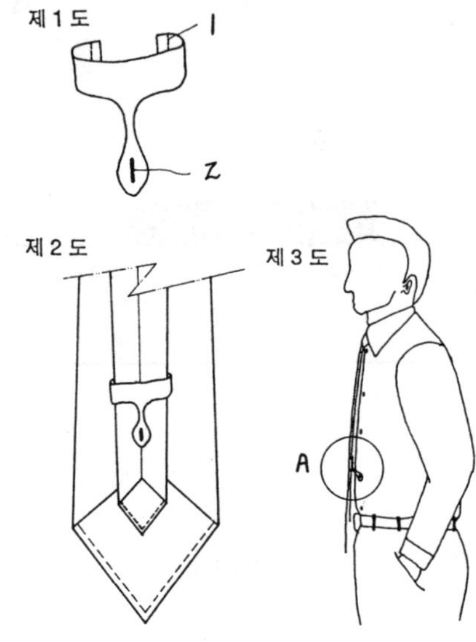

▶ 펜던트 및 그를 이용한 넥타이 ◀

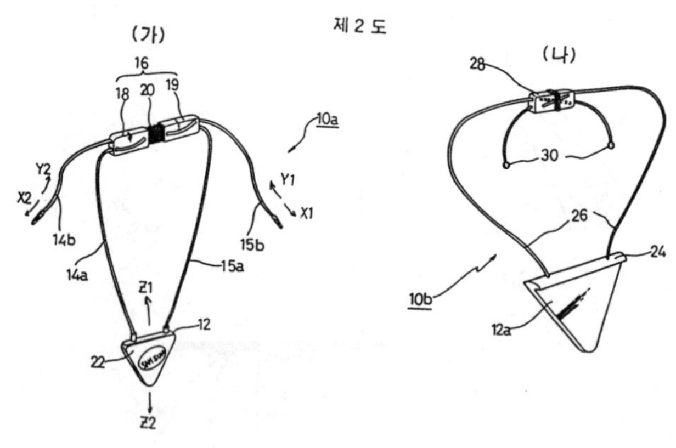

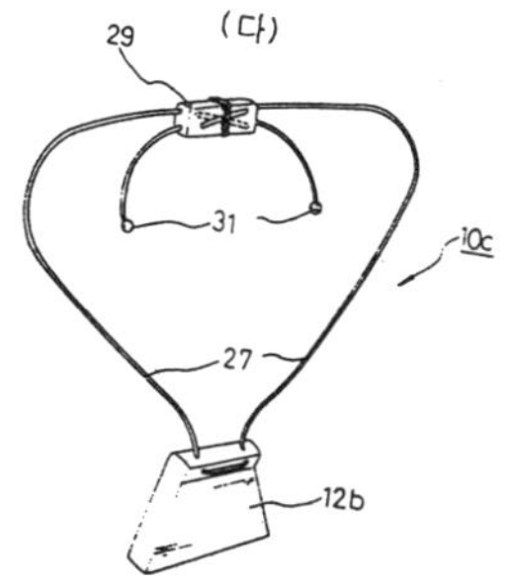

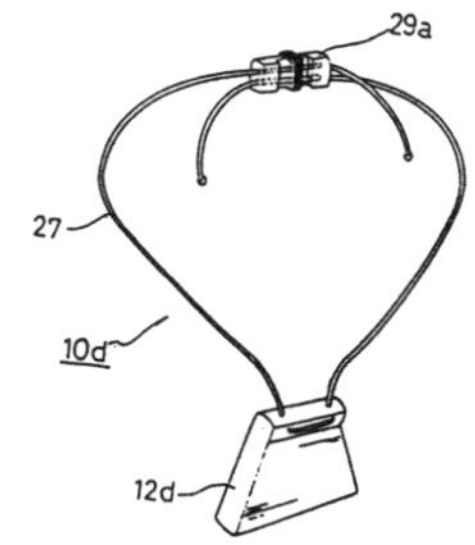

(다)
29
31
27
10c
12b

29a
27
10d
12d

(가)
86a
88c
88a
86b

굴 렁 쇠

30
31
10
20
37

제2도

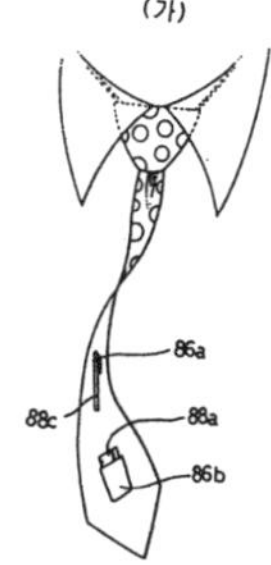

▶굴 렁 쇠◀

제 1 도

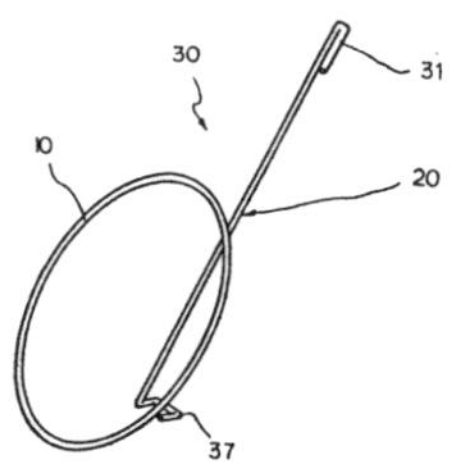

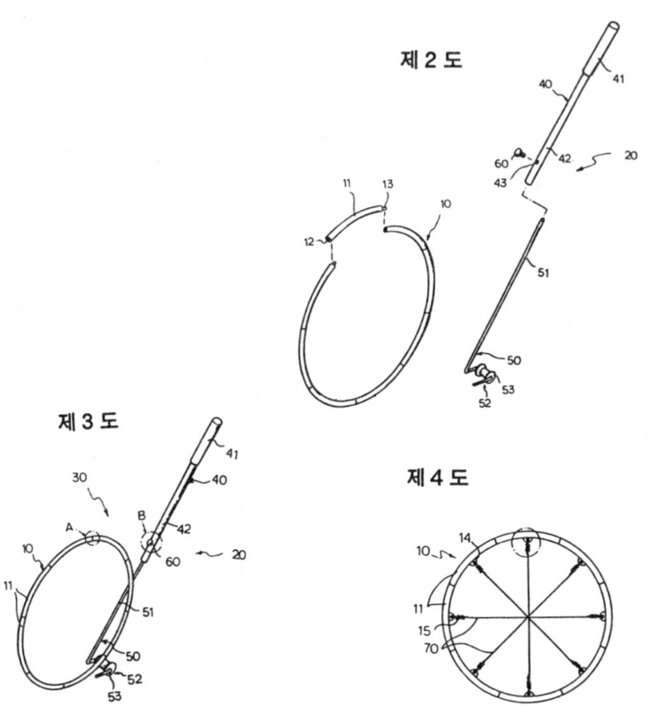

핵심을 찾아라

10. 굴렁쇠   11. 링편   12. 요홈   13. 돌기   14. 고리   15. 스프링
20. 굴렁쇠채   30. 굴렁쇠   40. 손잡이부   42. 연결부   43. 나사
홈   44. 슬라이드공   52. 링걸이부   53. 롤러   70. 조임줄

《정답》 53. 롤러

# 신발장의 오물 낙하장치

▶ 신발장의 오물 낙하장치 ◀

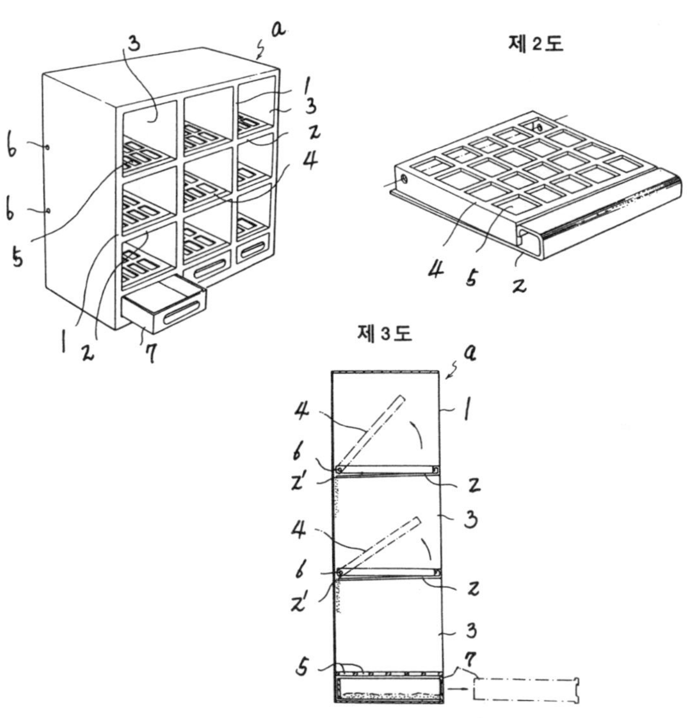

1. 수직격판   2. 바닥판   3. 신발보관실   4. 재치판   5. 구멍

6. 지축   7. 오물수거 서랍   a. 신발장

《정답》 5. 구멍 7. 오물수거 서랍

기도용 의자

▶ 기도용 의자 ◀

제 1 도
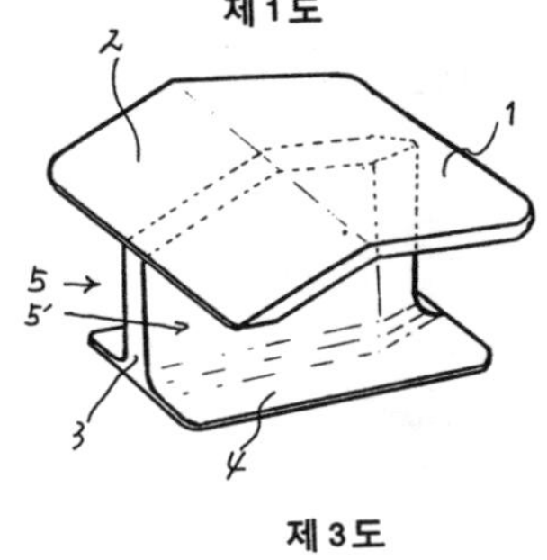

제 2 도
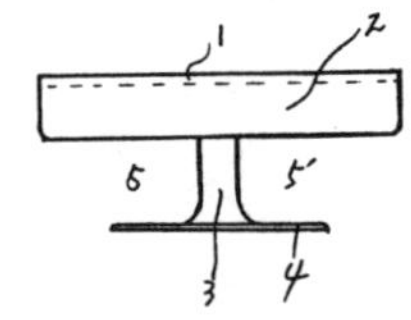

제 3 도
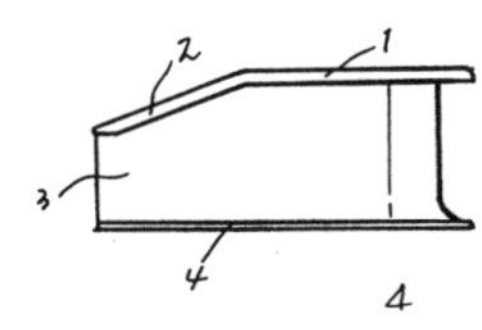

제 4 도
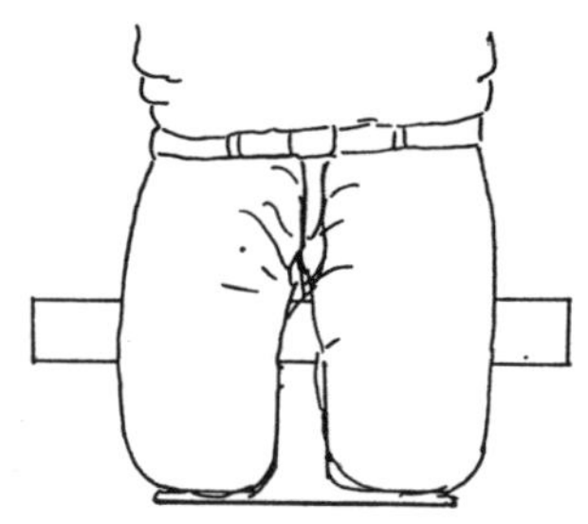

제 5 도
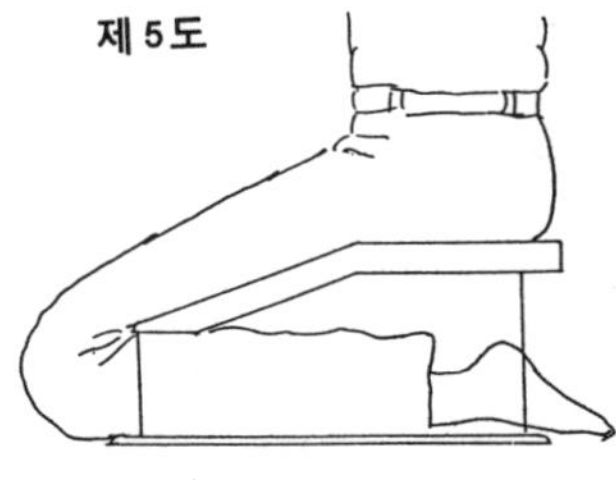

《정답》 2. 경사부분 5. 공간부

살짝 더했을 뿐

 ## 하수구 덮개에도 발명은 있다

도심의 하수구 덮개를 살펴보면 불안전한 것을 쉽게 발견할 수 있다. 이것은 폭발사고로 이어질 뿐만 아니라 어두운 밤에 행인들이 하수구에 빠져 구사일생한 이야깃거리를 만들기도 한다. 이렇게 위험한 요소를 안고 있는 하수구 덮개도 발명의 아이디어가 필요한 분야이다.

사람이 많이 모여서 사는 도시에서는 우물을 파서 물을 길어 올리는 것만으로는 물이 모자라게 되고 또 도시 근처에 강이 있어도 더러워지기 쉽다. 그러므로 강의 상류나 산 속에 있는 호수의 물을 터널이나 파이프로 도시까지 끌어오지 않으면 많은 도시 사람들이 곤란을 받으므로 이를 위해 만든 물길을 상수도라 하고 더러워진 물을 멀리 흘려 보내는 물길을 하수도라고 한다.

상수도는 기원전 4세기경부터 로마에서 발달했다. 돌이나 벽돌로 물이 흐를 길을 만들었으며 나아가 지면보다 높은 고가 수도를 만들기도 하고 산이 있으면 터널을 파서 물이 흐르게 하며, 규모가 큰 물길을 만들기도 했다.

이와 같이 당시 로마의 수도는 현대인이 보기에도 놀랄 만한 문명을 자랑하고 있었다.

중세 유럽사람들은 우물물이나 강물을 길어서 음료수로 사용했기 때문에 더러운 물을 마시게 되고 전염병에 걸리는 일도 생겨 로마 패망 이후 사라졌던 수도가 16세기경부터 다시 공사를 하게 되었다.

그 중에서도 영국이 가장 힘을 써서 수도를 만들었다.

1582년 모리스는 수차로 템스 강의 물을 퍼올려 런던 시에 보내는 수도를 완성했다. 그 후부터 여기저기에 수도를 만들게 되어 1619년경이 되자 런던 사람들은 거의 다 수돗물을 마실 수 있게 되었다.

프랑스에서는 1672년경부터 수차와 펌프로 강물을 퍼올려 그것을 파리로 보내는 수도를 만들었다.

1829년에는 영국의 심프슨이 물을 모래 속에 통과시켜 깨끗이 하는 방법을 고안했는데 이듬해 런던에서 완성한 주철관 수도에서는 이 심프슨의 방법을 이용하게 되었다.

1886년에는 미국의 하이어트가 물을 여과하는 모래 속에 압착 공기를 뿜어 넣어 모래 속에 괴는 물때를 떠내려보내는 방법을 발명하여 물을 빨리 거를 수 있었다. 그 밖에 물에 약품을 타서 불순물을 가라앉게 하는 방법도 연구되었다.

수도의 물은 양은 많기 때문에 불순물을 가라앉히는 데 쓰는 약품은 값이 싸야 했으므로 황산알루미늄이라는 약품이 많이 쓰였다.

20세기에 접어들자 강한 살균제를 써서 물 속의 세균을 죽이는 일을 착상하게 되었다. 처음에는 값싼 표백분을 썼으며 나중에는 염소를 사용하게 되었다.

이리하여 상수도 기술은 19세기경부터 유럽에서 발달하여 개량을 거듭한 끝에 오늘날의 수도에 이르렀다.

우리 나라에서는 20세기 초, 서울에 수도시설을 하게 되었고 그후 전국으로 퍼졌다. 그 후 하수도도 상수도와 함께 비약적인 발전을 거듭해 왔다.

하수구 덮개는 어떤 하수구냐에 따라서 문제점에 차이가 있고 해결방법 또한 다르다. 화장실에 하수구를 연결하여 정화의 효과를 얻을 수 있는 아이디어도 있을 것이며 하수구의 냄새를 차단해 주는 방법이나 장치도 새로운 고안이 될 수 있다.

하수구 덮개의 배출공이 외부로 노출되지 않도록 하여 배수공을 통하여 하수구 내로 담배꽁초와 같은 이물질을 투입하는 것이 방지되도록 하고 다수의 방사상 안내유로를 형성하여 우수 또는 오수의 하수구 유입이 원활하도록 한 하수구 덮개 등을 생각해 볼 수 있다.

종래의 하수구 덮개는 하수구 상단의 받침을 상에 배치하고 그 전면에 걸쳐 넓게 배치된 수 개의 배수공을 통해 우수 또는 오수가 배수될 수 있었다. 그러나 기존의 이러한 하수구 덮개는 그 배수공을 통해 하수구 바닥이 노출, 투시되어 미관상 좋지 않을 뿐 아니라 노출된 배수공을 통해 통행자 또는 보행자

가 이물질, 예를 들어 담배꽁초, 휴지 등의 이물질을 무단투입
하게 되는 기회를 제공했다.

이러한 블편을 없애기 위해 배수공을 상부에서 노출되지
않게 가리고 배수공 주위에 방사상의 형태이며 이 배수공축으
로 경사지게 형성된 다수의 방사상 안내유로를 형성하여 우수
또는 오수의 하수구 유입이 원활하도록 했다.

▶ 하수구 덮개 ◀

제 1 도

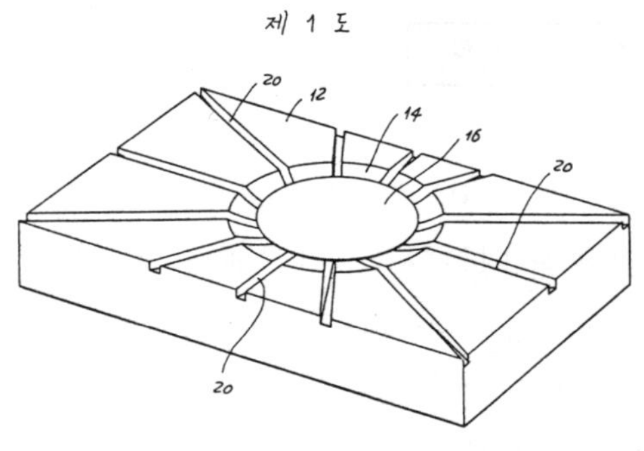

제 2 도　　　　　　제 3 도

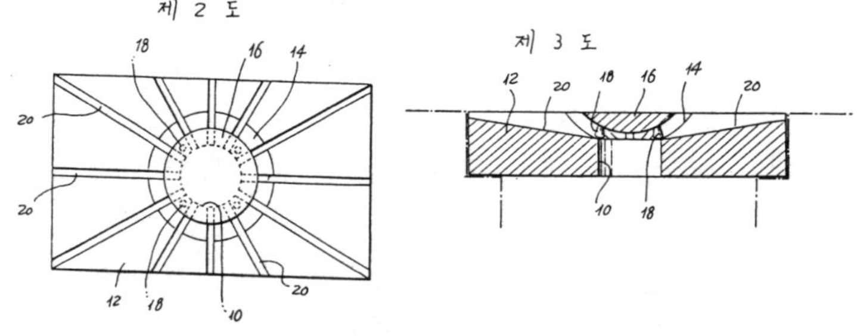

10. 원형배수공   12. 덮개   14. 반구형 요입부   16. 반구체
18. 지지각   20. 안내유로

《정답》 20. 안내유로

깔 때 기

　지금으로부터 5000년 전 이미 메소포타미아 페르시아에서는 석유가 발견되어 불을 켜는 등화용으로 하거나 방부제로서 미라에 바르거나 했었다. 석유는 시커먼 곤죽같이 걸쭉한 기름으로 가솔린, 경유, 중유, 피치 따위가 함께 섞여 있는데 석유 속에서 처음으로 케로신(등유)을 뽑아 낸 사람은 미국의 화학자 게스너이며 이는 1854년의 일이다.

　그 무렵 킬러라는 약제사는 아메리카 인디언들이 석유를 약으로 사용하고 있는 것을 보고 '만병통치약'이라고 선전, 판매했었다.

　이리하여 석유산업이 갑자기 활발해졌으나 땅 밑 깊은 곳에 고여 있는 석유를 채취하는 일은 쉬운 일이 아니었다. 미국의 펜실베니아주의 타이터스빌에서는 시내에서 석유가 솟아 나왔는데 비젤이란 마을사람이 우물을 파서 이 석유를 퍼내려고 했다. 이 때는 1859년.

　이것은 와이어로프의 끝에 송곳이 달린 도구를 달아서 세게 위로 올렸다 내렸다하면서 지하에 구멍을 뚫는 방법이었다.

　이러한 방법으로 15미터 이상이나 지하를 파서 암반에 부

딪쳤고 거기서 또 20미터나 더 바위를 내려가서 겨우 석유가 있
는 곳에 도달했다. 이런 우물을 유정이라고 하는데 유정에 따
라서 석유가 저절로 세차게 나오는 경우도 있다. 그러나 저절
로 뿜어 나오는 유정은 그리 많지 않으며 또 그러한 유정이라도
가스의 압력이 다하면 분출이 멈추고 만다. 따라서 뒤에 펌프
로 퍼 올리거나 석유가 안 나오게 되면 이 유정을 화약으로 폭
파시켜서 그 힘으로 석유가 나오게 하였다.

1879년에 에디슨이 전등을 발명하자 석유램프를 안 쓰게
되어 등유는 쓰이지 않게 되었다. 그러나 19세기 말엽부터 가
솔린을 연료로 하는 엔진이 발명되자 석유의 새로운 용도가 갑
자기 늘어나게 되었다. 자동차를 비롯한 선박이나 비행기 등에
이들 엔진이 쓰이게 되었으므로 그 연료로 가솔린이 점점 더 많
이 쓰이게 된 것이다.

가솔린의 수요에 따라 석유를 파내는 방법도 개량되어
1910년경부터는 와이어로프식 대신에 로터리식이 채용되었
다.

이 방법은 1900년에 파커가 발명한 것으로 관의 끝에 칼날
을 박은 철관을 모터로 회전시켜서 흙 속을 비비듯이 파내려
가는 것이다. 석유제품은 대체로 연료로 쓰이는 외에 경유는
발동기를 돌리거나 기계류를 씻는 데 사용되며, 피치는 도로
의 포장이나 발수제, 절연제로 쓰이고 또 석유에서 나온 파라
핀은 양초의 원료나 가구의 광택을 내는 데나 파라핀 지에 쓰
인다.

이처럼 석유의 용도는 다양하다.

석유를 병에 부어야 하는 일이 생긴다면 어떻게 해야 할까? 석유를 제대로 그리고 빠르게 들어가게 하려면 어떤 도구가 필요할까?

여기서 문제제기를 해보자. 기존의 깔때기는 어떤 문제점이 있는가?

입구가 좁은 병이나 용기에 유류를 넣을 경우 사용되는 깔때기의 도입부 둘레에 주입시 공기유통이 쉽도록 하여 액체가 쉽게 들어가도록 한 깔때기의 발명이다. 이러한 목적을 이루기 위해 위쪽은 위가 넓고 밑으로 좁아지는 모양으로, 아래쪽에는 용기 내에 끼워지는 주입구를 만들었다. 깔때기 외면에 용기에 넣을 때, 용기 내의 공기가 외부로 유통되도록 공기 유통로가 형성된 것이 특징이다.

▶ 깔 때 기 ◀

제 1 도

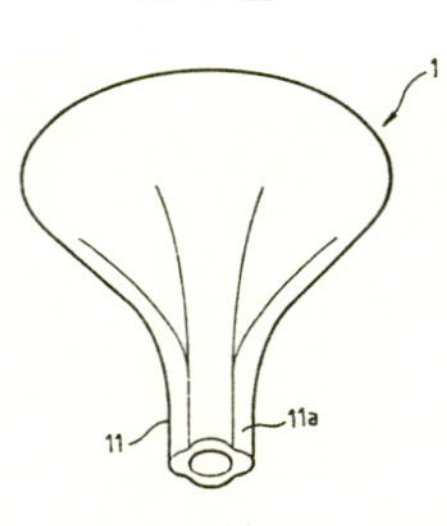

제 3 도

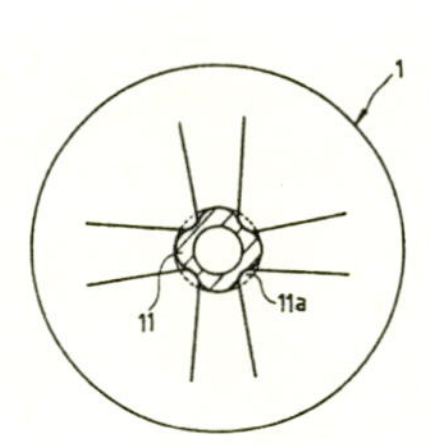

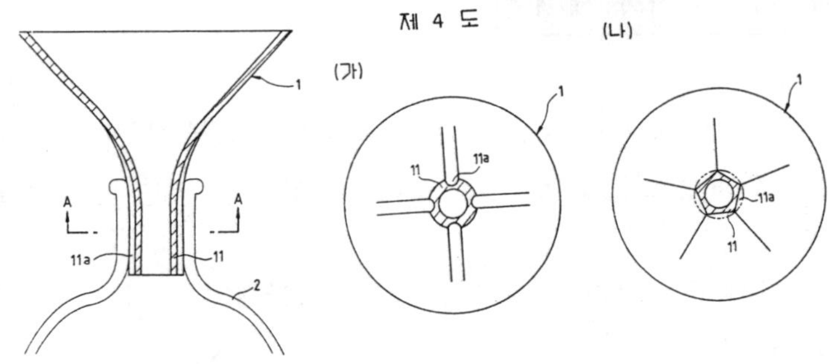

핵심을 찾아라

1. 깔때기   2. 용기   11, 11a. 유통로

《정답》 11. 11a. 유통로

케이크용 나이프

▶ 케이크용 나이프 ◀

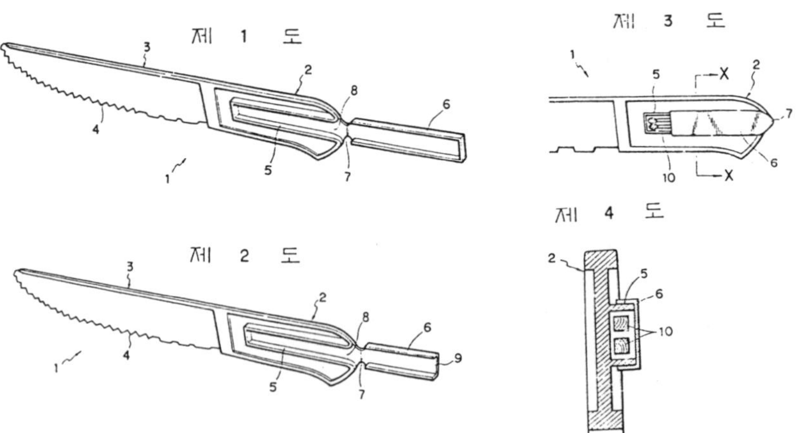

《정답》 5. 성냥수납실

다용도 손톱깎이

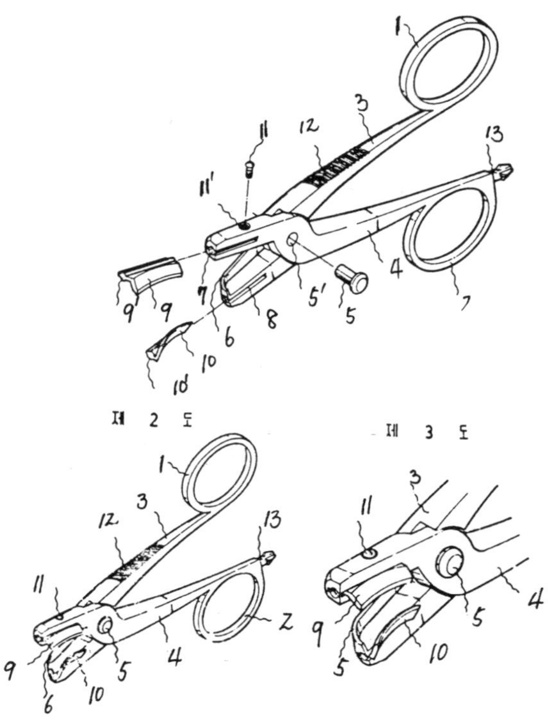

《명　칭》
1.2. 손잡이부　3,4. 레버　5. 결합부　6. 격벽　7.8. 삽착홈
9.10. 절삭날

《정답》　9.10. 절삭날

성냥이 부착된 담뱃갑

▶ 성냥이 부착된 담뱃갑 ◀

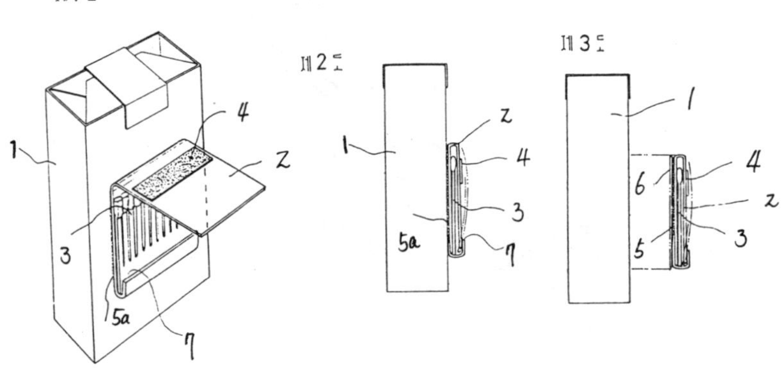

《명　칭》
1. 성냥갑　2. 종이지지판　3. 성냥개비　4. 적린판　5. 접착
제　6. 박리지

《정답》　3. 성냥개비 5. 접착제

조금만 변형시켰을 뿐

 전기 부품을 변화시키는 발명

우리들은 전기의 혜택을 받고 성장해 왔지만 아직도 오지의 섬 등에 살고 있는 사람들은 전기의 편리한 혜택을 받지 못하고 있다.

전기는 수력발전소, 화력발전소, 원자력발전소, 풍력발전소, 태양열발전소 등에서 전기를 만들어 내고 있으며 여기에 관련된 부품과 제품은 수없이 많다. 공산품을 만들어 내기 위해 각 공장의 기계가 움직이도록 해 주는 것도 전기의 동력을 이용한 것이다.

어머니들이 밥하는 시간을 단축하기 위해 미리 저녁에 쌀을 넣어 두면 전기자동밥통이 밥을 시간에 맞게 해 준다. 이것도 전기의 활용방법에 의해 얻어지는 편리한 효과이다.

컬러 텔레비전의 연구는 무척 오래 전부터 추진되어 왔다. 1926년에 영국의 베어드가 니프코의 원판을 이용해서 흑백 텔레비전의 실험에 성공한 것을 비롯해서 미국의 벨연구소에서도 컬러 텔레비전의 연구와 실험을 하고 있었다.

컬러 텔레비전의 원리는 빛의 3원색을 따로 분해해서 수상할 때에 배합하도록 한 것이다. 거기에는 니프코의 원판에 세 줄의 소용돌이 모양의 구멍을 뚫고 각 줄의 구멍에 3종류 빛깔의 필터를 달면 잇달아 3원색의 신호를 송신할 수 있다. 수신기 쪽에서는 각각 3색의 신호를 송신할 수가 있다. 또한 수신기 쪽에서 각각 3색의 필터를 통해서 빛을 내면 그 빛깔들이 짜 맞추어져서 눈에 보이므로 갖가지 빛깔의 화면을 비춰 낼 수가 있다. 베어드는 흑백 텔레비전의 실험에 성공한 1927년에 컬러 텔레비전의 실험에도 성공했다.

한편, 1929년에 미국의 벨연구소에서도 실험에는 성공하였으나 모두 실용적인 것은 아니었다. 베어드는 그 후에도 연구를 계속하여 1938년에는 대형의 컬러 텔레비전 수상기를 만들었다.

1940년이 되자 즈워리킨의 아이코노쿠프를 사용한 컬러 텔레비전의 실험이 시작되었다. 이것은 미국의 CBS 회사의 골드마이크가 고안한 것으로 한동안 제일 우수한 것으로 일컬어졌는데 순차식이었다.

1949년에 미국에서 처음으로 컬러 텔레비전 방송이 허가되었을 때에는 이 방식이 제일 좋은 것이라고 했었다. 그러나 다음해 RCA 회사는 이 방식과는 전혀 다른 원리의 동시식 수상기를 발명했다.

1953년에 이 회사는 RCA 식을 기본으로 한 NTSC 식이라는 새로운 방식의 컬러 텔레비전을 개발했다. 이 방식은 흑백용의 수상기에 컬러 텔레비전의 방송이 보내져도 그대로 흑백

화면으로 수상할 수 있으며, 컬러용의 수상기에 흑백 텔레비전 방송도 수상할 수 있는 편리한 것이었다.

이 방식에서는 3원색을 위한 3개의 전자총을 사용한 크로마트론관 등 새로운 원리의 컬러 텔레비전 수상기의 연구도 추진되어 흑백 텔레비전 수상기과 그다지 다를 바 없을 정도의 싼 가격으로 컬러 수상기를 만드는 연구가 행해지고 있다. 물론, 최근에는 더욱 다양한 텔레비전들이 우리의 안방을 장식하고 있다.

지금 우리 생활에서 전기는 없으면 안 될 정도로 많이 사용되고 있다. 만약 전기가 없었다면 텔레비전이나 여러 가지 가전제품의 혜택을 누릴 수도 없었을 것이다. 이렇게 우리의 생활을 편리하게 해 주지만 조금만 부주의하면 커다란 위험이 따른다.

타이머 콘센트는 콘센트를 꼽고자 하는 시간만큼 타이머를 조절해 놓으면 되는 것이다. 전자레인지의 타이머에서 그 원리를 따온 것이라고 한다. 응용력이 뛰어날 뿐만 아니라 관찰력도 뛰어난 발명이다.

가령, 텔레비전을 보다가 일이 있어 잠시 나갔다 와야 되는 경우가 있다. 지금부터 30분 정도만 보면 되는데 싶어 비디오를 녹화해 놓는다고 생각해 보자. 나갔던 일이 생각보다 오래 걸려 1시간 정도 있다가 돌아와 보니 그 때까지 계속해서 비디오가 녹화되고 있다면 분명 낭비이다. 이럴 경우 타이머 콘센트로 필요한 시간만큼만 예약해 놓으면 그 이후는 자동적으로 전원이 꺼질 테니 전력낭비도 안 되는 편리한 발명품이다.

이 밖에도 전기제품의 편리를 위해 만들어진 발명품은 수없이 많다. 진공청소기를 예를 들어 보자. 옛날 같으면 넓은 집안을 청소할 때마다 일일이 비질하고 걸레질까지 해야 했다.

진공청소기는 이러한 고충을 해결해 준 좋은 발명품이다.

그런데 문제가 생겼다. 진공청소기를 끌고 거실에서 다른 방으로 옮길 때 일일이 전기코드를 다시 끼워야 하는 불편이 있다. 더구나 선이 조금 짧기라도 하면 여간 불편한 게 아니다. 이런 불편을 해결할 좋은 방법이 없을까?

그래서 만들어진 것이 바로 진공청소기용 권취장치이다. 누구나 한번쯤 줄자를 보았을 것이다. 줄자를 필요한 만큼 빼서 쓰고 난 뒤 그냥 놓기만 하면 자동으로 되감기는 간이용 줄자를 사용해 보았을 것이다. 이 줄자의 원리를 이용한 것이 바로 권취장치이다. 진공청소기의 전기선 부분에 롤러를 달고 거기에 전선을 감는다. 이 롤러는 평소에는 긴 전선을 감고 있다가 사용할 때 살짝만 잡아당겨 주면 전선이 나오기 때문에 일일이 전기코드를 갈아 끼울 필요가 없다. 이 줄자의 원리를 응용한 장치는 진공청소기뿐만 아니라 다른 전제 제품에도 이용할 수 있을 것이다.

이 밖에 발명의 노력으로 편리해진 전기관련 발명들은 어떤 것들이 있을까?

전원플러그의 연결코드 손상방지 부재

수력, 화력, 원자력발전소에서 만들어진 전기는 전선을 타고 공장이나 가정으로 용량을 조절하여 공급된다. 이렇게 전기가 공급되기까지에는 부품, 장비장치의 발명으로 감전사고를 방지해 주고 안전을 기하기 위해 수많은 아이디어들이 고안되어 왔다. 그러나 아직도 전기의 과부화로 인해 전선에 열이 발생하여 화재가 일어나는 것을 볼 수 있다.

가전제품은 우리 생활에 편리함과 유익함을 주지만 만약 전기가 없다면 우리의 생활이 얼마나 불편할지 생각해 본 적이 있는가?

전기의 고마움을 알면서도 우리는 가전제품을 제대로 사용하지 않는 경우도 있다. 텔레비전, 컴퓨터 등의 전자기기나 다리미, 에어컨 등 전기장치에 전원을 공급하기 위한 전원 플러그에 관한 것으로 전기장치의 전원 플러그의 연결코드의 일회성 또는 반복적인 굽힘이나 휘어짐 등으로 인한 피로로 연결코드의 단선이나 마모 기타 손상을 방지할 수 있는 전원플러그의 연결코드 손상방지 부재이다.

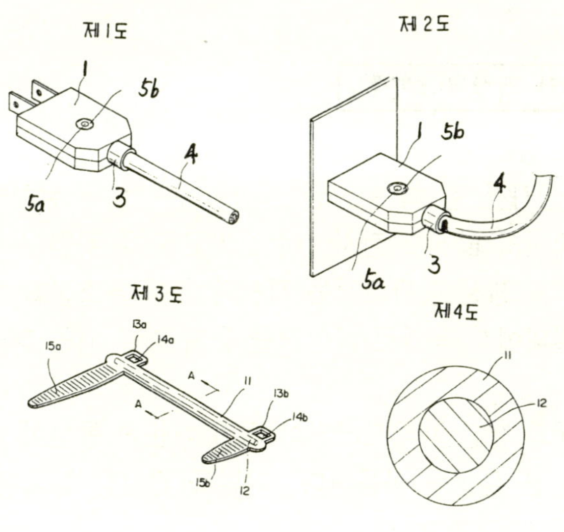

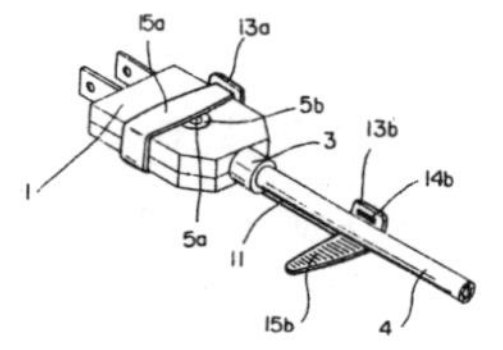

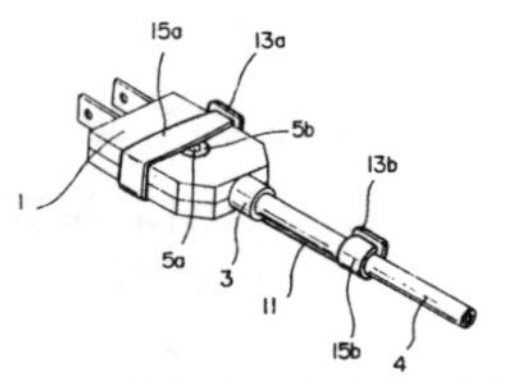

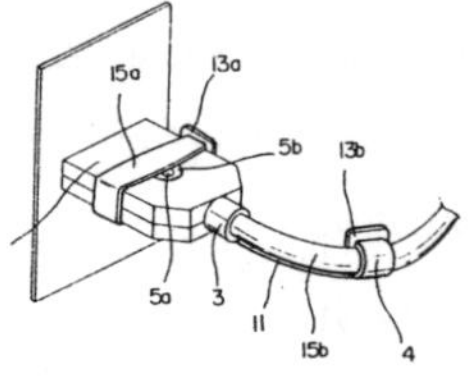

핵심을 찾아라

1. 플러그   3. 연결목   4. 연결코드   11. 지지본체빔

12. 강철사   13b. 제 2 체결고리   15b. 벨트

《정답》   15b. 벨트 13b. 제 2 체결고리

전원 코드의 길이 조절 구조

아이디어 착상의 세계

전기공사를 할 때 일정한 길이의 콘센트를 설치하면서 전선을 움직이지 않게 고정시켜야 전기로 인한 위험 사고를 방지할 수 있다. 생산 현장에서는 전선의 길이를 조절할 수 있어야 하는데 실내에서 옥외로 작업장을 옮겨 다닐 때는 더욱 필요하다.

이 때의 전선은 부드러워야 하기 때문에 통선이 아닌 여러 가닥으로 된 실선을 사용한다. 이렇듯 전선을 감고 풀어 주는 조절구조 장치도 다양하게 고안되어야 한다.

어떤 방법이 실용성 있는 구조장치가 될까? 창의력을 발휘하다 보면 깜짝 놀랄 발명이 탄생될 수 있을 것이다.

다음 고안은 전기제품에 사용되는 전원 코드에 관한 것으로 특히 사용자의 필요에 따라 코드의 길이를 적정하게 조정될 수 있게 한 것이다. 이 고안은 암플러그와 수플러그가 양쪽 끝부분에 달린 몸체가 있고, 이 몸체 윗부분에다 전원 코드를 끼워 놓을 수 있는 끼움홈을 위로 향하게 만들어 전원 코드의 내구성 향상을 도모한 것이다.

▶전원 코드의 길이 조절 구조◀

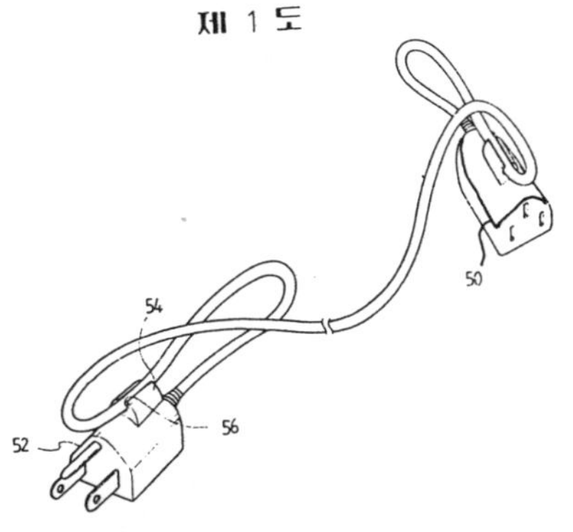

핵심을 찾아라

50. 암플러그   52. 수플러그   53. 전원코드   56. 끼움홈   54. 전선

《정답》 56. 끼움홈

▶스 트 로◀

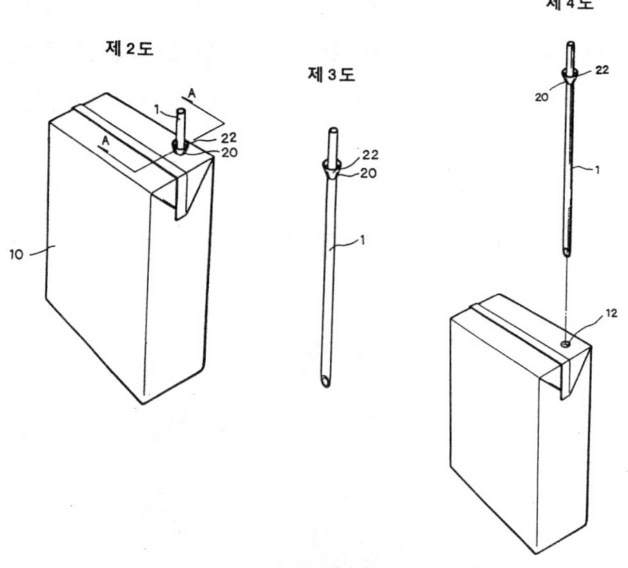

《명   칭》

10. 팩   12. 스트로꽂이부   20. 공기유통로   22. 퍼넬

《정답》 22. 퍼넬

출몰식 빨대

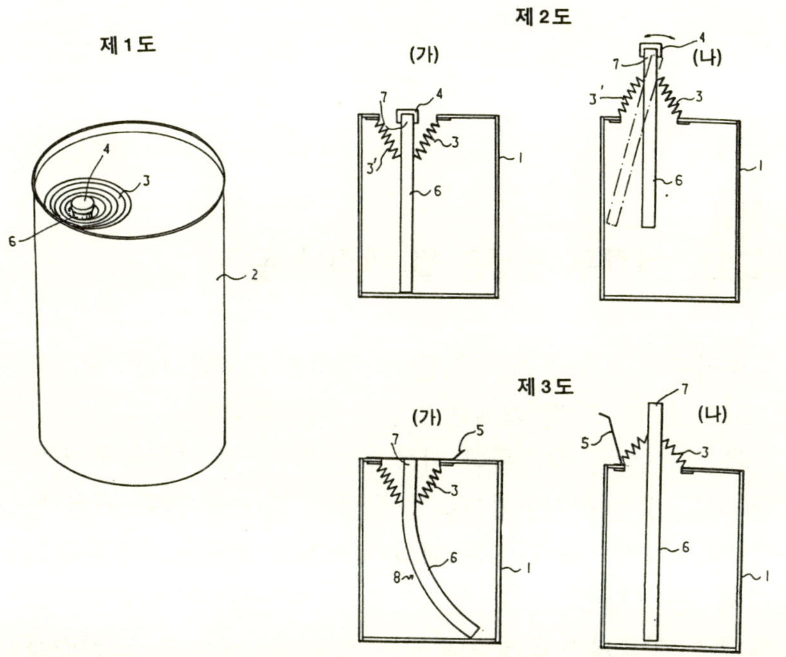

《명　칭》

1. 팩　2. 캔　3. 신축출몰부　4. 마개　5. 탈착종이　6. 빨대
7. 배출구〔입구〕

《정답》　3. 신축출몰부　6. 빨대

청소도 가지가지

 ## 세제의 발명은 몇 가지나 될까

여러분은 세수나 목욕을 할 때 무엇을 사용합니까? 빨래를 할 때나 설거지를 할 때에는 무엇을 사용합니까?

몸이나 옷 등 우리들이 사용하는 대부분을 깨끗하게 씻는 일은 매일 하는 식사만큼이나 중요하다. 우리의 몸을 예로 들어 보자. 세제는 몸에 붙은 때나 지저분한 것들을 몸으로부터 분리시키는 작용을 한다. 설거지를 할 때 세제를 사용하면 그릇에 묻은 기름기가 쉽게 지워지는 것을 생각해 보면 그 원리를 잘 알 수 있을 것이다.

이런 원리에 의해 만들어진 세제는 우리들의 몸, 우리들이 먹을 것을 담아먹는 용기 등에 사용되기 때문에 부작용이 발생하면 안 된다. 또, 적은 양으로도 깨끗하게 씻을 수 있어야 하기 때문에 더 좋은 세제의 발명을 위해 발명가들은 계속해서 노력하고 있다.

　　그러면 우리들이 일상적으로 사용하는 이 세제가 어떻게 발명되었는지 알아보자. 빨래를 할 때 사용하는 세제는 빨래비누, 가루비누 등이 있다. 빨래비누가 발명되기 전에는 무엇을 사용했을까? 우리 조상들은 빨래할 때 짚을 세제의 원료로 사용했다. 가을에 벼를 탈곡하고 나면 남는 것이 짚인데 이것을 태워서 사용했다.

　　짚을 태우면 재가 된다. 이 재를 물로 거르면 시커먼 잿물이 남는다. 이것을 잿물이라고 한다. 이 물에 빨래를 담가 두었다가 빨면 때가 지워진다. 잿물에 들어 있는 수산화나트륨이 빨래의 때를 지우는 역할을 하는 것이다. 그런데 이 잿물은 인체에 해로워서 위험했다고 한다.

　　옛날에는 놋그릇이라는 누런 그릇을 사용했었다. 놋그릇은 깨끗하게 닦으면 윤이 나지만 조금만 사용해도 윤기가 사라진다. 우리의 할머니들이 놋그릇의 윤을 낼 때도 짚을 사용했다. 짚이 오늘날의 수세미 역할을 했던 셈이다.

　　짚에 흙이나 모래를 묻혀 여러 번 닦으면 놋그릇은 반짝반짝 윤이 난다. 흙이나 모래가 세제로 사용된 것이다.

　　이렇게 사용하던 세제는 비누가 발명된 이후 간편하게 이용할 수 있게 되었다.

　　비누도 발명된 이후 많은 변화를 겪었다. 그 종류도 다양하다. 오이비누, 쑥비누, 알로에비누 등 비누에 자연물을 첨가한 것을 오늘날에는 아주 흔하게 볼 수 있다. 그러나 이런 비누가 발명된 것은 불과 20년 정도밖에 되지 않는다.

　　비누는 원료, 형태에 따라 다양한 종류가 있다. 누가 사용할 것인가? 어떤 원료로 만들 것인가? 어떤 모양으로 만들 것인가? 하는 것들이 모두 발명의 대상이 될 수 있다.

　　국가대표 스케이팅 선수였던 이효창 씨는 스포츠계의 스타였다. 그의 아내인 하상남 씨도 영화계의 스타였다. 이렇게 왕년의 스타인 이들 부부가 천연 광물인 셀렌에 관심을 갖기 시작한 것은 1950년대 후반.

　　영화배우가 되기 전에 의학 전문학교를 다녔던 하씨는 당시에 쓰이던 비누가 독성이 강하다는 사실을 알고 인체에 유익한 비누를 만들기로 결심했다. 부군 이효창 씨도 제약회사에 다닌 경험이 있기 때문에 쉽게 광물학 서적을 뒤적이며 공동연구를 시작했다.

　　고서적을 뒤지고 중국 명의인 화타가 광물질에 대해 쓴 고서를 찾아냈고 두 사람의 연구는 급속도로 진전되었다. 그러나 주원료인 셀렌을 인공적으로 얻어내는 데는 한계가 있었다.

　　여러 가지 연구와 실험을 했지만 실패는 계속됐다. 이렇게 실망하고 있던 이들 부부에게 미국에서 셀렌이라는 광물질이 발견되어 각종 질병치료에 사용된다는 소식이 전해졌다.

　　곧 셀렌을 입수한 두 사람은 연구를 계속했고 다른 광물질을 첨가하여 세리온이라는 신물질을 만들어 냈다. 드디어 1987년 세리온을 이용해 비누를 제조하는 방법을 발명, 특허출원을 마쳤고 1990년 셀렌 함유 화장비누, 즉 세리온 비누에 대한 특허를 취득했다.

　　선진국에서도 바이오세라믹 같은 세라믹 종류들을 많이 사용하고 있지만 물체 표면에 불순물이 끼어 세균번식이 용이하고 이온작용이 원활하지 못한 것으로 드러났다. 이에 반해 세리온 비누는 독성이 없고 분해도 완벽하게 되는 무공해 비누이다.

　　이후 전국우수 발명품 전시회에서 은상, 이에나 독일 발명전시회에서 최고상을 획득했고 세계적인 상품으로 성장했다.

이 밖에도 세제와 관련된 발명은 많다. 물에 뜨는 비누, 이 것은 일본에서 비누공장을 경영하는 후지무라라는 여자가 발명했다. 그녀는 한 공원의 실수로 못 쓰게 되 버린 원료를 다시 연구해서 물에 뜨는 비누를 만드는 데 성공했다.

어느 공원이 실수로 잘못 끓인 비누원료가 그만 너무 끓어 넘쳤었는데 마침 그 원료를 지켜보던 후지무라 사장은 지나치게 거품이 일기는 했으나 원료가 완전히 타지 않았음을 알게 되었다.

그녀는 거품 같은 비누를 떠올렸다. 그럼 가벼운 비누가 되는 것이었다. 후지무라는 계속되는 실험 끝에 자신이 꿈꿨던 비누를 만들 수 있었다. 현재 우리들이 가정에서 널리 쓰이는 아이보리 비누는 바로 이렇게 탄생된 것이다.

그렇다면 이번에는 청소와 관련된 발명에는 어떤 것이 있을까? 살펴보자.

슬기는 자동차 세차를 하는 아버지를 돕고 있었다. 시골에 계신 할아버지 댁에 다녀왔는데 시골길을 달려서인지 차가 몹시 더러워져 있었다.

우선 물을 뿌리는 것이 첫번째 일이었다. 다음은 세제로 차를 닦았다. 수건에 거품을 내서 차를 닦는데 여간 힘든 일이 아니었다. 그리고 나서 그 다음은 다시 물걸레로 닦아야 하는데 평소 그렇게 커 보이지 않던 차가 오늘따라 왜 이렇게 크게만 느껴지는지……

슬기와 영특이는 다시 일을 시작했다. 좀더 쉽게, 그리고 편하게 세차를 할 수 있는 방법은 없을까? 그렇다면 자동차 세척기를 좀더 개발하면 된다. 세척기에서 물과 세제가 섞여서 나올 수 있도록 하면 된다.

우선 손잡이 부분을 접었다 폈다 할 수 있으면 더 편리해질 것이다. 브이자형으로 된 축이 손잡이가 되게 하면서 손잡이 부분을 파이프처럼 만들면 된다. 그러면 구멍에 세제를 넣을 수 있다. 거기에 밸브까지 설치하면 더욱 좋을 것이다. 밸브를 열어 물과 세제가 혼합되어 나올 수 있게 하면 되는 것이다.

그러면 이제 남은 문제는 무엇일까?

바로 걸레이다. 브러시와 스펀지를 따로 사용하니까 번거롭고 힘들었다. 그러면 두 개를 함께 사용하는 방법을 생각해 보자. 일단 빗자루에 스펀지를 부착시키고 그 반대편에는 브러시를 붙이면 어떨까? 그러면 따로따로 둘 필요가 없으니까 한결 편리해진다. 그리고 손잡이에 물호스를 연결하면 된다. 바로 물과 세제를 넣고 작동시키면 세차는 간단히 끝나는 것이다. 마지막으로 남은 물방울을 브러시로 살짝 닦아 주면 청소는 끝나게 된다.

이렇게 간단한 아이디어 속에 편리한 발명이 숨어 있는 것이다. 이 밖에 우리의 생활을 편리하게 해 주는 것들은 무엇이 있을까?

 ## 자동차 타이어 세척용 브러시 장치

자동차는 현대문명의 필수적인 생활용품이다. 이동과 운송

수단으로 사용하는 자동차에도 실내외를 깨끗이 하기 위하여 필요한 것들이 아이디어 상품으로 속속 개발되고 있다.

자동차를 깨끗하게 하려면 세제를 사용하게 되는데 세차를 할 때 브러시가 없으면 추운 겨울엔 더욱 고생을 하게 된다. 이러한 불편을 없애 주는 아이디어는 없을까?

타이어가 안치되는 휠하우징 내면에 타이어 세척용 브러시를 장치하여 타이어의 청결유지 및 타이어에 이물질 부착을 예방함으로써 이로 인한 사고를 방지하게 한 것이다.

종래 자동차 타이어는 주기적인 점검이나 타이어 교환정비 등의 작업 때가 아니면 대체로 그냥 방치한다. 이 때문에 타이어 홈에 끼어 있거나 외면에 묻은 이물질이 주행원심력 때문에 외부로 흩날림으로써 행인에게 손상을 주거나 미끄러움과 불규칙 저항으로 인한 주행사고를 냈었다.

본 고안은 타이어에 묻은 이물질을 주행 중 자연적으로 제거시키는 브러시를 바퀴축에 장치한 것이다.

▶ 자동차 타이어 세척용 브러시 장치 ◀

제 1 도

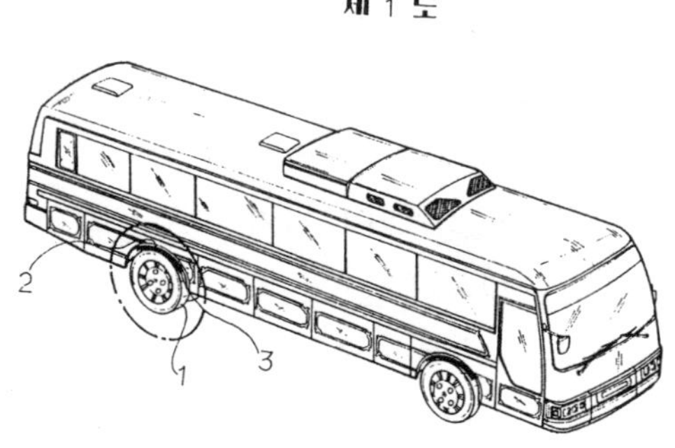

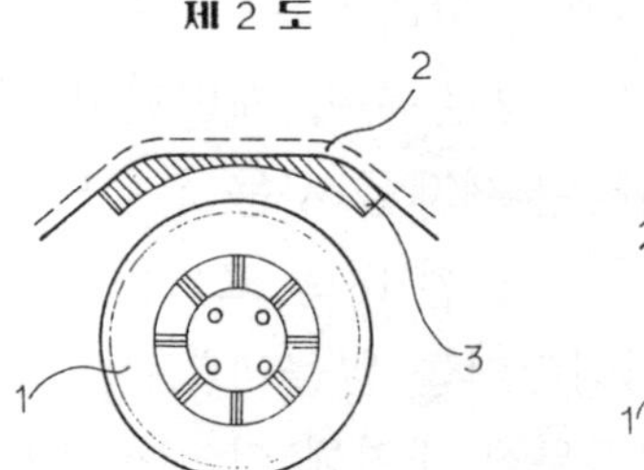
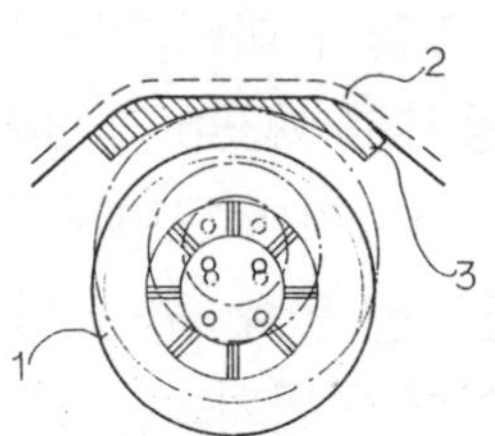

핵심을 찾아라

1. 타이어 2. 바퀴축 3. 브러시

《정답》 3. 브러시

고정시킨 회전식 세면비누

아이디어 착상의 세계

비누는 이제 우리의 생활에 필수품이 되어 있다. 그만큼 용도에 따른 종류도 다양하며 같은 용도라도 여러 가지 상품들이 나와 있다. 슈퍼마켓에서 세숫비누를 고르더라도 한참 망설이게 된다. 많은 회사들이 여러 가지 상품들을 개발하여 시판하고 있기 때문이다. 하루에도 몇 번씩 우리의 손에서 거품을 내는 비누는 잘 미끄러져 바닥에 자주 떨어진다는 문제를 가지고 있다. 떨어지면 줍기도 귀찮고 비위생적인 불편이 있다.

이런 불편을 해결하기 위해 비누를 고정시킬 수는 없을까?

　　세면실이나 또는 화장실 벽면에 고정 부착시킨 체결구에 의해 세면비누를 체결한 상태로 사용할 수 있는 체결용 회전식 세면비누에 관한 것이다.

　　세면비누를 공장에서 성형할 때 상하정점 부위에 요홈을 갖는 나사식 부싱을 만들어 넣거나 상기의 정점부위를 관통하는 구멍을 뚫어 놓은 상태로 만들어 이를 세면실이나 화장실 벽면에 고정시킨 체결구에 집어넣어 세면비누가 상기의 체결구에서 쉽게 회전할 수 있도록 하여 양손으로 세면비누를 사용하게 한 것이다.

▶ 고정시킨 회전식 세면비누 ◀

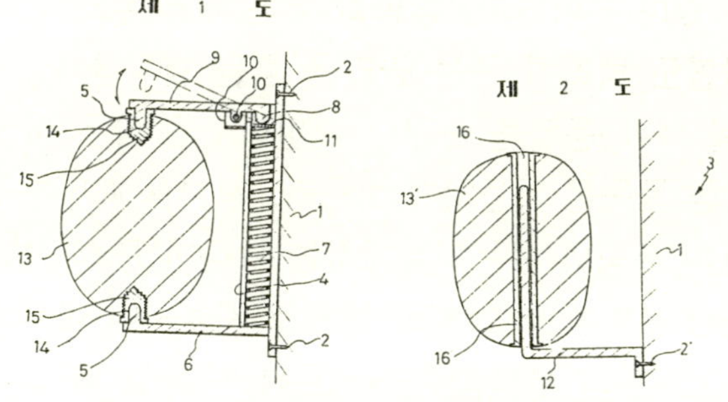

핵심을 찾아라	

1. 벽면　2.2′. 나사못　3.3′. 체결구　4. 지지관　5. 안내돌기
6. 받침간　7. 스프링　8. 만곡편　9. 협지레버　11. 누름판
10. 브라켓　10′ 힌지　12. 자형 체결고리　14.14′. 요홈
15.15′. 나사부싱　16. 구멍부분　16′. 관통구멍

《정답》 6. 받침간 7. 스프링 9. 협지레버 12. 자형 체결고리

부피가 변하는 때밀이구

어릴 때부터 사용해 온 때밀이구는 몇십 년이 지난 지금도 변화 없이 사용되어 온 것 같다. 처음에는 손을 넣어 사용하다가도 자주 사용하게 되면 헤어져 잡기가 불편했던 경험이 생각난다.

얇은 천, 하나로 되어 있어서 쉽게 해어지고 잡기가 불편했던 것 같다. 이것을 해결하기 위해서 약간의 두께와 잡을 수 있는 부피가 있다면 어떨까? 발명의 힘은 때론 우리의 아주 작은 일상의 불편도 해결해 주는 놀라운 힘을 발휘한다.

목욕할 때 사용하는 도구인 때밀이구도 작은 아이디어 하나로 편리한 목욕을 가능하게 해준다. 봉지형 때밀이구의 구성을 개량하여 제품의 유통과정에서는 납작한 평면 상태가 되어 운반 보관상 부피가 최소화될 수 있고 사용시에 내부에 가스가 발생되어 입체형의 부피를 가짐으로써 때를 밀 때 그것을 잡고 편하게 사용할 수 있는 도구이다.

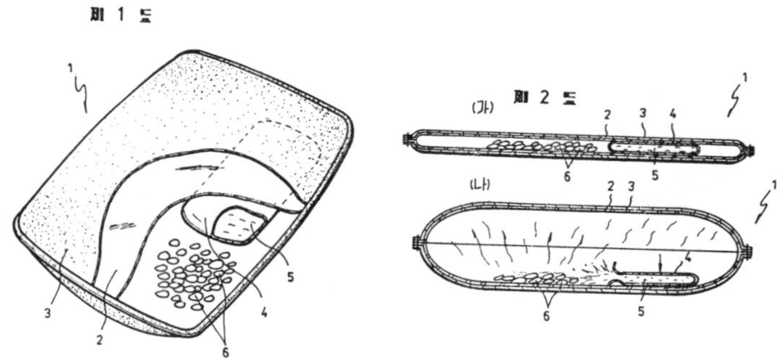

핵심을 찾아라

1. 이구   2. 튜브   3. 때밀이지   4. 물봉지   5. 물   6. 카바이트

《정답》 4. 물봉지 6. 카바이트

승차자용 좌석커버가 장착된 자동차 시트

아이디어 착상의 세계

오랜만에 떠난 철수네 가족의 야외 나들이. 도로사정으로
많은 시간을 승용차에서 소비하여야 했다. 철수는 몸을 움직일
수 없는 불편함을 감수하고 즐거운 마음을 가지기로 결심하고
흥겨운 음악을 틀고 맛있는 과자를 먹기 시작했다. 형과 동생
에게도 과자 한 봉지씩 뜯어 주고 동생과 게임을 하며 먹고 있

는데 엄마가 벌컥 화를 내기 시작하셨다.

그 이유는 과자 부스러기가 시트에 떨어져 청소하기가 힘들다는 엄마의 말씀이셨다. 조심스럽게 과자를 먹어 보지만 시트에 떨어지는 부스러기는 여전했다. 먹고싶은 과자도 제대로 먹지 못한단 말인가! 철수는 화가 나기 시작했다.

승차자용 좌석 커버가 장착된 자동차 시트에 관한 것으로 특히 시트쿠션 옆에 커버를 인출 가능하게 설치하여 승차자의 무릎 위를 상기 커버가 덮어 줄 수 있게 함으로써 스낵류와 같은 음식물을 먹을 경우 바닥에 부스러기가 떨어지는 것을 방지할 수 있게 하고 특히 여성 승차자의 경우에는 커버로 무릎 위를 가림으로 인해 편안한 자세로 시트에 앉을 수 있게 하여 보다 안락한 승차감을 제공한다.

▶ 승차자용 좌석커버가 장착된 자동차 시트 ◀

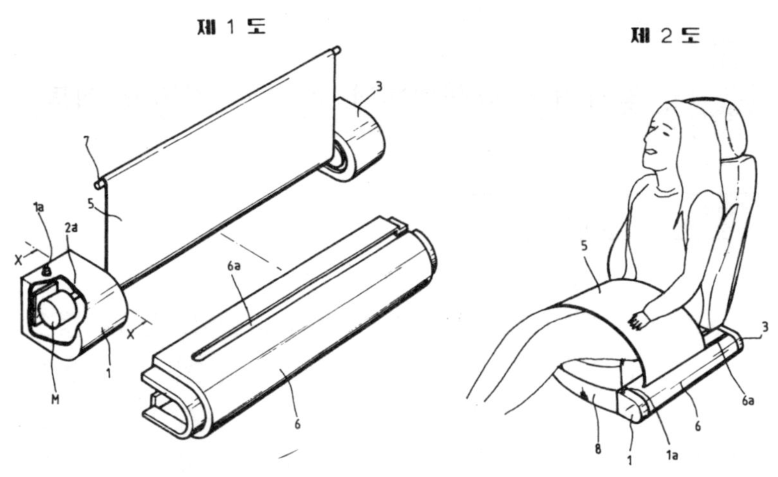

제 3 도

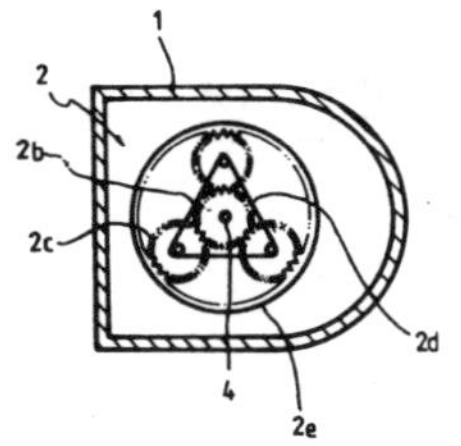

핵심을 찾아라

1. 기어박스 2. 감속수단 4, 출력축 3. 지지박스 5. 커버

《정답》 5. 커버

소리는 곧 예술

 ## 소리기구들은 어떻게 발전되었을까

    음악예술에 필요한 악기나 기구들은 그 종류가 다양하다. 세계 어느 나라든지 토속적인 악기나 기구를 이용하여 조상 대대로 후손들에게 이어져 내려오는 것도 있다. 이러한 악기들도 시대의 변천에 따라 새로운 것들이 발명되어 예술의 효과를 높여주고 있다.

    피아노가 전기를 이용하지 않고 소리를 내던 것에서 전자피아노라는 것이 발명되어 피아노 기능에 전자오르간, 플루트 등의 각종 소리를 추가시켜 더욱 아름다운 연주와 감상을 가능하게 했다. 또한, 사람이 직접 연주해야만 하던 번거로움에서 이제는 버튼 하나만 작동하면 원하는 곡을 들을 수 있는 편리한 시대가 되었다.

    이러한 모든 혜택은 작은 것을 놓치지 않고 노력하는 발명가들의 연구정신에서 비롯된 것이다. 1877년 프랑스의 클로가 축음기를 완성했는데 이 축음기는 현재의 레코드와 같이 원반을 사용하는 장치였다.

에디슨은 1876년에 뉴욕 교외로 연구소를 옮기고 전화에 관한 연구를 하고 있었다. 당시의 전화기는 거리가 멀면 소리가 작아서 알아듣기가 힘들었으므로 그는 전화선의 중간에 중계기라는 것을 달아서 통화를 하고 그 통화를 재생해서 다시 보내려는 연구를 하고 있었다.

전화 중계기 실험을 여러 가지 계속하고 있는 동안에 에디슨은 전화 수화기 진동판에 바늘을 달아 소리의 진동을 물결 모양으로 해서 어떤 널빤지 위에 새겨 두면 어떨까 하고 생각했다. 만일 물결 모양을 잘 새겨 둘 수만 있다면 다시 그 물결 모양의 홈 위에 바늘을 달리게 하여 바늘에 달린 진동판에서 소리가 나게 할 수 있을 것이었다.

이리하여 만들어진 그 기계는 금속의 원통과 그것을 돌리는 핸들이 달려 있는데 핸들을 돌리면 원통이 돌아가면서 조금씩 옆으로 움직이도록 되어 있었다. 또 원통의 표면에는 한 개의 바늘이 닿게 되어 있고 바늘에는 나팔 모양의 것이, 또 나팔 끝에는 엷은 유리막이 붙어 있는데 바늘은 이 유리막에 붙어 있었다.

에디슨은 주석을 입힌 엷은 종이 한 장을 원통에 감고 나팔에 걸린 바늘을 주석 박지 표면에 닿게 해 놓고 핸들을 돌리면서 나팔에다 대고 말을 했다.

그 소리의 진동이 나팔 끝의 유리판에 전해지자 유리판이 진동하고 유리판에 부착시킨 바늘이 주석 박지의 표면에 깊은 홈과 옅은 홈을 연달아 새겨 나갔다. 에디슨은 말이 끝나자 바늘을 또 주석 박지의 첫머리 쪽에 가져다 놓고 핸들을 돌리기 시작했다. 그러자 에디슨의 목소리로 기계가 말하기 시작했다.

연구소 사람들은 모두 놀랐다. 에디슨은 이 기계를 뉴욕의 신문사에 가서 실험을 해 보였다. 이리하여 에디슨의 발명은 즉시 전세계에 퍼져 나갔다. 그러나 이 축음기는 여러 가지 불편한 것이 많았다.

그 무렵 벨도 축음기를 연구하고 있었는데 1885년 새로운 축음기를 완성했다. 또 한 사람 독일인인 베를리너가 축음기를 연구하고 있었다.

그는 원통형이 아닌 원반형의 레코드에 소리의 진동을 새겨 나가는 것을 착상했다. 1888년 바늘이 좌우로 움직여서 물결 모양으로 소리를 새겨 나가는 베를리너의 축음기는 그레모폰이라고 이름지어졌다.

1897년 마침내 레코드의 복제에 성공하자 평판식 레코드를 경질 고무나 셀랄이라는 수지를 이용해 복제할 수 있게 되었다. 이것을 제작하려고 나선 것이 빅터 축음기 회사였다.

1920년 무렵부터 라디오 수신기에 대한 연구가 성행하기 시작하자 여러 가지 원리의 마이크로폰이나 스피커 같은 것들이 만들어졌다. 이러한 기술적인 것은 그대로 축음기의 취입에도 사용되었다.

1940년경부터 전기 축음기의 발명으로 인기를 얻어 팔리기 시작했다.

LP 레코드란 그 전까지의 보통 레코드는 1분에 78회전이었으나 이것은 33.5회전으로 한 장의 레코드로 오랜 시간 동안 들을 수 있게 되었다.

하이파이는 우리말로는 고충실도라고 하며 원음을 충실하게 재생하는 음반이라는 뜻이다. 소리가 레코드에 취입되어 또 그것이 재생될 때까지의 사이에 원음의 어느 부분이 없어져서 재생된 음이 원음과 비교해서 상당히 달라진 것이 되는 수가 많다.

특히, 저음은 전축의 스피커로는 내기 어려우므로 그것을 원음에 가깝도록 한 것이 하이파이 장치이다. 소리의 진동을 기록하는 방법은 에디슨이 축음기를 발명하기 전부터 연구되고 있었다.

에디슨이나 벨, 베를리너 등이 축음기를 완성하고 녹음과 재생을 할 수 있게 된 그 무렵, 덴마크의 포르센은 전혀 다른 원리의 녹음을 연구하고 있었다.

그는 자기를 이용해서 음파를 철선 위에 기록하는 것에 몰두하고 있었다. 철은 자기를 받으면 자석이 되며 자기를 제거하면 자석이 안 되는 성질이 있는데 자세히 조사해 보면 자기를 제거한 뒤에도 아주 조금은 자기가 남아 있다.

이것을 잔류자기라고 한다. 처음에 작용시킨 자기가 강하면 강할수록 잔류자기도 강하나 처음의 자기력이 약하면 잔류자기 역시 약하다.

그렇다면 음파의 변화를 전류로 변화시켜서 그 자기력을 철선 위에 가해 주면 잔류 자기가 남으므로 소리의 변화는 잔류자기의 변화로 되어 녹음할 수가 있다.

포르센은 이러한 원리의 자기 녹음 장치를 1898년에 완성해서 텔레그래폰이라고 이름을 붙인 후 1900년에 개최된 파리의 만국 박람회에 출품했다. 이 기계는 곧 유명해졌다.

그러나 그 무렵에는 아직 소리를 전류로 바꾸는 장치의 연구는 진전되지 않았다. 전화에 대한 연구가 진전되자 소리를 전류로 바꿀 수 있게 되어 포르센의 자기 장치는 녹음에도 이용할 수 있게 되었고 1920년경에는 여러 분야에 다양하게 쓰였다.

독일의 프로이머는 1936년에 종이 테이프에 쇳가루를 발라서 완성한 자기 녹음기를 마그네토폰이라 이름지어 팔기 시작했다.

전쟁이 끝나자 미국에서는 즉시 독일의 기술을 도입해서 자기 테이프식의 테이프 리코더를 대대적으로 생산했다. 그러나 1938년에 일본에서 교류 바이어스식 자기녹음이라는 원리가 발명되어 전후에 전세계에서 그 우수성이 인정되자 90퍼센트까지가 그 방식을 사용하게 되었다.

테이프 리코더는 그 이후 소형의 것이 만들어졌고 마침내 종이보다도 튼튼한 재료가 쓰여지게 되었다. 이리하여 테이프 리코더는 더욱 소형으로 발명되고 가정용의 테이프 리코더도 많이 만들어지게 되었다.

이후에도 각종 음향기기는 계속 발명되었다.

소형 카세트 플레이어의 대명사가 된 워크맨은 흥미로운 발명 일화를 가지고 있다. 현재 거리를 메우고 있는 워크맨은 사실 실패한 아이디어로 만들어졌다.

처음 워크맨의 본체를 개발한 사람은 소니의 연구원인 이라 미츠로.

그는 당시에 유행하던 테이프 레코더인 프레스맨을 개조해서 신상품을 만들 계획이었다. 그러나 본래의 계획은 실패하고 녹음 기능이 빠진 이상한 형태의 제품이 되고 말았다.

당시의 테이프 레코더들은 신문기자들이 거의 인터뷰 용도로 사용하던 때여서 녹음기능이 없다는 것은 실패한 아이디어나 다름없었다.

바로 이 때 소니의 명예회장인 이부카는 이 작은 실패에 주목했다. 그는 여기서 기발한 아이디어를 떠올렸다. 테이프 레코더는 음질만 좋으면 음악을 듣는 것만으로도 충분하다는 결론을 세웠다. 그는 상식을 뒤엎는 아이디어를 떠올린 것이다.

당시 함께 연구 중이던 헤드폰을 이 플레이어와 연결하여 새로운 상품을 내도록 지시했다. 그 후 이 사실이 알려졌을 때, 대부분의 사람들이 냉담한 반응을 보였다. 그러나 대중의 반응은 대단했다. 외국에까지 불티나게 팔려 나갔고 덕분에 소니는 세계적인 기업으로 성장하게 되었다.

현재에도 각종 음향기기는 발명으로 발전을 거듭하고 있다. 지금 이 시간에는 어떤 편리한 발명품들이 만들어지고 있을까?

 스리웨이 스피커

아이디어 착상의 세계

같은 물건을 하나 더 더하기하여 용도와 기능을 향상시켜 의외의 효과를 얻을 수 있다면 이러한 경우에도 발명이라 할 수 있다.

지퍼는 두 개의 슬라이더의 움직임으로 개폐를 하게 되어서 가방, 지갑 등을 열고 닫는다. 이 때 지퍼의 3개가 슬라이더에 묶여서 열고 닫으면 지갑의 주머니는 몇 개가 될까? 지퍼 2개는 하나의 주머니가 만들어지지만 지퍼 3개는 2개의 주머니를 얻을 수 있다.

음향기기 중에서 아주 중요한 스피커는 청각으로 전달받을 수 있는 음질의 심장이다. 창의력을 이러한 스피커에도 접목시킨다면 큰 발명을 낳을 수 있다.

하나의 보이스코일 양측 모두에 진동판을 형성하되 좌측에는 하나의 전동판을 우측에는 서로 연결되는 두 개의 전동판을 갖는 스리웨이 스피커이다. 중저음의 음질을 기존의 동일한 전력으로 2배 이상 얻을 수 있고 기존 음감보다 정확한 음을 얻을 수 있도록 고안했다. 또한 낮은 음역에서도 좋은 음질을 얻을 수 있도록 했다.

제1도

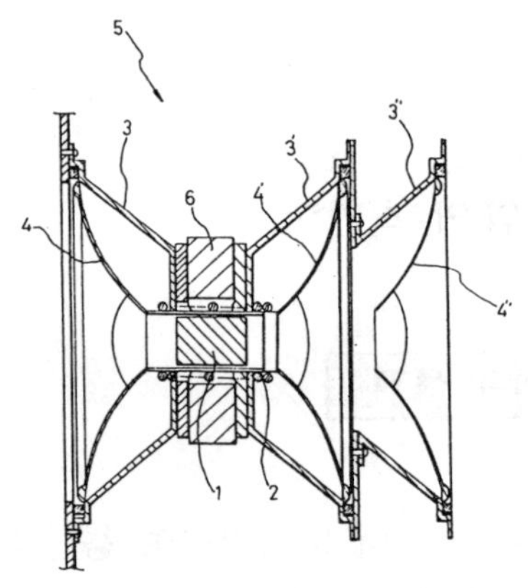

핵심을 찾아라

1. 보이스 코일   2. 요크   3. 제1 프레임   3′. 제2 프레임
4.4′.4″. 진동판   5. 스피커

《정답》 4.4′.4″. 진동판

투웨이 스피커

　　가끔 피곤에 지친 심신을 풀어 주기 위해 영화관을 찾는다. 대형 스케일의 화면과 사운드는 우리의 정신을 잠시나마 영화에 빠져들게 한다. 특히, 미세한 소리까지 들리는 사운드는 영화의 매력을 마음껏 발휘하고 있다.

　　음악을 들을 때라든지 TV, 비디오를 볼 때, 굳이 큰 스피커가 아니더라도 미세한 소리까지 잡고 생동감이 넘치는 음향을 제공할 수 있는 스피커가 있다면 얼마나 좋을까! 하는 아쉬움을 가진 적이 많이 있을 것이다. 이런 아쉬움을 덜어 주는 데 도움이 되기 위한 발명품이 있다. 바로 투웨이 스피커이다.

　　보이스코일 양 축 모두에 진동판을 형성한 것으로, 즉 하나의 보이스 코일에 두 개의 진동판을 가지고 있는 스피커이다.

　　진동판 양면의 미세한 진동시간차를 이용하여 미세한 음질을 정확하게 표출해 내도록 하였을 뿐만 아니라 음감 또한 기존 원웨이보다 1.5배 이상을 향상시키는 데 목적이 있다.

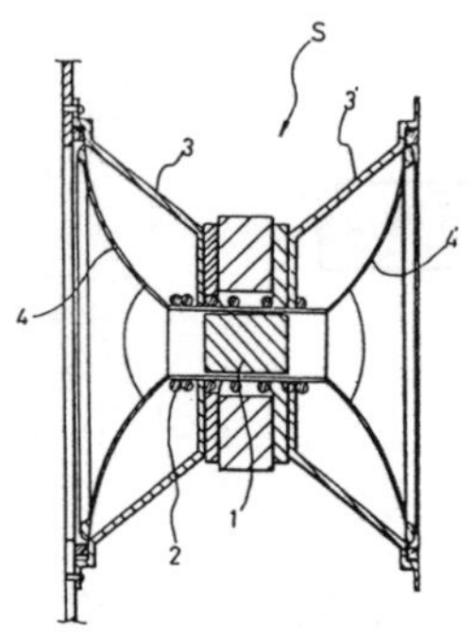

1. 보이스 코일   2. 요크   3. 제1프레임   3′. 제2프레임
4.4′. 진동판   5. 스피커

《정답》 4.4′. 진동판

응원용 딱딱이를 겸한 메가폰

아이디어 착상의 세계

　야구장, 축구장, 농구장 등에는 운동경기가 있는 날이면 가득 메운 관람객은 치어리더들의 율동에 맞춰 응원전을 벌인다. 응원전을 펼친 경우라면 경기의 승패에 따라 관중은 더욱 열광할 것이며 이럴 때 손에 쥐고 있는 다른 도구가 있다면 이것은 응원의 힘을 한데로 모아 줄 것이다.

　　그렇다면 응원전에 관련된 소품이나 도구들은 어떤 것이 있을까? 응원할 때 간단하면서도 변화를 줄 수 있는 소품은 어떨까?

　　우리 생활주변에서 힌트를 얻어 결합시켜 보는 것도 발명의 도전이고 새로운 발명의 시작이다. 각종 운동경기 현장에서 응원할 때 큰 소리를 낼 수 있는 딱딱이를 겸하는 메가폰은 어떨까?

　　구부와 가는 목부 및 원뿔형 나팔부로 구성된 2개의 반쪽 형태의 메가폰을 대칭으로 힌지로 유착하여 힌지의 핀을 지점으로 양측 폰의 나팔부가 상반되게 열리거나 닫힐 수 있게 하고 각 폰의 안쪽 벽과 목부 사이에 통공을 각각 만들고 구부에 절결부를 만들어, 폰의 구부에 입을 대고 소리를 내면 폰의 고유 확성 작용과 안쪽벽의 요입된 공간과 통공에서 공명작용으로 큰 소리가 멀리까지 울리고 본체를 서로 부딪치면 소리가 크게 멀리 울려 딱딱이와 메가폰으로 겸할 수 있다.

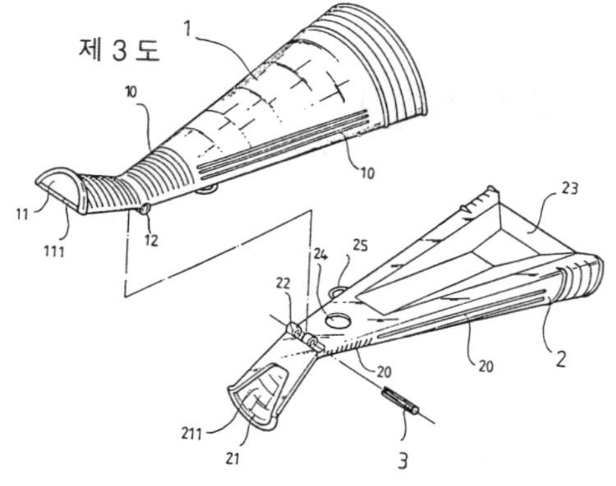

▶ 응원용 딱딱이를 겸한 메가폰 ◀

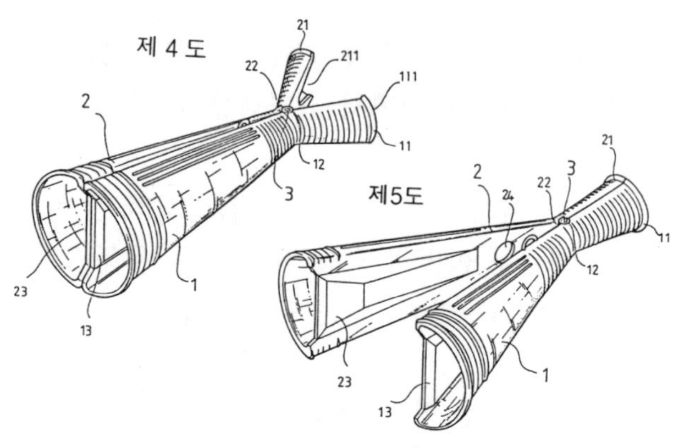

《정답》 3. 핀 13.23. 내측벽

음색을 달리 내는 북채

  기존의 북채는 연주시에 한 가지 음색만으로 연주가 되므로 듣는 사람에게는 단순한 소리의 연주가 되었으나 본 북채는 채를 1/3~1/2로 쪼갠 것으로 쪼개진 면과 나란히 치면 쪼개진 면끼리 서로 부딪치는 소리가 북소리와 함께 아울러 덩과 딱 소리가 나므로 이중의 특이한 연주소리를 낸다.

　　쪼개진 면과 나란하지 않게 연주하면 기존의 북소리만으로 연주할 수 있는 것으로 보통 연주시 기존의 소리와 딱딱거리는 이중의 소리를 번갈아 가면서 연주를 하면 보다 색다른 연주가 된다.

　　또한 손잡이의 위치에 에어 클렉슨을 부착하여 연주가가 손으로 치는 방향을 에어 클렉슨의 돌기로 추측하므로 눈으로 보지 않고도 연주할 수 있으며 연주 중 엄지나 검지손가락으로 에어 클렉슨을 눌러 거기서 나는 색다른 소리로 연구를 겸할 수 있어 연주의 시작이나 끝 또는 연주 중에 여러 신호음을 낼 수 있어 다채로운 북의 연주가 된다.

▶음색을 달리 내는 북채◀

제 1 도

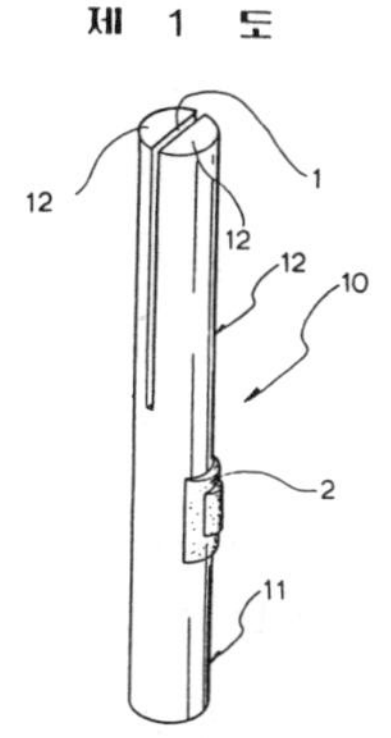

핵심을 찾아라

1. 쪼개진 홈　2. 에어 클렉슨　11. 손잡이부　12. 타격부
12a. 12b. 타격편

《정답》 1. 쪼개진 홈

건강이 최고

 ## 건강을 위한 발명가들의 노력

건강에 대한 인류의 바람은 지금 이 시간에도 수많은 의약품을 탄생시키고 있고 또한 각종 의학기구, 건강관련 기구와 각종 서적 등 그 수도 헤아릴 수 없을 정도로 다양하다.

그렇다면 인류가 인체에 대해 관심을 갖고 연구를 한 건 언제부터였을까?

벨기에에서 태어난 베잘리우스에 의해 본격적인 인체 연구가 시작되었다고 할 수 있다. 그는 18세 때에 파리로 유학을 갔다. 소년시절부터 개구리, 개 등의 해부에 취미를 가진 그였다.

당시의 일반적인 경향에 의하면 해부학자가 수술칼을 잡는다는 것은 상식에 벗어나는 일이어서 누구나 그런 일을 꺼려하는 사고방식이 있었다.

베잘리우스를 가르치던 시루비우스 교수도 마찬가지였다.

해부학을 전공하는 교수들은 자신이 직접 해부하는 것을 싫어했고 베잘리우스에게는 그것이 큰 불만이었다.

훌륭한 의사가 되겠다는 희망을 안고 파리에서 공부하고 있는 베잘리우스는 어떻게 해서든지 사람의 몸을 자세히 알고 싶었다.

이리하여 그는 묘지부근을 산보하기를 좋아했다. 당시 프랑스에선 묘를 깊게 파지 않았기 때문에 비나 바람이 세차게 불면 묘가 씻기어 그 속의 사람 뼈가 겉으로 드러나는 예가 많았다. 그래서 그는 묘를 파헤치지도 않고 죽은 사람의 뼈를 쉽게 얻을 수 있었으며 그는 계속해서 관찰을 했기 때문에 뼈에 관해서만은 교수들보다 더 많은 지식을 갖게 되었다.

베잘리우스는 인체 탐구에 대한 열망을 안은 채 언제나 인체해부를 떳떳이 할 수 있는 기회만을 엿보고 있었으며 전쟁 중에는 루벤에서 외과의사로서의 꿈을 잊지 않았다.

그 후 당시에 이탈리아의 대학에서는 인체해부가 허락되었음을 알고 베잘리우스는 이탈리아의 파도바 대학으로 자리를 옮겨 1537년 12월에 해부학 외과교수가 되었다.

그는 기존의 가레노스의 학설이 동물을 해부한 것을 인체에 적용시켰다는 것을 알게 되었고, 사람의 대퇴골은 개처럼 구부러져 있지 않고 간장도 가레노스의 학설이 틀리다는 것을 알게 되었다.

다음해 그는 『인체의 구조에 관하여』라는 책을 출판했다. 베잘리우스의 인체구조의 연구는 새로운 전환점을 이루었으며 르네상스시대 의학연구의 새로운 등불이 되었다.

그는 신체의 구조를 연구하는 해부학과 그 작용을 연구하는 생리학을 구분해서 생각하지 않았으나 해부학에 있어서 관

찰을 중요시한 그의 과학적 태도는 근대과학의 위대한 선구자
라 칭할 만한 것이었다.

그후 인류는 끊임없는 연구와 노력으로 수많은 업적을 이
룩해 냈다. 수술을 하지 않고도 인체의 내부를 볼 수 있는 작은
카메라 내시경에 이르기까지 인류의 건강에 대한 염원을 이루
기 위한 각종 연구는 지금도 계속되고 있다.

내시경이야말로 현대 의학 수준을 한 단계 높인 위대한 발
명품이다.

독일의 크스마울이 1869년에 만든 금속제 막대기 모양의
내시경이 바로 그것이다. 그러나 실제로는 많이 쓰이지 않았는
데 그것을 뱃속에 넣으면 환자들이 무척 고통스러워했기 때문
이다.

미국의 허쇼위츠는 가늘고 기다란 쇠막대를 보며 아이디어
를 떠올렸다. 그는 몇 가지 결점을 보완해서 연구한다면 완벽
한 의료기구가 되겠다는 확신에 차 있었다. 그러나 연구결과는
미비했고 그는 수많은 절망의 시간을 보내야만 했다.

그러던 그는 머리카락을 통해 힌트를 얻었다. 화상을 전할
수 있는 유리섬유를 사용하는 것까지 생각이 미친 그는 활발한
연구를 계속했다.

드디어 1958년 파이버스코프라 불리는 내시경을 완성하기
에 이른다. 이것이 지금 널리 쓰이는 내시경의 형태이다. 그것
은 직경 10~20 미크론의 유리섬유 10만 개 이상이 한데 묶인
것으로 이 섬유의 끝에 연결된 카메라를 통해 인체 내부의 상태
를 화상으로 전달할 수 있게 되어 있었다. 이것은 위 등의 소화
기관 뿐만 아니라 식도, 소장, 기관지, 방광까지도 관찰할 수
있도록 개발되었다.

　이 파이버스코프의 발명으로 현대의학은 조기발견, 예방의
학의 단계로 발전했고 좀더 정확한 진단이 가능해졌다. 이 밖
에도 발명의 힘은 여러 기구를 편리하게 해 준다. 그럼 어떤 것
이 있을까? 고안해 보자.
　병원에 가는 것을 좋아하는 사람은 없을 것이다. 특히, 주
사를 생각하면 어린이들은 몸이 오싹해지고 겁부터 낸다. 주사
를 맞으면 왜 그렇게 아플까? 주사기는 고무로 된 압축링이 중
심에 고정되어 있어 중심축의 이동으로 주사기 기능을 발휘하
도록 고안되어 왔다.
　그러나 주사기 바늘이 얼마나 살 속 깊이 들어가느냐에 따
라 사람들은 고통을 느끼게 된다. 아마 모두들 아프지 않은 주
사는 없을까 하고 한번쯤 생각해 보았을 것이다.
　모양을 바꾸어 기능이 향상된 주사기를 생각해 보자. 주사
기 바늘에 끼우는 치구에 따라 바늘이 들어가는 깊이를 달라지
게 해보면 어떨까?
　주사기를 밀었다 놓으면 스프링에 의해 얼른 자동으로 원
위치가 된다면 아픔이 좀더 작게 느껴질 것이다. 주사기에 온
도계를 부착하고 수액통으로 겸용할 수 있도록 만드는 것도 괜
찮은 방법일 것이다.
　주사기 바늘에 열을 주어 밀봉할 수는 없을까? 그 밖에도
구조와 기능 장치를 더욱 응용해 보는 것은 어떨까? 좀더 생각
을 발전시켜 보면 더욱 훌륭한 발명품들이 탄생할 것이다.

보 습 기

　　실내온도가 높다 보면 공기가 탁하다고 하여 밥그릇에 물을 떠놓고 잠을 자기도 했는데 이는 우리 조상들의 슬기로운 면을 보여주는 좋은 예이다.

　　병실에서는 환자를 위하여 가습기를 틀어 주어 수증기가 곱게 구름처럼 솟아나와 환자에게 적당한 습도를 조절해 준다. 자연이 준 산소, 물을 어떻게 이용, 응용하느냐에 따라 새로운 제품으로 탄생되어 인간에게 혜택을 주는 것이 수 없이 많다. 그 중에는 전기다리미와 물, 소금을 결합한 아이디어로 1석 3조의 효과를 주는 발명품도 있다. 물 속에 소금을 넣고 끓이면 가습기도 되고 옷을 다릴 때 물 뿌리는 기능이 되어 주는 것이다.

　　실내에서 온도에 따라 습도를 자동적으로 조절하는 보습기는 어떨까? 종래에는 단열시설이 완벽해서 실내온도는 따뜻하지만 상대적으로 건조하여 호흡기 질환에 시달리며 가습기 및 분수대를 사용해 왔다. 그러나 이런 기구들은 동력을 사용하는 비경제적인 기구이고 본 고안은 크기가 점점 커지는 용기를 다단으로 용기 고정대에 의해 일정 간격을 띠고 설치하며 용기의 외주면에 링을 설치하고 링에 수술을 달아 물에 잠기도록 구성시켜 실내온도에 따라 습도를 자동으로 조절한 것이다.

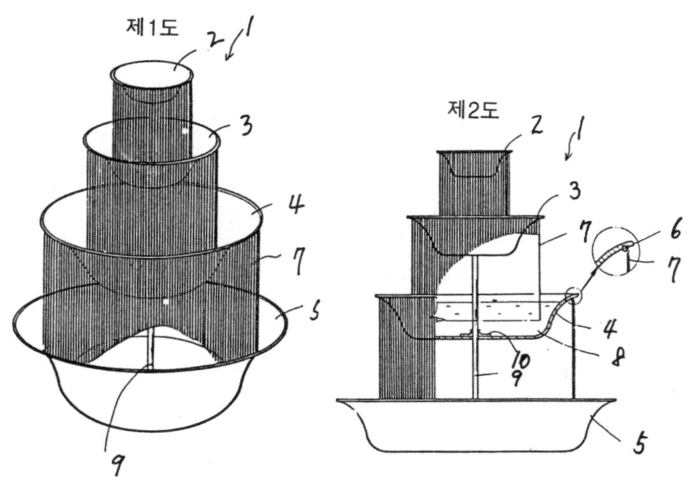

《정답》 7. 수술

 **치아닦개**

지금으로부터 약 400년 전 중세 폴란드의 어느 교장에서 있었던 일이다.

초승달과 초롱초롱한 별들이 아름다운 깊은 밤이었다. 멀리서부터 강기슭을 따라 누군가 오고 있는 불빛이 보였다. 덜컹거리는 소리로 보아 작은 마차인데 마차 위에는 두 사람의 그림자가 언뜻언뜻 보였는데 한 사람은 하인이었고 그 옆자리의 사람은 귀족출신의 중년사내였다.

"며칠째 그 언덕에서 꼼짝하지 않은 채 하늘만 바라본다지?"

중년사내가 이렇게 묻자 하인이 "글쎄 말입니다. 제가 몇 번이고 집으로 돌아가셔야 한다고 말씀드렸지만 주인님은 저 언덕에만 오르면 하늘에서 눈을 떼지 않습니다."

하인은 잠시 주위를 살피고 작은 목소리로 말을 계속했다.

"주인님께서 갑자기 물으셨어요. 너는 저 태양이 이 지구 주위를 돈다고 생각하니?"

저는 그 때 '주인님이 미쳤구나!'라고 생각했습니다. 그리고 다음과 같이 대답했습니다.

"해가 아침에 동쪽에서 떠서 저녁이면 서쪽으로 지는 걸 보지 않으셨습니까? 그러니 해가 지구 주위를 돈다는 것은 아이들도 다 아는 사실입니다."

그랬더니 주인님께서

"아니야, 그 반대야. 이 지구가 태양의 둘레를 도는 거야. 일년에 한 번씩"
이라고 말씀하셨습니다.

골똘히 하인의 말을 듣고 있던 중년의 사내는 근심에 어린 표정으로 생각에 잠겼다. 왜냐하면 종전의 하인 말이 사실이라면 그의 친구는 교회 성직자들에 의해 악마로 몰려 화형을 당할 것이 분명했기 때문이다. 그가 말하고 있는 지동설은 당시 교회가 내세우고 있는 천동설을 뒤엎는 엄청난 사건이었다.

얼마 후, 마차는 강기슭을 따라 생긴 늪지가 끊기고 주위가 온통 바위로 이루어진 넓은 터에 도착했다. 그들이 도착한 그곳에서 그의 친구는 여러 가지 기구를 가지고 별자리를 관측하고 있었다.

중년사내는 그에게 다가갔다.

"여보게!"

하고 말을 건네자 며칠째 수염을 깍지 않았는지 덥수룩한 얼굴의 사내가 그를 바라보았다.

"자네가 여기까지 웬일인가?"

조금 놀라운 표정으로 그는 중년사내의 손을 잡았다.

"당장 이런 일을 그만두게!"

중년사내는 그의 손을 뿌리치면서 단호하게 말했다.

"지금이 어느 때라고 그런 엉뚱한 말을 함부로 하는가! 그 말이 성직자에게 들어간다면……."

그의 말 속에는 친구를 걱정하는 마음이 우선이었다. 그러나 관측하던 사내는 그저 빙긋이 웃을 뿐이었다.

"그건 두렵지 않아. 내가 정말로 두려워하는 건 허황된 관습에 젖어 거짓을 진실인 양 가장하는 현실이라네. 하지만, 나는 거짓을 받아들일 수 없어. 나의 연구는 정확해. 분명 지구는 태양을 중심으로 돌고 있어. 저 별자리들과 달의 변화로 알 수 있어. 천동설은 지어낸 이야기야. 잘못된 관습은 끊어야 해. 누군가가. 그것이 곧 발전의 논리지."

그의 얼굴에는 자신감이 배어 있었다. 바로 이 사람은 그 유명한 코페르니쿠스이다. 당시 모든 사람들은 우주의 중심이 지구라고 믿었다. 하느님이 만물의 영장인 인간을 창조했다고 믿었던 중세인들은 당연히 우주는 지구를 중심으로 돌고 있다고 믿었다.

평생 천문학을 연구했던 코페르니쿠스의 연구결과는 후세에 이르러 사실로 증명되었고 인류에게 혁명과도 같은 커다란 영향을 끼쳤다.

　위의 예에서처럼 우리는 살아가면서 수많은 관습의 테두리 안에서 살고 있다. 개인에게는 물론이고 가정, 학교, 사회에 이르기까지 우리는 관습 속에서 살아간다. 그러나 인류가 걸어온 역사를 살펴보면 관습은 처음 생긴 그대로 머물러 있는 것이 아니라 수없이 깨지고 바뀌어 가고 있다는 사실을 알 수 있다.

　관습이 커다란 변화를 일으킬 때, 그 영향은 엄청나게 크고 우리는 이런 것을 '코페르니쿠스적 사고'라고 부른다.

　발명도 바로 이런 우리가 인식하지 못한 관습의 틀을 깨는 데서부터 출발한다.

아이디어 착상의 세계

　일상적인 관습의 틀을 깨고 발명된 좋은 발명품이 있다. 간편한 1회용 칫솔이다.

　칫솔이 없던 과거에는 소금을 치약 대신 손가락에 묻혀 이를 닦았다. 그러나 현대문명이 발달하면서 대부분의 사람들은 플라스틱 칫솔을 사용하고 있다. 그 종류와 질 또한 이전 것과는 비교도 안 될 정도로 발전되어 있다. 그러나 아무리 칫솔이 좋아졌다 하더라도 일일이 칫솔을 가지고 다니는 사람은 없을 것이다. 왜냐하면 가지고 다니기에 불편하기 때문이다.

　이런 불편을 없앤 것이 1회용 칫솔이다. 일회용 밴드칫솔은 1회용 밴드에 솔을 부착해 고완된 발명품이다. 그러면 이런 발명품을 이용해서 다른 발명품을 만들 수는 없을까?

　노인들에게도 편리한 칫솔은 어떨까?

　대개 노인들이라면 이가 많이 빠져 있는데 이 점을 보완한 칫솔은 없을까? 일반적으로 노인들은 노령으로 인해 치아가 빠져 그 수가 적다. 따라서 시중에 나와 있는 일반적인 칫솔로는 치아를 깨끗하게 닦는 데 어려움이 많다. 이로 인해 구취가 많이 나는 등 비위생적인 측면도 많다.

　치아닦개는 손가락에 끼울 수 있는 고무캡의 선단에 치아를 닦을 수 있는 솔 또는 꺼끌꺼끌한 소재로 된 세정관을 부착하여 치아가 몇 개 남지 않은 노인들이 깨끗하게 치아를 닦을 수 있도록 한 편리한 발명품이다.

▶ 치아닦개 ◀

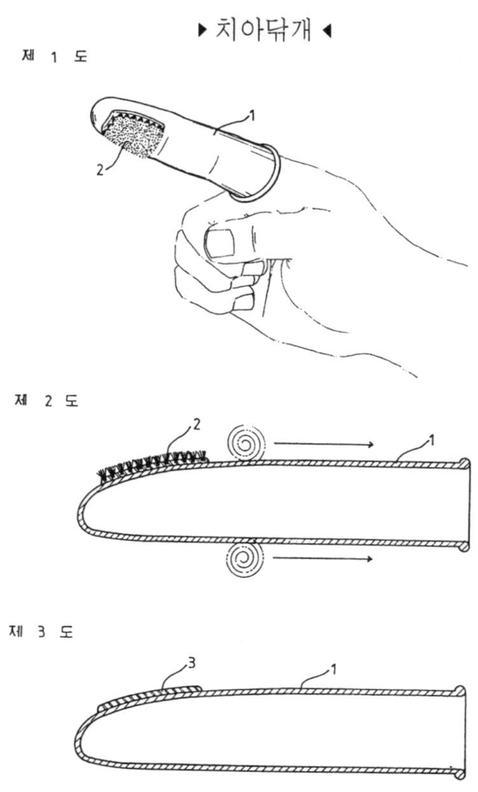

《정답》 2. 치솔

 관자놀이 지압구

건강에 대한 인간의 염원은 태고 이래 현재까지 인류의 공통과제이다. 병이나 상처를 고치는 데에 인간이 여러 가지의 것을 재료로 쓰기 시작한 것은 언제인지 알려져 있지 않다. 그만큼 오래 전의 일이다.

3000년 전 이집트에서는 50여 종류의 약용식물이 알려져 있었으며 의술이 일찍 발달한 바빌로니아에서는 250종이나 되는 약용식물이 쓰여졌다고 한다.

로마시대에는 의학이 매우 발달해서 큰 도시에는 의학을 가르치는 학교가 있었고 약용식물도 전문적인 관리가 재배했다고 한다.

중국에서도 그 무렵에는 많은 의약이 발달했다. 2세기 말 한나라 시대에는 『신농본초경』이란 책이 있었는데 당시 쓰이던 약에 관해 자세히 기록하고 있다. 1년의 365일과 같은 365종의 약, 상약, 중약, 하약 등이 기록되어 있다.

중국의 의약은 그 이후에도 계속 발전했다. 우리 나라에는 고조선 시대부터 중국의 의약이 전해져 약초로 즙을 내거나 말린 것을 빻아 가루로 하거나 불로 달이거나 해서 사용했다. 중국과 우리 나라에서 발달한 한방의학에서는 약용식물학을 중심으로 발달했다.

　18세기가 되자 유럽에서는 아편의 강한 마취작용이 학자들에게 알려졌고 모르핀이 발견되었다. 그 후 유럽의 의약은 눈부시게 발전했고 파스퇴르나 코흐 등이 전염병의 병원균을 잇달아 발견했다.

　1909년 에를리히는 매독을 치료하는 살바르산이란 약을 발명했고 제2차 세계대전 중에는 세균이 일으키는 병에 페니실린이 사용되기 시작했다. 전쟁 후, 항생물질에 대한 연구도 진보했고 결핵에 유효한 균이 발견되었다.

　그 후 이소니코틴산히드라지드, 파스 등 결핵의 화학요법제가 발견되어 현재는 세균이 일으키는 병의 대부분을 화학요법제나 항생물질로 치료할 수 있게 되었다. 또 잇달아 발견된 비타민이나 호르몬제도 약으로 커다란 효과를 올리고 있다.

　그렇다면 건강에 대한 인간의 관심은 어디까지인가? 물론 정답은 끝이 없다 일 것이다.

　요즘 신문의 광고를 보면 각종 건강기구에 대한 광고가 많은 것을 볼 수 있다. 건강과 장수를 염원하는 인간의 바람과 함께 이러한 관련사업 또한 비약적인 발전을 거듭해 왔다.

　이런 발명은 어떨까? 업무중이나 독서 중 어느 때나 상관없이 눈의 피곤을 풀어 주는 기구가 있다면 얼마나 편리할까?

아이디어 착상의 세계

　관자놀이의 피곤을 풀어 주기 위해 착안한 이 발명은 건강을 염원하는 인간의 바람을 실현시켜 주는 편리한 기구이다.

　　이 고안은 구부러진 탄성대 중앙 위에 손잡이로 조절하는 전원회로를 내장, 전원콘트롤 박스를 장착했다. 위의 탄성대 양쪽에 각각 설치하여 착용시 관자놀이에 닿는 본체 안에 영구 자석봉을 부착한 지압봉을 작동되게 장착시켰다.

　　게다가 지압봉 근처에 장착된 전자침과 함께 관자놀이를 자극하고 지압하도록 설계되어 있다. 또한 업무중일 때나 휴식 중일 때도 손대지 않고 편리하게 지압을 받을 수 있도록 고안한 관자놀이 지압구이다.

▶ 관자놀이 지압구 ◀

제 1 도

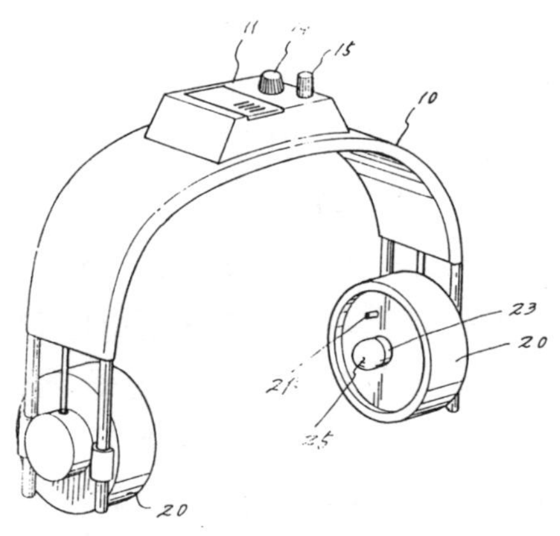

핵심을 찾아라

14,15. 손잡이　11. 전원 콘트롤 박스　13. 전원회로　10. 탄성대
20. 본체　21. 전자침　22. 여자코일　23. 지압봉　25. 영구자석
봉　26. 다이아램프　27. 모터　28. 캠

《정답》　11. 전원 콘트롤 박스　21. 전자침

치약 압착기

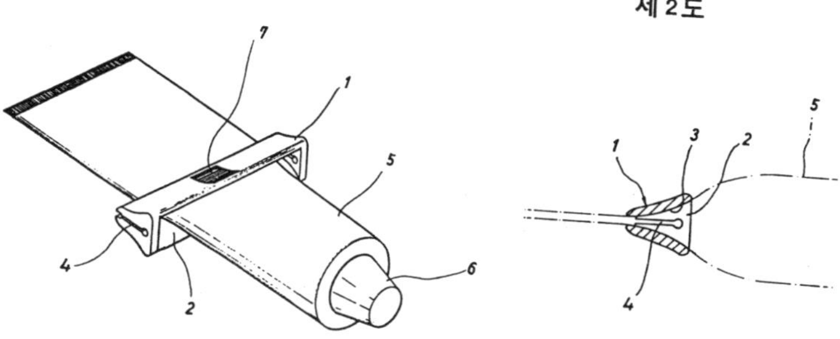

《명 칭》
1. 본체   2. 삽입구   3. 만곡면   4. 절개부   5. 치약튜브
6. 배출부   7. 손잡이

《정답》 1. 본체 4. 절개부

어둠과 밝음의 세계

 움직이는 조명

옛날에는 불꽃의 불빛이 그대로 조명에 쓰였는데 1799년에 이탈리아의 볼타가 전지를 발명하고부터 전류를 이용해서 불빛을 얻는 것을 연구하기 시작했다. 그러나 철사를 가열해서 불빛으로 바꾸는 현재의 백열전등이 나오기까지에는 100년이라는 시간이 걸렸다.

처음에 백열등을 발견한 사람은 영국의 데이비였다. 그는 1801년에 커다란 전지를 사용한 실험에서 백금에 전기를 통해서 높은 온도로 가열하면 백열광을 얻을 수 있는 것을 확인했다.

그 후 1879년 독일의 알테넥이 전자석을 이용해서 탄소봉의 거리를 자동적으로 변하지 않게 하는 장치를 발명하였으며 이후에도 개량이 계속되었다.

전류를 사용한 조명으로 처음에 쓰여진 것이 아크등이었으며 다음에 발명된 것이 백열 전등이었다. 보통 전등의 발명가라고 하면 에디슨을 연상하지만 그 원리는 오래 전부터 알려져 있었다.

이 원리는 공기를 뺀 유리관 속에 탄소봉이나 백금선을 밀봉해서 넣어 전류를 통하고 가열하여 그 불빛을 이용하는 것이었다.

1840년에 영국의 글러브가 이 원리에 따라 물 속에 컵을 세워 놓고 실험을 했다. 이 외에도 많은 연구가 있었으나 미국의 킹과 스타의 연구가 가장 우수했다.

이들은 두 종류의 백열전등을 연구했는데 백금 박지를 진공의 유리병에 넣은 것과 탄소봉을 진공의 유리관에 밀봉하는 것이었다.

그러나 당시의 백열전구는 실험에 성공했다 하더라도 실용화되지는 못했다. 에디슨은 그것을 실용화하려고 계속적으로 노력을 했다. 그 결과 값싼 재료이며 전류의 낭비가 적고 밝은 불빛을 내는 우수한 필라멘트가 필요함을 알았다.

마침내 1879년 10월 무명실의 탄소선을 필라멘트로 하여 백열 전등을 만드는 데 성공했다. 그리고 좀더 튼튼한 필라멘트에는 대나무가 가장 좋다는 것을 알아냈다.

1881년 에디슨은 파리에서 열린 전기 박람회에 대나무 필라멘트의 전구를 출품해서 대단한 호평을 받았다. 이 전등은 스위치를 틀기만 하면 불이 켜졌고 스위치를 끌 때까지 불빛은 계속 밝게 빛났다. 그는 가스등이나 아크등 대신에 모든 가정에 전류를 보내어 백열전등을 켜게 하려고 했다. 그러나 그렇게 하려면 먼저 발전소를 만들어야 했다. 또한 전류의 소켓이라든가 퓨즈 등을 새롭게 발명해야 했다.

　　에디슨은 이 많은 발명들을 혼자서 해냈다. 이것이 끝나자 그는 값싼 전구를 만드는 일에 착수했다. 그는 처음부터 손해를 각오하고 싼 값에 전구를 팔았다. 그 후에도 발명가들에 의해 전구가 개량되고 발달하여 전등시대가 오게 되었고 새로운 발명들이 잇달아 나타나게 되었다.

　　1908년 미국의 쿨리지는 탄소 필라멘트 대신에 텅스텐을 사용한 필라멘트를 발명했다. 1909년 랭뮤어가 전구 속을 진공으로 하지 않고 질소나 아르곤 등 텅스텐과 화합하지 않는 기체를 넣어 증발을 막는 전구를 발명했다. 또 불투명한 유리로 전구를 만들어서 눈부신 것을 막을 수 있게 되었다.

　　19세기 말 에디슨이 백열전등의 개량에 성공한 후부터 근래까지 전등은 거의 모든 조명에 쓰여 왔으나 많은 결점이 있었다. 이 전등은 전류를 열로 바꾸고 그 열을 다시 불빛으로 바꾼 것인데 열을 빛으로 바꿀 때 대부분의 열이 소실되고 만다.

　　1902년 미국의 휘트가 수은등을 발명했다. 이것은 유리관 속에 수은을 넣고 그 속에 아크를 튀기는 전등의 일종으로 자외선이 강하므로 백열 전등보다는 태양광선에 가깝다. 그것은 방 안에서 쓰면 눈이 나빠지지만 옥외의 조명용으론 밝아서 편리했다.

　　어떤 물질에 빛을 비추면 그 자체에서도 별도의 빛을 내는 형광물질이라는 것이 있는데 이 형광물질에서 나오는 빛의 파장은 그 물질에 외부에서 비춘 빛의 파장보다도 길다는 것이 1852년에 영국의 스토쿠에 의해 밝혀졌다.

　　자외선은 눈에 보이는 빛보다 파장이 짧아서 자외선을 형광물질에 비추면 그보다 파장이 짧은 빛이 나온다. 또 수은등의 안쪽에 형광물질을 발라 수은등의 자외선을 광선으로 바꾼다.

　이리하여 1938년 미국의 인맨이 실용적인 형광등을 발명했다. 이러한 오랜 과정을 거쳐 편리한 전등이 발명되었다. 그러면 오늘날은 어떤가? 눈을 피로하지 않게 해주는 전등, 전등이 부착된 드라이버 등의 각종 전등 관련 발명품이 다양하다.

　우리들이 책상에서 공부할 때 스탠드를 많이 사용한다. 전기도 절약할 수 있고 빛이 집중되어 스탠드는 인기 있는 제품이다. 따라서 스탠드는 기능과 디자인이 다양해졌으며 사용용도에 따라 실용적으로 개량된 제품도 많이 나오고 있다. 그러나 아직도 그것을 사용할 때 불편을 느끼는 부분이 많이 있다.

　몇 가지 개선할 수 있는 가능성을 찾아보자. 불빛의 밝기가 다양하게 조절이 된다면 더 실용적일 것이다. 대부분의 전자제품에 리모콘이 있듯이 스탠드에도 점등 리모콘이 있다면 더욱 편리할 것이다. 또 스탠드를 켜놓고 깜박 잠이 들 경우를 대비해 점등타이머를 고안, 결합하는 것도 좋을 것이다. 왜냐하면 메모리된 시간에 점등되므로 절전효과와 점등 걱정을 하지 않아도 된다. 나아가 이동식 백열 전구소켓을 만들면 도움이 될 것이다. 그리고 요즘 유행하는 터치식 점등 버튼을 한번 고안해 보자.

　스탠드 안에 타이머를 내장시키고 불빛을 조절할 수 있는 장치가 있다면 좋을 것이다. 스탠드에 라디오나 시계가 내장되어 있다면 어떨까? 회사에서도 불필요한 회의시간을 줄이기 위해 사용할 수도 있을 것이고 약속시간을 알려 주며 이른 아침의 기상에도 도움이 될 것이다.

　자, 그럼 위치 및 방향 조절이 편리한 조명 스탠드를 살펴보자.

생활 속에 조명이 없다면 불편한 점은 한두 가지가 아닐 것이다. 바야흐로 선거철이 다가오면 투표장에 만일의 정전사고를 방지하기 위해 발전기를 준비하는 것을 볼 수 있다. 또한 병원의 수술실에서 응급수술을 하고 있는데 갑작스런 정전으로 수술을 못하게 된다면 커다란 낭패일 것이다.

이렇게 목숨을 좌우할 수 있을 정도로 중요한 역할을 하고 있다. 이런 기능을 제대로 유지하기 위해 정전을 대비할 수 있는 램프가 발명된다면 사회에 커다란 힘이 될 것이다.

정전램프는 전기가 배터리를 충전시켜 주고 있다가 정전이 되면 배터리의 전원으로 램프가 켜지도록 고안된 것이다. 고층건물이나 지하에서 어두워 비상구를 못 찾을 때에도 정전램프를 비상구나 계단에 설치하면 출구 찾기가 쉽다. 또한 조명을 편리하게 다룰 수 있게 고안된다면 그것도 우리의 문화를 편리하게 만드는 데 일익을 담당할 것이다.

예를 들어 기존의 고정식 스탠드에서 자유자재의 움직임이 가능한 스탠드를 고안한다면 어떨까? 위치 및 방향 조절이 가능한 조명 스탠드로 베이스 프레임의 하부에 다수개의 이동바퀴가 장착됨과 더불어 상부에는 ㄷ 자형의 제1 지지프레임이 수직으로 부착되고 이 지지프레임에는 길이 방향으로 안내 삽입구멍이 연장되게 형성되어 조명장치부를 지지하는 제2 지지프레임이 조절 가능하게 끼워져 조절나사로 고정되며 이 제2 지지 프레임의 상부 프레임에는 지지바가 삽탈가능하게 끼워져 조절나사로 고정되는 한편, 상기 지지바의 한쪽 끝 부위에는

조명장치부가 고정나사를 매개로 회동가능하게 체결된 구조로
되어 대형 조명장치를 사용할 수 있으면서 조명장치의 이동과
방향조절이 용이하게 되어 있다.

▶ 방향조절이 가능한 조명스탠드 ◀

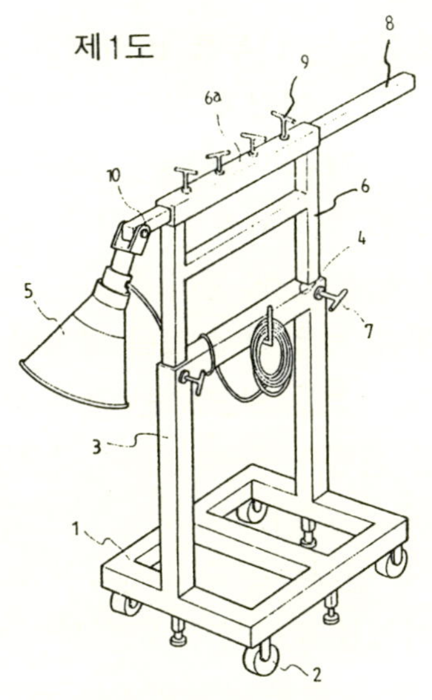

1. 베이스 프레임   2. 이동바퀴   3. 지지프레임   4. 삽입구멍
5. 조명장치부   6. 제2 지지프레임   7. 조절나사   8. 지지바
9. 조절나사   10. 고정나사

《정답》 8. 지지바 9. 조절나사 10. 고정나사

야간 보호용 안전벨트

어두움을 밝히는 발명에는 어떤 것이 있을까? 곰곰이 생각해 보자.

과거 우리의 조상들은 나무를 비비거나 문질러서 불을 일으켰다. 태고적 사람들은 이렇게 불을 일으켰지만 시간이 많이 걸리고 힘이 들었다. 그래서 사람들은 막대에 실을 감아 그것을 세게 당겨서 막대를 회전시켜 마찰력을 이용하는 방법을 생각해 냈다. 새로운 발명을 한 셈이다.

그 후 마른 나무에 돌을 써서 불을 일으키는 방법도 발명되었다. 18세기경까지는 불을 일으키는 데에 부싯돌과 부싯깃을 쓰는 외에는 별다른 방법이 없었고 화학적으로 불을 일으키게 된 것은 19세기 초의 일이다.

1805년 프랑스의 샹세르는 염소산칼리와 유황을 혼합, 널판지에 불을 붙여 이것을 황산에 적시면 불이 붙는다는 것을 발견했다. 그러나 이것은 매우 위험했고 그래서 안전한 방법이 연구되었는데 그것은 바로 인이다.

1832년 영국의 워커가 나무토막 끝에 유황과 황인을 아교로 바른 것을 붙여서 황인 성냥을 만들었다. 그러나 황인은 불타기 쉬운 단점이 있어서 큰불이 나곤 했었다.

그 후 1845년 오스트리아의 시로테가 독이 없는 인을 발견했고 1855년 스웨덴의 룬도스트롬이 적인을 사용하여 현재의 성냥을 발명했다.

이렇듯 어디서나 간편하게 쓰이고 있는 현재의 성냥은 오랜 발명역사를 지니고 있다. 인류가 탄생된 이래 인간들은 이와 같이 자연을 극복하기 위해 끊임없이 노력해 왔다.

아이디어 착상의 세계

우리 주변을 살펴보자. 어두운 새벽을 밝히는 것들은 무엇이 있는가? 우리는 가끔 신문기사에서 환경미화원들이 새벽거리에서 사고를 당했다는 우울한 소식을 접한다. 그들은 어두운 새벽길에서 우리의 깨끗한 환경을 위해 가장 먼저 어둠을 뚫고 일하는 일꾼들이다.

새벽 도로를 살펴보면 많지 않은 차량들로 인해 차들은 과속을 하게 마련이다. 운전자들은 과속을 하다보면 어두운 길에서 청소하는 미화원들은 발견하지 못하고 사고를 내기도 하는데 이를 해결하는 것도 발명에 속한다.

이것은 인간의 존엄성을 보호하는 차원에서 **훌륭한** 발명품이 된다. 환경 미화원들이 착용할 눈에 잘 띄는 안전벨트를 발명한다면 쉽게 문제점을 해결할 수 있다. 안전벨트 어깨 끈의 회로장치에 건전지 연결단자를 접속시켜 램프에 불빛이 켜지게 한다. 차량의 헤드라이트 불빛을 받지 않고도 벨트 자체에서 불빛이 나와 차량의 운전자에게 사람의 위치를 알려준다.

핵심을 찾아라

1. 빛 반사시트   2. 엘램프   3. 회로장치 부   3a. 장치수용백
3b. 회로장치   3c. 전원공급부   11. 허리띠   12a. 12b. 어깨끈
13a. 13b. 매직테이프

《정답》 3b. 회로장치

점멸등이 부착된 측량용 스태프

길이를 재는 데에 몸의 일부를 쓰는 일은 누구나 생각할 수

있는 일이다. '자'라는 뜻의 한자인 척은 사람이 팔을 펼친 꼴, 또는 손의 엄지손가락과 집게손가락을 펴고 있는 모양이다.

중국에서는 기원전 7세기인 주나라 때 황종이라는 피리의 길이를 기준으로 척이라는 자의 단위를 정해 사용했었다. 우리나라는 삼국시대에 당나라로부터 전해진 척관법을 사용했으며 20세기에 와서야 미터법을 사용했다.

14세기경 유럽은 상업이 발달함에 따라 상인들이 어느 나라나 똑같은 자를 쓰게 해달라고 여러 번 요청했으나 나라나 도시의 영주들은 그것에 반대했다. 어느 한 나라의 자가 전 유럽에서 사용하게 된다면 그 나라에 지배될 것 같다고 생각했기 때문이다.

1789년 프랑스의 대혁명이 일어나 왕정이 무너지고 혁명정부가 들어서자 의회의원 탈레랑은 1790년에 길이와 양의 단위를 만들어 새로운 계량법을 제정할 것을 제안했다.

그 후 여러 학자들에 의해 계량법 연구가 진행되었고 화학자 라부아지에에 의해 자오선의 길이가 측정되었으며, 4000만분의 1의 길이가 1미터로 정해졌다. 또한, 그가 측정한 물의 양을 기준으로 1킬로그램이라는 양의 단위도 정해졌다.

미터와 킬로그램의 원기를 백금으로 만들고 프랑스는 미터법의 사용을 법률로써 정했다. 다른 나라도 미터법을 인정, 1870년과 1872년에 각국의 대표가 파리에 모여 회의, 1875년에 미터조약이 맺어졌다. 이리하여 미터법이 전세계에서 쓰여지게 되었다.

아이디어 착상의 세계

자는 우리 생활에 없어서는 안 될 필수품인데 자의 종류 또한 수없이 많다. 줄자, 평자, 스태프 등 종류가 다양한데 사용하면서 불편한 점은 없는지 관찰해 보자.

측량 작업에 사용되는 스태프는 야간 작업을 할 때는 눈금이 보이지 않아 불편하다. 이 점에서 착안, 새로운 발명을 해 보자.

측량작업시 반드시 필요한 스태프는 공사를 하다 보면 야간 작업도 하게 되는데 그럴 경우 눈금이 보이지 않아 불편하다. 뭔가 방법이 없을까? 야간 작업시 식별기능을 높이기 위해 어떤 아이디어가 있을까? 전등을 부착하는 것은 어떨까?

여기에서 착안, 발명된 점멸등이 부착된 측량용 스태프는 눈금판의 좌우 측면에 자석을 고정, 점멸등을 부착함으로써 야간작업에 도움을 주는 편리한 도구이다.

▶점멸등이 부착된 측량용 스태프◀

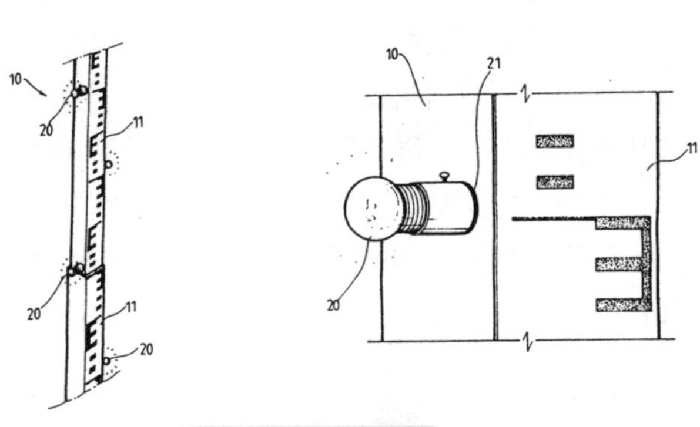

<table>
<tr><td colspan="4">핵심을 찾아라</td></tr>
<tr><td>10. 스태프</td><td>11. 눈금판</td><td>20. 점멸등</td><td>21. 좌 우측면 좌석</td></tr>
</table>

《정답》 20. 점멸등

건물의 부등침하 및 기울기를 측정하는 장치

▶ 건물의 부등침하 및 기울기를 측정하는 장치 ◀

제 1 도

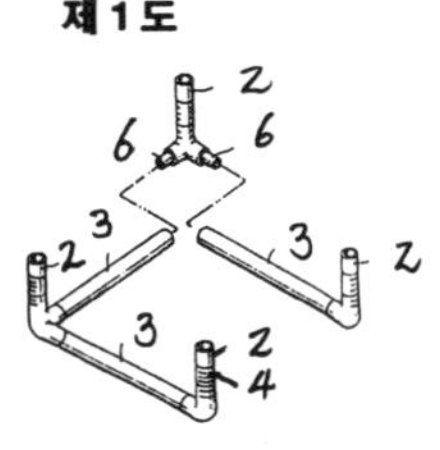

제 2 도

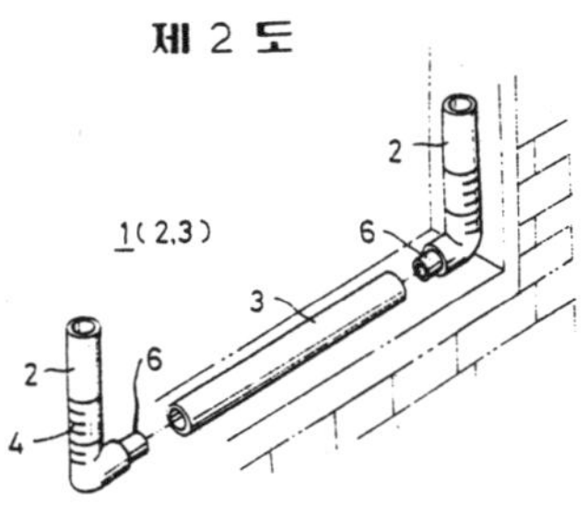

제 3 도

제 4 도

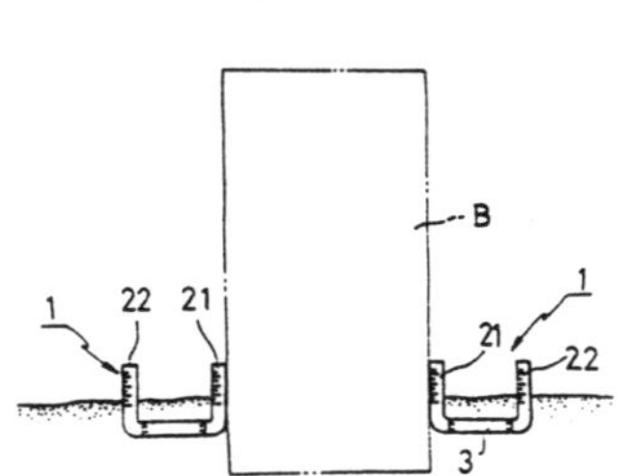

핵심을 찾아라

1. 측정장치   2. 관측관   3. 접속관   4. 눈금   5. 액체
6. 접속부

거   울

　기원전 3000년경에는 이집트나 서아시아에서는 구리와 주석을 섞은 청동이 많이 쓰였다. 이집트인들은 청동을 닦아 광을 내서 이것을 거울로 사용했다. 이 거울은 차차 전세계에 전해져서 그 때까지 수면을 이용하던 여러 나라 사람들은 그것을 흉내내어 만들기 시작했다.

　기원전 3~5세기경에 중국에서는 이미 청동거울을 만들기 시작했다. 중국의 청동제조기술은 다른 나라보다 뛰어났으며 주석을 많이 섞은 특별한 청동거울을 만들었다. 우리 나라에서는 기원전 3~4세기에 중국에서 청동거울이 전해져서 거울을 만들게 되었다.

　유럽에서는 이집트에서 발명된 거울을 만드는 기술이 그리스와 로마에 전해졌는데 특히 로마시대에는 폼페이 시의 유적에서 발굴된 것에 의해 청동거울 외에 은이나 철로 만든 여러 가지 거울이 있었다는 것을 알게 되었다.

　13세기가 되자 이탈리아의 베네치아에서는 유리공업이 발달하여 유리가 일반에 널리 퍼졌으며 15세기에는 유리에 도금을 한 거울이 베네치아에서 발명되었다. 그 거울은 전 유럽에 퍼졌으나 그 기술을 비밀로 하고 있었다.

　그 후 프랑스가 그 기술을 입수해 17세기경에 유리거울을 대량 생산하게 되었다. 그 무렵은 유리 면에 주석을 도금했으나 19세기 이후 은을 도금하는 방법도 발명되어 거울이 개량되었다.

이처럼 계속된 거울의 발전은 무엇을 의미할까? 아름다움을 추구하려는 인간의 본능 때문은 아닐까? 그렇다면 인간은 언제부터 화장을 했을까?

4000년 이상 과거, 이집트의 여자들은 머리털에 진흙을 발라 굳혀서 모양을 다듬거나 볼에 연지를 바르거나 해서 화장을 했다고 한다. 그러나 2000년 전의 그리스에서 여자는 화장을 하지 않은 자연 그대로가 더 아름다운 것으로 취급되었고 동양에서도 옛날부터 살결이 흰 사람을 아름답다고 했다.

중국에서는 기원전 9세기경부터 납을 구워 연백이라는 흰 가루를 만들었는데 이것이 분의 시초이다. 또 2000년 전의 낙랑고분에서 발굴된 화장통에 분과 연지가 들어 있는 것으로 보아 꽤 오래 전부터 화장을 했던 것으로 추측된다.

우리 나라 여자들이 멋을 부리기 시작한 것은 17세라고 하는데 16세 말에 중국에서 분을 만드는 법이 전해졌다. 그것에는 여러 가지 향료가 섞여 있었으나 주성분은 연백이었으므로 당시 납중독으로 사람들이 죽었다고 한다.

이와 같이 과거의 화장품은 해로운 것이 많았으며 피부의 영양 같은 것은 중요하게 여기지 않았다.

20세기가 된 후에 서양의 화장법과 각종 화장품이 수입되는 동시에 과학적인 연구도 진전되었다. 해로운 연백을 사용하지 않게 되었으며 유액이나 크림도 시판하게 되었다.

현재는 피부의 보건 위생을 위해 화장품은 남녀 누구에게나 없어서는 안 되는 필수품이 되었다. 그렇다면 화장법과 함께 거울은 얼마나 많은 발달을 했을까? 또한, 까다로운 소비자들은 어떤 거울의 탄생을 기다리는 것일까?

　　청동거울에서 은이나 철로 만든 거울을 거쳐 유리거울의 탄생에 이르렀다. 이제 유리거울은 언제 어디서나 쉽게 찾아볼 수 있는 생활 필수품의 하나가 되어 있다.

　　유리의 탄생에서 거울의 역사는 멈춰야만 하는 걸까? 더 이상 불편함과 개선의 필요성은 없는가? 문제점을 찾아 좀더 편리하게 만든다면, 더구나 생활 필수품이라는 의미에서 접근한다면, 그 발명은 엄청난 변화를 일으킬 수 있을 것이다.

　　길이 및 높이 등을 임의로 조절하고 거울의 각도를 임의로 조절함으로써 거울을 벽체에 고정시킨 상태에서 사용자가 거울의 위치를 임의로 조절하여 사용할 수 있는 편리한 거울이다.

　　확대거울을 가진 틀체에 각도 조절용 회동구와 원통구 및 연결구를 설치하여 이에 엑스자형으로 설치되는 조절판을 설치하여 이의 일단을 고정틀체의 연결구에 연결 설치하여 구성되었다.

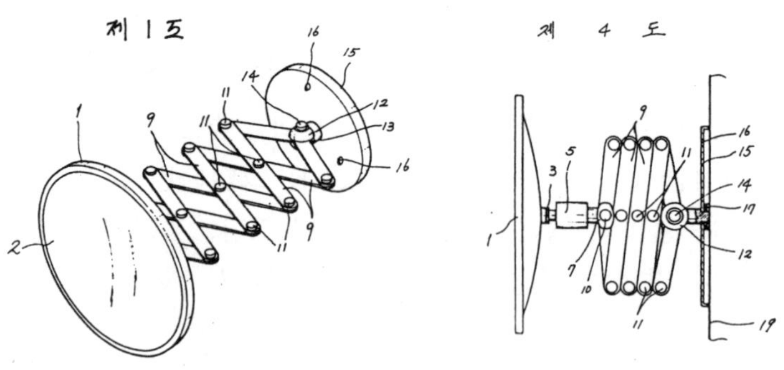

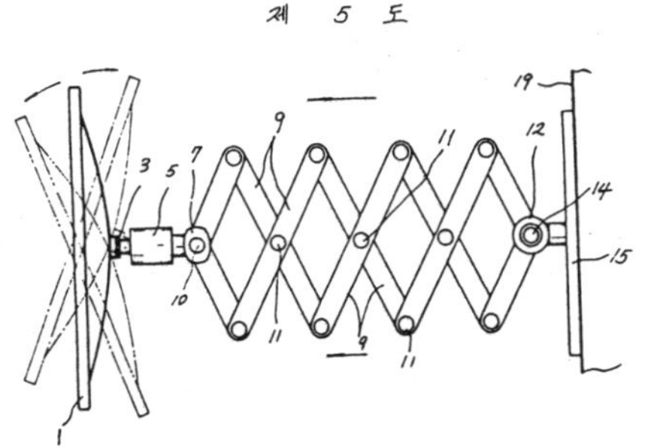

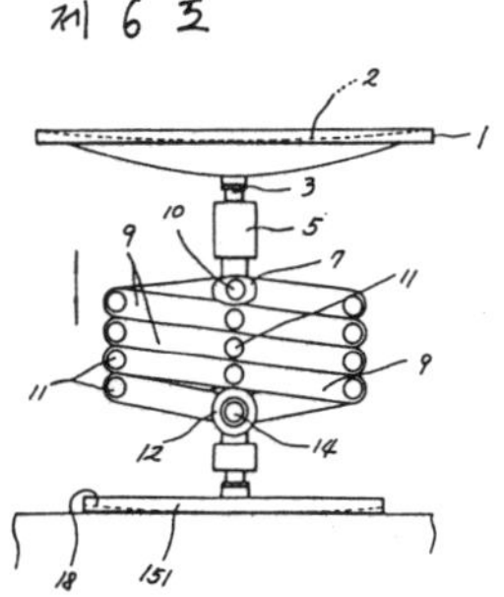

핵심을 찾아라

1. 틀체   2. 확대거울   3. 회동구   5. 원통구   7. 연결구
9. 조절편   12. 연결구   15 고정틀체

《정답》 9. 조절편

전자레인지의 주변

 ## 전자레인지 양방향 개폐장치

가전제품의 필수품인 냉장고는 누가 발명했을까? 여러 주장이 있으나 최초로 특허를 받은 사람은 '야콥 파킨스'이다. 그의 냉장고 원리는 '공기압축사이클'을 중심으로 설명되어 있다.

"이 사이클은 휘발성 액체의 증발에 의해 냉각이 이루어지고 동시에 그 휘발성 액체를 항상 응축하며, 손실 없이 되풀이되고 그것을 운전에 사용한다."

그러나 그의 특허와 원리는 상품으로 생산되지는 못했다. 그가 너무 늙어 활동할 수 없었기 때문이다. 그후 냉장고를 최초로 상품화하는 데 결정적인 기여를 한 사람은 스코틀랜드인인 제임스 해리슨이다. 평범한 인쇄공으로 일하고 있던 그는 그저 에테르란 성분의 냉각효과를 다른 용도로 쓸 것을 궁리하고 있었다.

그는 인쇄 활자의 세척에 사용되는 에테르를 사용하면서 늘 생각해 왔었다. 그리고 그는 놀라운 지혜와 노력으로 냉장고를 설계했고 1862년 특허로 등록되고 생산이 시작되었다.

　　이런 과정을 거쳐 우리 주방 어디서나 볼 수 있는 필수품인 냉장고가 발명되었다. 그렇다면 주방의 필수품인 가전제품에는 또 무엇이 있을까?

　　차가운 음식을 따뜻하게 조리해서 음식의 맛을 살리는 전자레인지는 현재는 직접 요리까지 할 수 있는 만능 전자제품으로 개발, 시판되고 있다. 이제, 도시고 농촌이고 어디서나 볼 수 있는 필수품인 전자레인지.

　　그러면 여기서 문제제기를 해 보자. 전자레인지의 문제점은 없는가? 사용하면서 불편한 점은 없었는가? 전자레인지의 조리실은 개폐하는 문이 설치되어 있어 문을 열도록 고안되어 있다. 여기에서 문제점을 지적해 보자.

　　많은 사람들이 이용하는 영업장에서의 이용은 어떤가? 불편한 점은 발견되는가? 편의점에 가보면 햄버거, 우동, 오뎅, 핫바 등의 음식들은 전자레인지에 데워 파는 것을 볼 수 있다.

　　직원이 음식물을 전자레인지에 데운 후, 이를 기다리는 소비자에게 일일이 건네주어야 하는데 이런 불편을 없앨 아이디어는 없을까?

　　전자레인지 조리실의 문을 전자레인지의 양쪽 옆면에 각각 설치하여 양방향에서 문을 열 수 있도록 하면 문제는 쉽게 해결된다.

　　이런 경우 음식을 넣어 조리한 사람과 또 음식을 꺼내는 두 사람 모두 편리하고 간편하게 전자레인지를 사용할 수 있다.
이는 또한 안전성을 향상시킨 고안이기도 하다.

▶ 양방향 도어 ◀

제2도

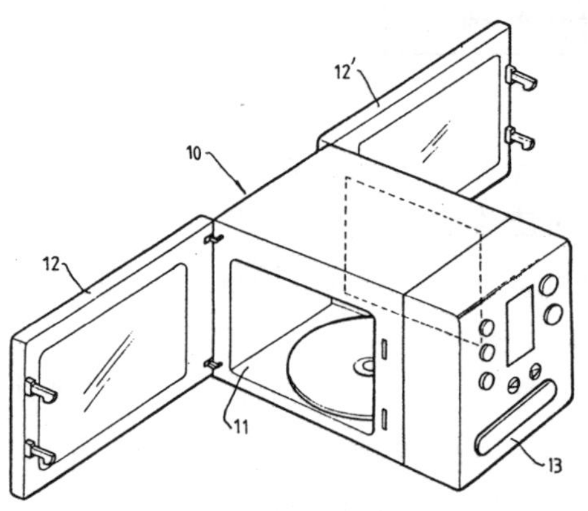

핵심을 찾아라

전자레인지 각각의 명칭은 다음과 같다. 정답은 무엇일까?
10. 전자레인지   11. 조리실   12. 문(도어)   13″ 조작 패널
12′12 : 양방향 도어

《정답》 12′12. 양방향 도어

 ## 전자레인지 도어의 잠금장치

아이디어란 자연의 이치와 사물에 대해서 관심을 갖고 그

것을 관찰하여 일의 실마리가 될 만한 새로운 생각을 해내는 것을 의미한다.

아이디어의 뜻은 여러 가지인데 첫째로 새로움을 낳게 하는 마음, 둘째로 창출하는 마음, 셋째로 힌트와 발상의 재치, 넷째로 기획하는 힘이나 호기심과도 통하는 의미이다.

이런 여러 가지 뜻을 종합해 보면 아이디어란 "새로운 고안"이란 해석이 가장 적합할 것 같다.

그렇다면 발명이란 무엇일까? 발명이란 일반적으로 이전에 없었던 것을 처음으로 생각해 내거나 제조해 내는 것을 말한다. 따라서 머리에 떠오르는 새로운 생각의 발상인 아이디어를 구체적으로 형상화시키면 바로 발명이 되는데 이러한 아이디어야말로 발명의 씨앗이라고 할 수 있다.

특허제도에서는 발명을 "자연법칙을 이용한 기술적 사상의 창작으로 고도화한 것"이라고 규정하고 있다. 자연법칙이란 뉴턴의 만류인력을 예로 들 수 있고 기술적 사상이란 인정한 목적을 달성하기 위한 수단으로 기술적인 문제점을 해결해 주는 효과가 있어야 한다. 이는 실제 산업에 응용되는 것으로서 추상적인 아이디어나 새로운 기술을 말한다.

창작이란 새로 만들어 내는 것을 뜻하고 고도성이란 발명에 해당되는 분야에서 기술수준이 높은 것을 의미한다. 이와 같이 발명은 아이디어에서 시작된다. 이러한 아이디어의 놀라운 힘은 안전핀을 발명한 한트, 여성의 치마에서 나온 콜라병 등 수많은 발명품을 탄생시켰다.

우리 생활주변에는 어떤 발명아이디어가 숨어 있을까?

언젠가 영화의 한 장면에서 전자레인지 안의 열이 밖으로 새어 나와 그 앞에 서 있던 주부가 부상을 당하는 장면을 본 적이 있다. 이는 단순히 열이 밖으로 차단되는 것을 막는 의미를 떠나 전자파의 각종 피해에 대해서 관심이 집중되고 있는 현재의 시점을 보면 분명 여기에도 발명아이디어는 숨어 있다고 할 수 있다.

전자레인지는 도어를 본체에 잠그게 되어 있어서 도어의 나머지 부분은 본체와 견고하게 밀착되지 않는 부분이 있다. 따라서 전자파의 누설이 염려되는데 이러한 문제점을 해결하는 것도 새로운 발명이다.

도어의 안쪽면과 조리실의 앞면 판넬에 자석을 설치하면 이 문제는 쉽게 해결된다. 이 부두재가 자석의 상호 자력에 의해 균일한 힘으로 접합면에 맞물리게 되어 도어를 잠글 때, 고주파가 새는 것을 막을 수 있다. 또한 여닫을 때 소음도 줄여 줄 수 있는 새로운 아이디어이다.

이렇듯 작은 아이디어도 발명으로 연결된다.

▶ 전자레인지 도어의 잠금장치 ◀

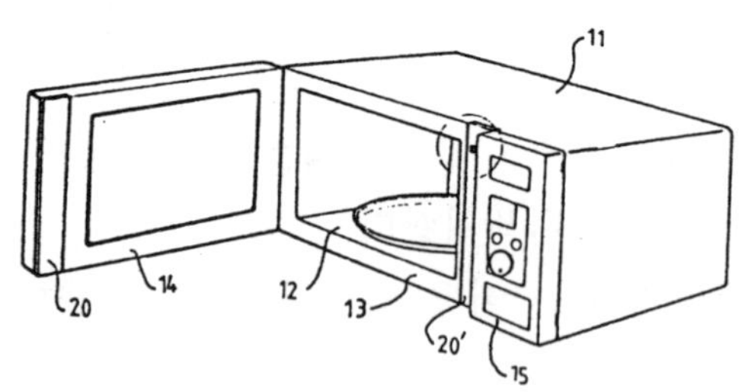

핵심을 찾아라

전자레인지의 도어 잠금 장치는 무엇으로 결합되어 있을까?
11. 케이스 윗부분   12. 조리실   13. 본체판넬   14. 도어축
판넬   15. 버튼도어   20. 자석

《정답》 20. 자석

곤충채집망의 결합장치

▶ 곤충채집망의 결합장치 ◀

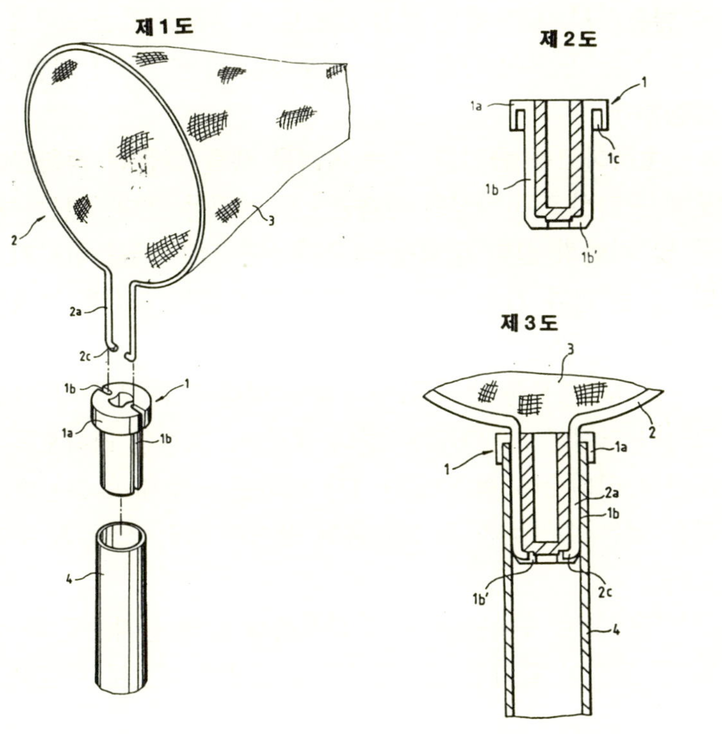

《정답》 1a. 단턱부 2c. 걸림편

 스크루 드라이버

십자나사못과 드라이버는 조그만 전파상에서 기술자로 일 하던 필립이라는 미국인이 발명했다. 그는 기술자로 일하면서 늘 불편하게 여겨 왔던 점을 스스로 개선하려고 노력했고 결국 그의 작은 노력이 그를 일약 세계적인 발명가이자 기업인으로 성장하게 했다.

초등학교를 졸업한 그는 어려운 생활 때문에 중학교를 중 도에 포기하고 전파상의 견습공으로 취직을 했다. 그는 하루에 도 몇 차례씩 심한 질책을 받으면서도 그의 꿈을 버리지 않았 다. 그는 일류 기술자가 되어 자신이 직접 전파상을 경영해 보 는 소박한 꿈을 키워 나갔다.

그 후 성실한 견습공의 역할을 다한 그는 직공이 되었다. 그러나 그에겐 고민거리가 하나 생겼다. 고장난 라디오를 수리 하면서 라디오에 박혀 있는 1자 나사못을 빼내야 하는데 어느 것은 잦은 수리로 인해 1자 홈이 망가져 버려 결국 뺄 수가 없 었다.

그의 머릿속에는 온통 그 나사못에 대한 생각으로 꽉 차 있 었다. 드디어 필립은 망가진 1자 나사못에 가로로 새로운 홈을 팠다. 물론 새로 판 홈 덕에 나사못을 쉽게 뺄 수 있었다. 성공이었다. 새로 홈을 판 나사못을 드라이버로 돌려 박던 그는 기발한 아이디어를 떠올렸다.

1자 나사못에 또 하나의 홈을 파 +자 홈으로 고쳐 가면서 라디오를 수리했다. 드라이버 역시 새로 +자 드라이버로 만들었다. 그의 발명은 그야말로 대성공이었다. 필립의 이러한 발명 이후 도구의 발명 세계에도 많은 발전을 거듭해 왔다.

그렇다고 도구의 발명이 모두 끝난 것은 물론 아니다. 더 편리하고 더 작고 더 견고한 도구의 발명을 지금도 계속되고 있다.

그렇다면 더 간편하고 손쉬운 드라이버는 없을까?

아이디어 착상의 세계

손잡이 부재와 이것에 결합되는 드라이버 몸체로 구성된 간편한 스크루 드라이버이다. 이것은 손잡이 길이방향에 따라 깊이로 파여진 제 1 결합홈과 손잡이를 부재의 폭방향에 따라 제 1 결합홈과 연결하여 통하게 파여진 제 2 결합홈과 제 1 결합홈의 내부를 통해 삽입되도록 구비된 스프링으로 구성되어 있다.

이 도구는 보다 간편하면서도 손쉽게 스크루를 분해 조립할 수 있도록 한 편리한 도구이다.

제 1 도

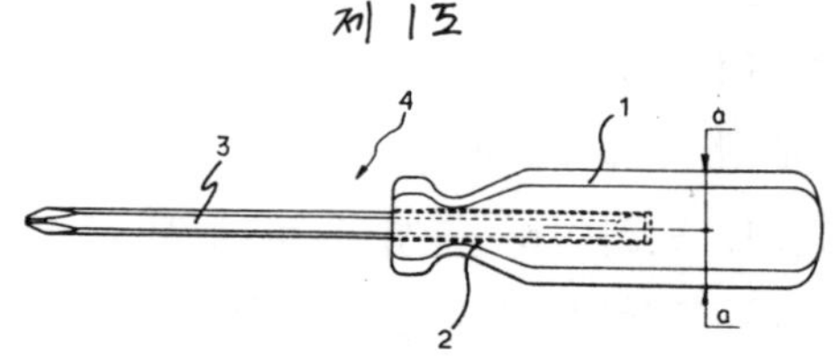

제 2 도

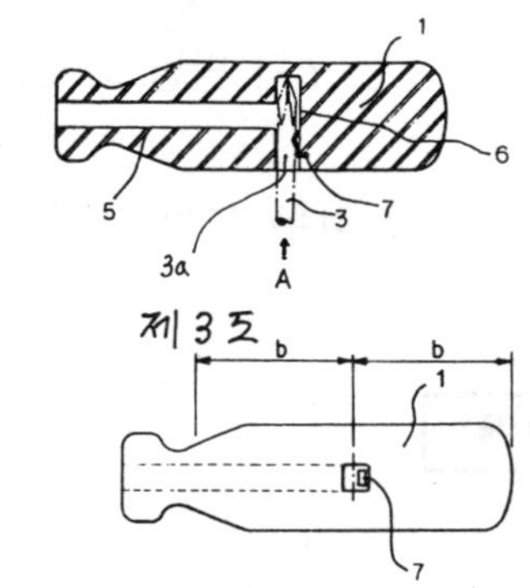

제 3 도

핵심을 찾아라

1. 손잡이 부재   3. 드라이버 몸체   3a. 삽입구   4. 스크루 드라이버   5. 결합홈(제1)   6. 제2결합홈   7. 스프링

《정답》 3a. 삽입구 7. 스프링

안경은 제2의 눈

다양한 발명품 안경

　이 지구상에 언제부터 안경을 사용했는지 정확한 자료는 없다. 안경이 렌즈를 중심으로 만들어졌기 때문에 렌즈의 발생과 안경의 발생시기를 동일하게 추정하는 연구결과가 발표되었는데 그 대표적인 예가 1885년 쿠밍이 쓴 논문과 1885년에 발표된 호너의 논문이다.

　이들은 안경이 이미 기원전부터 중국에서 사용됐다고 밝혔다. 또한 라우퍼도 1907년 발표한 논문에서 중국인들이 안경을 발명했다고 주장했다. 중국대륙에서 구전되는 설화 가운데는 몽고지방에서 모래바람을 막기 위한 도구로 안경을 오랫동안 사용했다는 내용이 있다.

　이 밖에도 안경이 중국에서 처음 만들어졌다는 주장을 가능케 하는 근거는 많다. 예컨대 아주 오랜 옛날부터 발달된 중국의 광학을 들 수 있다.

전국시대 묵가가 거울과 빛을 이용해 빛의 반사와 굴절 현상을 연구했다는 사실은 잘 알려져 있다. 묵가 이후에는 광학보다 유리의 연구가 성행했으나 940년경 담초라는 인물에 의해 광학이 다시 연구대상이 되었다. 그는 당과 송대에 걸쳐 살았던 인물로 추정되는데 그의 저서에는 렌즈를 실험한 경험이 기록되어 있다.

이 밖에도 1117년 유기가 쓴 『가일기』에도 안경에 관한 내용이 있다. 이 책에는 판관들이 범죄 사건을 적은 서류를 판독하기 위해 구정으로 만든 여러 확대경을 사용했다는 내용이 있다. 또 판관들은 재판 때 진술되는 증언에 대한 반응을 피고에게 숨기기 위해 연수정의 흑안경을 사용했다고 한다.

중국을 안경의 발명국으로 보는 가장 구체적이고 결정적인 자료는 마르코 폴로의 『동방견문록』이다. 그가 실크로드를 따라 동방의 여러 나라를 여행했다는 것은 잘 알려져 있다.

여행 중 1271년에서 1297년까지 중국에 머물면서 원에서 관직을 맡았던 그는 그 때 원나라의 관습과 생활상을 담았다. 이 책에서 "원나라의 늙은 신하들은 거북의 등 껍질로 만든 볼록렌즈 안경을 끼고 있다"라고 밝히고 있는데 이 구절에서 당시 안경이 사용되었음을 알 수 있다.

그러나 일부 학자들은 몽고 제국 제5대 황제인 쿠빌라이가 중국의 전 대륙은 물론 아시아, 유럽 대륙 일부에까지 이르는 대제국을 형성했으므로 원나라가 일찍이 유럽에서 발명된 안경을 수입했다고 주장하고 있다.

현재까지 발표된 안경의 역사에 대한 대부분의 연구가 이탈리아 베니스의 유리공들에 의해 최초로 안경이 제작되었다고 밝히고 있다. 13세기 말 영국에서는 프란체스코회의 로저 베이

컨이 볼록렌즈를 실용화하는 데 성공했다. 이후 볼록렌즈에 대한 베이컨의 이론이 베니스에 전해진 듯하다.

이렇게 전달된 볼록렌즈 이론은 당시 성행한 베니스의 유리공업 기술과 결합되어 유리로 렌즈를 만드는 계기가 되었다.

여러 논문들은 13세기 말 베니스에서 처음 만들어진 안경이 유리렌즈라고 주장하지만 유리가 발명되기 이전에 수정으로 안경알이 만들어졌을 가능성이 더 크다. 그러나 오늘날까지 전해 오는 어떤 자료에도 최초의 안경이 수정이었는지 유리알이었는지 명확하지 않다.

안경을 지칭하는 용어가 베니스에서 최초로 사용됐다는 사실 역시 베니스에서 안경이 발명되었다는 설을 증명한다. 1300년에 발표된 베니스의 수정과 유리기술자 공업조합의 규약에서는 '로오다 오그리'라는 이름으로 안경을 표시하고 있다.

안경을 발명한 사람에 대해서도 대부분 이탈리아의 플로렌스를 배경으로 하고 있어 이 곳이 안경의 발생지라는 가정을 입증해 주기도 한다.

이탈리아 중부에 위치한 아름다운 도시 플로렌스는 역사가의 활동도 두드러졌는데 특히 도미니코 만니는 최초로 안경을 발명한 사람에 대한 연구로 유명하다. 그는 플로렌스의 귀족 살비노 다메이토의 묘비에 1285년경 안경을 발명했다는 기록을 남겼다.

이로써 살비노는 오랫동안 안경을 발명한 사람으로 인식됐지만 어떤 학자는 다메이토 가문을 추적, 살비노가 실존 인물이 아님을 밝혀 내기도 했다. 다메이토가에서 명성을 얻기 위해 조작했다는 것이다. 플로렌스를 배경으로 한 또 다른 발명가의 이야기는 알렉산드로 드 스피나와 관련되기도 한다.

　　이처럼 안경을 최초로 발명한 인물에 대해서는 논의가 분분하고 사실성이 결여되어 있어 결론지을 수 없다.

　　1300년과 1310년 베니스 고등 의회는 "유리를 안경용 수정초자에 대신할 수 없다"는 포고문을 발표했는데 이는 두 가지를 암시해 준다.

　　하나는 베니스의 지배층이 유리의 품질 향상에 큰 관심을 가져 안경용 초자로 써도 좋을 만한 유리의 개발에 힘썼다는 것이며 또 하나는 유리가 발명되기 이전에 수정초자로 만든 안경이 있었다는 것이다.

　　안경에 대한 발명을 확실하게 단정지을 수 없지만 대략 1280년경 베니스에서 제작됐음을 추정할 수 있다. 안경은 학자나 수도승에 의해 이탈리아 전역에 보급되었고, 이것이 원나라에까지 전해졌다고 할 수 있다.

　　원나라가 막강한 힘을 자랑했을 때, 안경은 동양인의 취향에 맞는 디자인으로 개발되어 세계 각지로 영향을 주었다. 눈이 나쁜 사람에게 있어 안경은 신체의 일부분이다. 점차 시력이 저하되는 요소가 늘어가는 도시생활은 안경을 필요로 하는 사람을 더욱 증가시키고 있다.

　　이처럼 안경은 여전히 사랑받고 있으며, 현대에도 또한 장식물의 일종으로 여겨지기도 한다. 구한말 관리들이 눈이 나쁘지 않음에도 불구하고 안경을 지녔다는 것처럼 크게 시력이 떨어지지 않은 사람도 금테나 값비싼 테를 두른 안경을 착용하는 예는 많다.

　　그렇다면 여기서 문제제기를 해 보자. 시력보완용 이외에 다른 안경은 없을까? 있다면 어떤 것이 가능할까?

　　최근에는 안경처럼 쓰고 대형화면을 즐길 수 있는 개인용

디스플레이가 개발되었다. 안경처럼 머리에 착용하면 실감나는 대형화면을 즐길 수 있는 이색 발명품인데 이 밖에도 발명품이 다양하다.

　눈을 보호해 주는 보호안경, 운동선수의 안경은 동작이 크고 충돌로 인해 다칠 염려가 있어 안경 대신 콘텍트렌즈를 사용하기도 한다.

　이 외에도 햇볕을 막기 위한 선글라스도 우리생활을 편리하게 해 주는 아이디어이다. 접는 안경은 크기를 반으로 줄여 준 좋은 아이디어이며, 전기 용접시에는 자외선을 차단해 눈을 보호해 주는 차단안경도 있다.

　이 밖에 또 어떤 발명품들이 있을까?

 유희용 안경

　거리를 지나가다 보면 많은 여성들이 안경을 이용하여 멋을 잔뜩 부리고 있는 것을 볼 수 있다. 머리띠 대용으로 머리에 쓰는가 하면 셔츠에 꽂아 다니기도 한다.

　TV에 나오는 연예인도 한결같이 그런 패션을 유행시키고 있다. 남성들은 여기에만 그치는 것이 아니라 그것을 귀 뒤로 꽂아 다니는 유행을 창출하고도 있다.

　시력의 보호를 위해서만 쓰였던 것이 조금 더 발전하여 알이 없이 테만으로 멋을 창출하여 왔다. 물론, 선글라스는 햇빛

차단용으로 쓰였으며 그것을 사용하는 사람도 그리 많지 않았
다. 그러던 안경이 이제는 패션의 주인공이 되어 가고 있다.

　　여기에 발맞추어 안경 및 선글라스 분야로 일반적인 안경을
탈피하여 기능성 및 유희성을 가진 안경을 고안했다. 안경의 브로
바에 좌우 결합되는 렌즈를 불투명체로 구성하고 상기 렌즈에는
투시가능한 다가프리즘을 결합하여 투시되는 물체의 상이 다각프
리즘에 부합하여 여러 개로 보일 수 있도록 했다. 따라서 안경의
중요한 용도는 안경과 선글라스로 활용이 가능하다.

▶ 유희용 안경 ◀

제 1 도

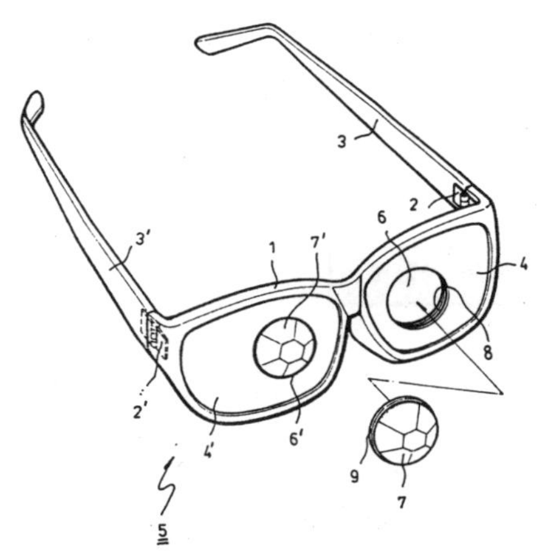

핵심을 찾아라

1. 브로바　　2. 나비장식(경첩)　　3. 안경다리　　4.4′. 렌즈5.
안경　　7.7′. 다각프리즘

《정답》　7.7′. 다각프리즘

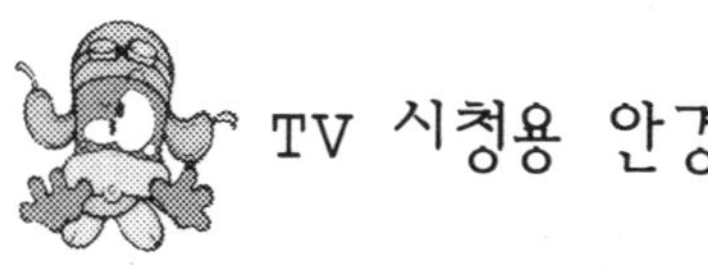

TV 시청용 안경

　　편하게 누워 있기 위해서는 꼭 안경을 벗어 둔다. 그만큼 편한 자세를 취하기에는 안경이 많은 걸림돌이 된다. 특히 하루 일과를 끝마치고 편안히 누워 TV를 시청하려면 안경이 여간 귀찮은 존재가 아니다. 안경을 벗고 TV를 시청하자니 화면이 보이지 않고 안경을 쓰고 보자니 편안한 자세를 취할 수가 없고……．

　　불편하고 짜증나는 일이다. 안경의 몸체나 다리 중 어느 한 곳에 텐션부를 두어 양쪽 귀 사이의 폭이 비교적 넓은 사람도 안경의 크기와 상관없이 착용을 손쉽도록 하고 안경다리에 탄성밴드를 형성하여 착용된 안경이 머리에서 쉽게 이탈 또는 요동되지 못하도록 함으로써 안심하고 TV를 시청할 수 있으며 몸체에 구비된 투시구 앞쪽에 편광필터를 붙여 선명하게 텔레비전을 볼 수 있도록 고안했다.

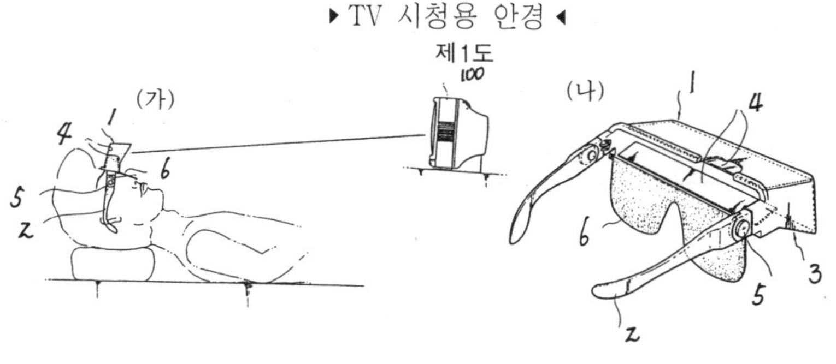

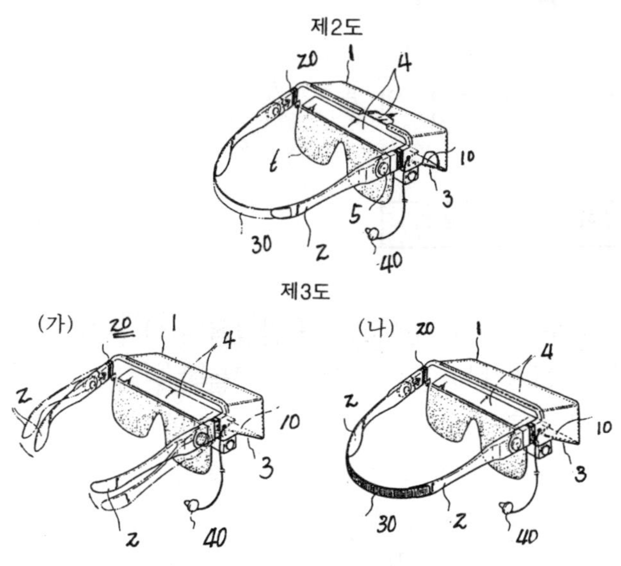

핵심을 찾아라

2. 안경다리   4. 반사판   6. 편광필터   5. 다리폭 조절나사

1. 반사경 케이스   30. 헤어밴드(탄성밴드)   40. 이어폰

《정답》 4. 반사판 6. 편광필터

쌍안경의 배율 조정장치

아이디어 착상의 세계

쌍안경의 조립식 렌즈의 가공결합으로 인한 상의 비틀림을 보완할 수 있도록 하고 양측 조절부시의 회전오차를 방지할 수

있도록 할 뿐만 아니라 이로 인해 양쪽 접안렌즈로 관측되는 상
의 배율과 초점의 차이가 발생되는 것을 방지하고 고배율로 관
측할 때 느껴지는 어지러움을 최소화할 수 있도록 하는 쌍안경
의 배율조정 장치이다.

　이는 대물렌즈를 통과한 상을 프리즘으로 굴절시켜 캠부시
내에 있는 줌렌즈로 통과시킬 때 접안프레임의 부시홀더에 구비
되는 조절부시로 상기 캠부시를 회전시켜 상의 배율과 초점을 조
절한 후 접안렌즈에서 관측할 수 있도록 구성되는 상기 캠부시를
회전시켜 상의 배율과 초점을 조절한 후 접안렌즈에서 관측할 수
있도록 된 쌍안경이다. 이것은 접안프레임의 가이드홈에는 다수
의 요철을 형성하고 상기 양쪽의 조절부시는 띠형 동선의 단부에
형성된 절곡부를 조절부시의 절개홈에 삽입하여 연결하며 상기
조절부시의 돌출편과 상기 캠부시의 플랜지에는 각각 치차를 형
성하여 조절 결합함으로써 이을 수 있는 고안이다.

▶ 쌍안경의 배율 조정장치 ◀

제1도

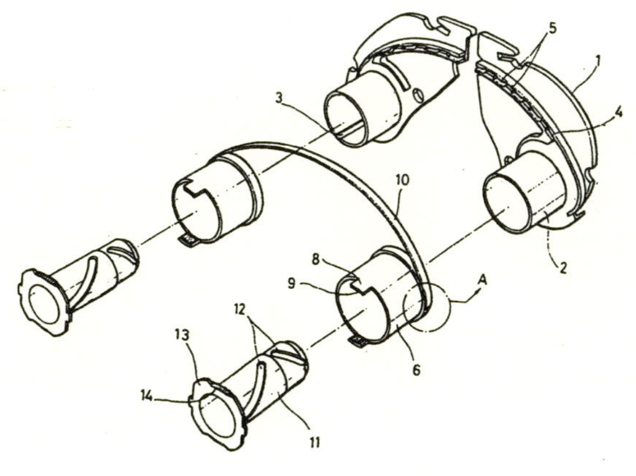

핵심을 찾아라

1. 접안프레임 2. 부시홀더 4. 가이드홈 5. 요철 6. 조절부시 6a. 절개홈 8. 돌출편 10. 띠형 동선 9. 치차 10a. 절곡부 11. 캠부시 13. 플레지 14. 치차 15. 줌렌즈 16. 접안렌즈

《정답》 4. 가이드홈 5. 요철

학교종이 땡땡땡!

지시봉 겸용 필기구

　필기구의 하나인 펜촉은 보험회사의 말단영업사원인 워터맨이 109년 전에 발명한 150만 달러짜리 발명품이다. 당시 워터맨은 보험계약 실적이 부진하여 절망과 가난에서 벗어날 수 없었다.

　어느 날, 모처럼 고액의 계약이 이루어져 서명을 하려는 순간에 잉크 한 방울이 뚝 떨어져서 계약서를 망쳐버렸다. 계약자는 그것이 불길한 징조라며 계약을 취소해 버렸고 워터맨은 또 한번 실망하고 말았다.

　당시의 펜촉 모양은 펜촉 가운데 구멍이 없고 1자로 갈라놓은 모양과 같았기 때문에 잉크가 잘 떨어지곤 했었다. 그 날의 계약건이 불발되자 보험회사를 그만둔 워터맨. 그는 잉크가 떨어지는 펜촉에 매달렸다.

　수많은 펜촉을 사다가 밤낮으로 가위와 줄을 이용하여 펜촉을 만들어 보았다. 그러나 쉽지만은 않았다. 그 동안 버린 펜촉만도 천 개를 넘었고 그는 쉬지 않고 여러 가지 방법을 모색했다.

그즈음, 워터맨은 드디어 펜촉의 가운데에 작은 구멍을 뚫고 그 아래 부분을 예리하게 갈라 놓은 펜촉을 만들어 냈다. 이 새로운 펜촉은 글씨도 잘 써지고 기존 제품의 가장 큰 결점이었던 잉크도 떨어지지 않았다. 그는 특허출원을 했고 문방구에 상품으로 내놓았다. 그것은 놀랄만한 선풍적인 인기를 끌었다. 워터맨의 소문은 미국 전역으로 퍼져 나갔다. 이듬해 그의 이름을 모르는 사람이 없을 정도로 그의 펜촉은 유명해졌다.

이와 같이 워터맨의 펜촉은 문제를 알아내어 해결할 수 있는 방법을 떠올려 조리 있게 정리해서 가장 좋은 방법으로 발명에 연결시킨 좋은 예이다. 그러기 위해서는 여기에 필요한 모든 정보와 자료를 수집하고 관계되는 사람들에게도 도움을 요청해야 한다. 워터맨처럼 여러 가지 해결방법을 궁리, 모든 지식을 동원, 체계적으로 정리해야 한다. 그러기에 발명가의 자세는 항상 다양한 발상을 하는 습관을 길러야 한다.

이 밖에도 필기구에 관한 발명은 우리에게 많은 교훈을 준다. 끈질긴 집념으로 얻은 파커의 유선형 파커 만년필을 예로 들어보자.

만년필 가게의 점원이었던 파커는 만년필대를 유선형으로 바꾼 의장(디자인) 하나로 파커 만년필 회사의 기초를 닦았다. 초등학교를 졸업하여 14세에 취직한 그는 4년 만에 경쟁자가 없을 정도로 기술을 익혔다. 그만큼 보수도 많았고 긍지도 대단했다.

그러던 어느 날, 문제가 생겼다. 뜻밖에도 자신의 일에 회

의를 느끼게 된 것이다. 이유는 여자친구 때문이었다. 그녀는
만년필 수리는 아무리 잘 해도 명예를 얻거나 부자가 될 수 없
다고 직업을 바꿀 것을 권했기 때문이다.

파커의 갑작스런 결근으로 가장 큰 손해를 본 것은 만년필
가게 주인이었다. 그는 파커에게 워터맨의 펜촉발명 사례를 들
려주었다. 그 순간 파커는 인생에 대한 새로운 희망으로 활기
가 넘쳤다.

다시 출근을 시작한 파커는 끈질긴 집념으로 유선형 만년
필대를 고안하기 시작했다. 당시에는 자동차도 비행기도 스피
드화되어 모두 유선형이었고 각종 생활용품까지 유선형으로 변
해가고 있었다. 여기에서 착안하여 유선형 만년필을 제작한 파
커는 의장출원을 마쳤다.

그는 밤마다 유선형 만년필 대를 만들었다. 그의 유선형 만
년필은 모자랄 정도로 팔려나갔고 그는 만년필 회사를 차렸다.
다른 만년필과 비교해 유선형이라는 단 한 가지의 특징을 지닌
이 만년필은 대기업의 제품을 제치고 당당히 1위의 판매고를
이룩했다.

파커의 발명 이후에도 수없이 많은 필기구 발명품들이 쏟
아져 나왔다. 이제는 그 수를 헤아릴 수 없을 정도의 다양한 필
기구들이 우리 생활을 편리하게 해 주고 있다.

아이디어 착상의 세계

그렇다면 더 편리한 필기구는 없는 걸까? 만약 새롭게 고안
한다면 어떤 종류의 필기구가 발명될까? 어두운 곳에서도 자유

자재로 쓸 수 있는 만능 필기구는 어떨까? 기존의 필기구에 지시봉 겸용 필기구가 있다면 필기와 함께 지시봉으로 동시에 사용할 수 있는 장점이 있다.

이 고안은 최소경 관부재에 설치되는 전기적 발광부제와 본체의 최대경 관부재 내에 설치되는 전원전지와 발광부제를 전지로 연결하여 관부재들의 신장방향으로 탄성적으로 복귀 가능하게 나선코일상의 도선과 발광부재와 전원전지 사이를 연결하는 도선중에 마련되는 온 오프 스위치로 이루어져 빛이 없는 어두운 곳에서도 필기구로 사용하고 지시봉의 끝부분을 발광시켜 지시효과를 크게 해 주는 편리한 필기구이다.

▶ 지시봉 겸용 필기구 ◀

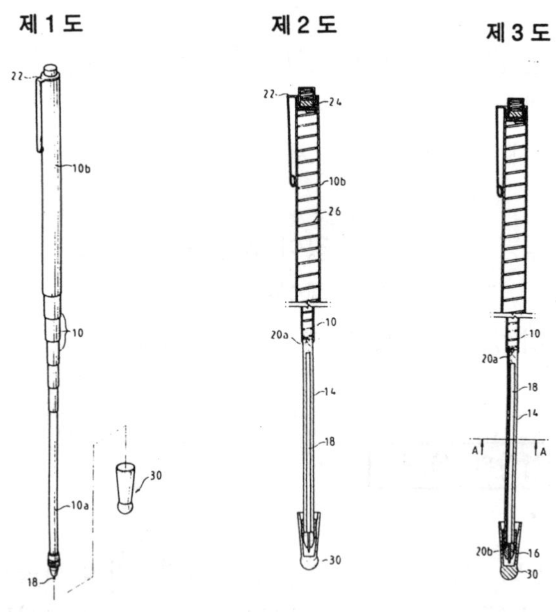

┌─────────────────────────┐
│   핵심을 찾아라   │
└─────────────────────────┘
10a. 관부제　14. 발광부제　18. 볼펜　24. 전원전지　20a. 나사
산　26. 도선　30. 볼펜심덮개

《정답》　14. 발광부제

머리빗이 달린 필기도구

　필기구의 역사를 더듬어 보면 실로 수많은 발명품들이 전해 내려온다.

　5000년　메소포타미아 지방에서는 점토판에 끝이 쐐기 모양으로 된 막대를 눌러서 글자를 썼었다. 이 글자는 쐐기꼴로 되어 있었으므로 설형문자라고 불렀다. 또 고대 이집트에선 나일 강가에서 나는 파피루스라는 풀이나 양가죽을 무두질한 종이 대용품에 파피루스 줄기를 비스듬히 자른 펜에다 물감을 찍어 글자를 썼었다. 그러나 이 줄기의 펜에는 물감이 잘 묻지 않고 또 많이 묻히면 물감이 떨어져서 불편했었다.

　그 후 이집트인들은 새로운 착상을 했는데 바로 거위나 공작, 백조들의 깃털을 쓰게 된 것이다. 깃의 뿌리 부분을 비스듬히 깎고 끝에 세로로 금을 내어 펜의 대용으로 사용했다. 현재 글씨를 쓰는 도구를 펜이라고 부르는 것은 새의 깃을 라틴어로 '펜나'라고 한 데서 유래한 것이다.

　한편 기원전 1000년경의 중국 은나라 때, 동물의 털에 먹물을 묻혀서 쓰던 것이 붓으로 발전하여 오늘에 이르렀다. 1780년에 영국의 새뮤얼 해리스가 무쇠로 만든 펜을 만들었으나 너

무 딱딱해서 종이가 찢어지므로 이것을 개량해서 1829년 영국의 제임스 페리가 강철로 펜을 만들었는데 이것은 품질이 우수하여 오늘날까지 사용되고 있다.

가장 많이 사용되는 필기구 하면 볼펜을 들 수 있다. 이 편리하고 실용적인 필기구 볼펜은 여러 사람들의 노력의 결실로 탄생되었다.

헝가리인인 빌로는 교정일을 하고 있었는데 만년필에 몇 번씩이나 잉크를 보충하여 교정일을 해야 했다. 그러던 그는 계속해서 잉크를 넣어 쓰는 불편을 해소하기 위한 방법을 궁리하기 시작했다. 좀더 편리한 필기구의 발명이 그에게서 시작된 셈이다. 그리고 그는 동생과 함께 새로운 발명에 몰두했다.

한편 미국에서는 제2차 세계대전 중 시카고의 밀틴레이놀즈가 아르헨티나의 부에노스아이레스로 판매여행 중 빌로의 펜촉 없는 펜을 보게 되었다. 편리하고 신기하다고 생각했던 레이놀즈는 그 펜을 가지고 미국으로 돌아왔다. 미국정부는 간단하고 편리한 이 필기구를 10만 개나 구입했고 이 볼펜은 전쟁터를 석권할 만큼 인기를 누렸다. 그러나 미국인 존라우드는 이미 1888년 볼펜을 발명하여 특허를 취득했었다. 그러나 이것은 당시 만년필 때문에 빛을 보지 못한 채 버려져 있었다.

볼펜이 오늘날과 같은 형태가 된 것은 끈기 있는 잉크를 사용하면서부터이다. 이 잉크는 오스트리아의 화학자 프란츠 제이크가 합성에 성공한 것이다.

제2차대전 후 뉴욕에서는 '물 속에서도 쓸 수 있는 펜'이란 광고를 내걸고 새로운 판촉행사를 했다. 당시 사람들은 너무나도 신기한 이 광경을 보고자 몰려들었고 유리로 된 커다란 수조 안의 짐벨은 종이와 볼펜으로 낙서를 해 보였다.

모인 궁중은 너무도 신기해서 박수를 쳤다. 그 수많은 사람들은 모두 이 신기한 볼펜을 샀다. 이렇게 해서 볼펜은 점차 사라져 가는 연필과 비싼 만년필 사이에서 그 어떤 필기구보다 널리 이용되고 있다.

발명을 하기 위해선 때로는 엉뚱한 발상도 필요하다. 만약 우리에게 볼펜이 없었다면 어떻게 됐을까? 어리석고 바보스런 짓이 뜻밖의 훌륭한 결과를 가져올 수 있다.

사물의 본질에 대해 우리가 갖고 있었던 기존의 고정관념을 버려 보자. 시야도 넓어지고 생각하는 분야도 다양해진다.

사물이 급속하게 변화하고 있을 때, 무엇이 옳고 무엇이 어리석은지 과연 누가 판단할 것인가?

이렇게 때로는 자신이 지니고 있는 논리를 잊어버리고 바보노릇도 해보고 엉뚱한 아이디어도 착상해보자. 이는 진짜 바보는 할 수 없는 것으로 발명으로 가는 빠른 지름길이다.

아이디어 착상의 세계

다이어리와 볼펜은 이제 우리의 가방 속에서 큰 방을 차지하고 있다. 하지만, 작은 방을 차지하는 것도 다양하게 많이 있다.

예를 들어 여성들에게는 화장품이 있을 수 있고 빗, 지갑, 핸드폰, 호출기, 선글라스 등을 들 수 있다. 책이나 신문 등도 뺄 수 없는 소지용품들이다. 그나마 여성들은 핸드백이 있어서 여러 가지를 넣어 다닐 수 있지만 남성들은 가지고 다니기가 귀찮고 곤란한 경우가 많다.

이를 위해 몇 가지를 함께 제작하여 만든 물건이 있으면 얼마나 간편할까! 따로 만들어야만 한다는 고정관념을 탈피하여 볼펜과 빗을 합쳐 보자.

　본 고안은 필기도구와 머리빗을 하나로 만들어 간편하게 한 휴대용 필기도구이다. 언제 어디서나 머리를 빗을 수 있고 또한 필기구로도 사용할 수 있는 장점이 있다. 따라서 학생들 뿐만 아니라 일반인들이 이 고안품을 사용한다면 따로 머리빗을 가지고 다녀야 하는 불편을 없애 준다.

▶ 머리빗이 달린 필기도구 ◀

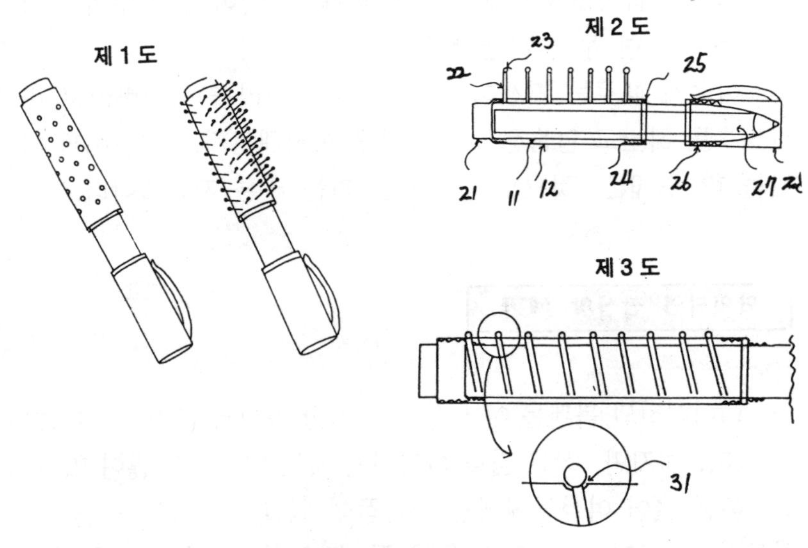

《정답》 22. 브러시

흑판 지우개용 털이구

　　대부분의 사람들은 발명 하면 전화, 컴퓨터, 로봇, 인공위성 등 첨단기술 제품을 떠올린다. 그러나 아침에 일어나 잠자리에 들 때까지 사용하는 수많은 생활 필수품들도 모두 발명품들이고 이들 작은 발명은 우리 생활주변의 간단한 아이디어에서 고안, 탄생되고 있다. 또한 이 같은 생활필수품에 속하는 발명일수록 첨단기술제품보다 상품화 및 기업화가 되기 쉽고 시장도 넓어 실제로 많은 사람들이 발명가기업인으로 성공하게 된다.

　　작은 아이디어도 그 내용을 구체적으로 정리하여 산업재산권 중 실용신안(기존 발명품의 기능을 보다 편리하게 개선한 고안)으로 특허청에 출원하여 등록받으면 10년 동안의 독점권리가 주어지며 그 순간 발명가가 되는 것이다.

　　유사 이래 가장 많이 팔리고 가장 유용하게 사용되고, 또한 가장 많은 돈을 번 발명품도 생활주변의 간단한 아이디어에서 탄생되었다.

　　철조망을 발명한 조셉, 코카콜라병의 루드, 쌍소켓의 마쓰시타 등이 바로 작은 발명으로 출세와 명예를 동시에 얻은 주인공들이다. 이 중에서 아직도 대중의 사랑을 한 몸에 받고 있는 인기제품인 코카콜라 병을 예로 들어 보자.

　　1923년 미국의 벽촌에 루드라는 청년은 조그만 공장에서 유리병을 불고 있었다. 그러나 그저 유리 불기만은 아니었는데 이는 여러 가지 병모양을 만들어서 부수고 또 만들어서 부수고 있었다.

그 무렵 "유리병이 젖었을 때 잘 미끌어진다. 미끌어져도 깨지기 않는 병은 없을까? 병에 든 내용물이 많아 보이는 것처럼 보이는 병은 어떤 모양이 좋을까?"라는 두 가지의 요구가 있었다.

이 때문에 그는 벌써 몇 가지를 만들고 부수기를 반복했다. 그러던 어느 날, 애인이 찾아왔다. 그런데 그날 애인의 모습이 훨씬 아름다웠다. 당시 유행하는 치마를 입었기 때문이었다. 이 치마는 무릎 있는 곳이 좁기 때문에 걷기엔 힘들지만 궁둥이의 선이 아름답게 나타나서 당시 여성들에게 선풍적인 인기를 누리고 있었다.

루드는 한동안 애인의 모습을 바라보았다. 그리고 이 아름다운 치마모양을 어떻게 병에 담을까 연구하기 시작했다. 수많은 연구와 실험 끝에 만들어진 병은 곧 특허출원을 했다. 그리고 그는 이 병을 가지고 코카콜라사를 방문했다.

"사장님, 보십시오. 모양도 좋고 잡기에도 편리해 미끌어지지 않는 병입니다. 채용해 주십시오."

그러나 당시 사장의 반응은 냉담했다. 그 다음날 루드는 이 병과 물잔을 들고 다시 방문했다.

"사장님, 이 병과 물잔 중 어느 쪽이 많이 들어가겠습니까?"

"그야 물론 병이 많이 들어가겠지"
라고 대답한 사장.

루드는 말없이 병에 가득 물을 채운 후 물잔에 물을 따랐다. 그러자 80％쯤 들어가고 병의 물은 남았다. 사장은 눈을 크게 떴다. 그의 머리에서 새로운 영업감각이 떠오르고 있었다.

　　물론 즉석에서 계약이 체결되었다. 그 후, 거액에 권리를 팔기까지 이 루드의 성공담은 전 미국에 알려졌다. 그리하여 미국인들이 코카콜라병을 손에 쥘 때마다 "나도 한번 발명해 보자"라는 야망을 가지기도 했다고 한다.

　　이렇듯 발명으로 성공한 사례는 국내에도 많이 찾아볼 수 있으며 발명이란 누구나 할 수 있는 것이다. 사람을 편리하게 해 주는 발명의 연속. 이것이 인류문명의 발달과정이라고 해도 지나친 표현은 아니다. 지금 우리 주위에 있는 모든 사물은 이러한 노력의 결과이다.

　　어느 집에서나 사용하는 세탁기도 새로운 기능을 가진 것들이 계속 개발되고 있고 이처럼 편리함은 또 불편을 낳고 불편을 느끼면 사람들은 더 편리하게 할 수 있는 방법을 궁리한다.

　　아마 인간에게 이런 노력이 없었다면 인류의 발전은 불가능했을 것이다. 그럼 불편한 것을 편리하게 한 발명을 예로 들어보자.

　　청소도구인 빗자루는 다양한 용도와 함께 발전하여 모터를 이용한 진공청소기가 탄생하였다. 아스팔트 청소차에 이르기까지 빗자루는 우리 생활 속에서 거듭 발전되어 왔다. 그렇다면 지금 사용하는 청소기는 불편한 점이 없는가?

　　이 문제는 우리들의 태도에 따라 달라진다. 현재 있는 것에 만족하고 미비점을 개선할 마음이 없다면 불편한 점이 없겠지만 개선할 점이 없을까? 라고 좀더 적극적으로 생각하는 사람에게는 항상 불편한 점이 발견되게 마련이다.

　　집에 있는 청소기의 재질, 청소하는 모습을 보면서 유심히 관찰해 보자. 빗자루 손잡이에 물통과 세척제 통을 내장시켜

밸브를 조절하면 어떨까? 빗자루 재료의 변천사를 살펴보면 또 다른 재료의 필요성을 찾을 수 있을 것이다. 있다면 어떤 재료가 가장 좋을까? 또한 빗자루에 각도 변화를 주면서 바닥솔로 쓸 수 있는 방법은 없을까? 그 밖에 빗자루에 다른 기능을 지니게 하면 어떨까? 이 밖에 청소하면서 느꼈던 불편은 없는가?

학교 교실의 칠판을 살펴보자. 선생님들이 늘 사용하는 분필이 있고 칠판 지우개가 있다. 여기에서도 불편은 많다.

우선 분필 가루를 완전히 없앨 수 없다는 점이 가장 큰 문제점이다. 선생님의 건강은 물론 학생들의 건강에도 해롭다. 그렇다면 이런 문제점을 해결할 수 있는 아이디어는 어떤 것이 있을까?

본 고안은 수동 또는 전동식 흑판 지우개에 묻은 분필가루, 즉 분진을 위생적으로 안전하게 털어 내서 내다버릴 수 있는 편리한 지우개이다.

본체는 장방형으로 평탄한 바닥판의 위 가장자리에 높이가 일정한 운두를 둘러 세우고 한쪽의 짧은 운두 위에는 분필가루를 내보낼 구멍을 뚫고 위의 바닥판을 닮은 판체의 위쪽 면에 일정한 높이와 소정의 거리를 두고 여러 개의 긁개편을 두는데, 한쪽 짧은 쪽에 조작간이 연장된 긁개를 상기 본체에 내장하는 것이다. 그 조작간이 위의 구멍을 통해 가루를 본체 밖으로 내보내는 것이다. 따라서 위생적이고도 편리하게 칠판을 지울 수 있다.

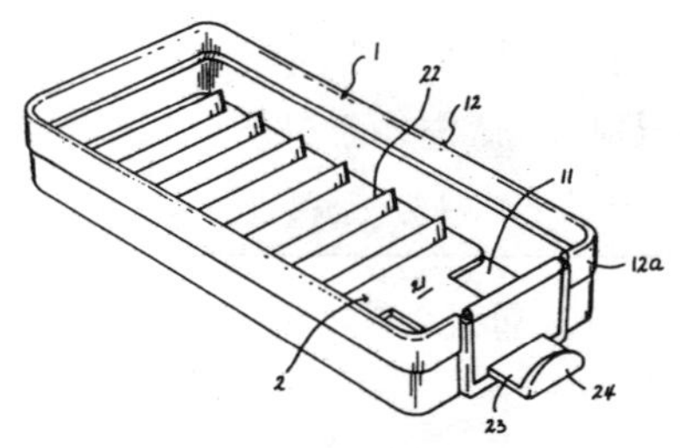

1. 본체   2. 긁개   11. 바닥판   12. 운두   12a 짧은 운두
13. 구멍   21. 판채   22. 긁개판   23. 조각간   24. 손잡이부

《정답》 22. 긁개판

책상의 높낮이 조절장치

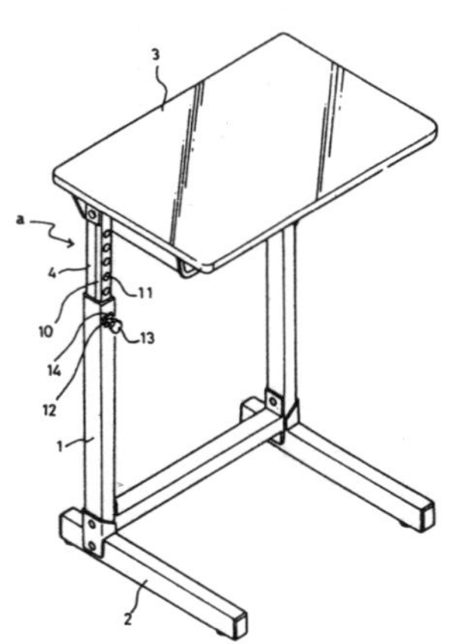

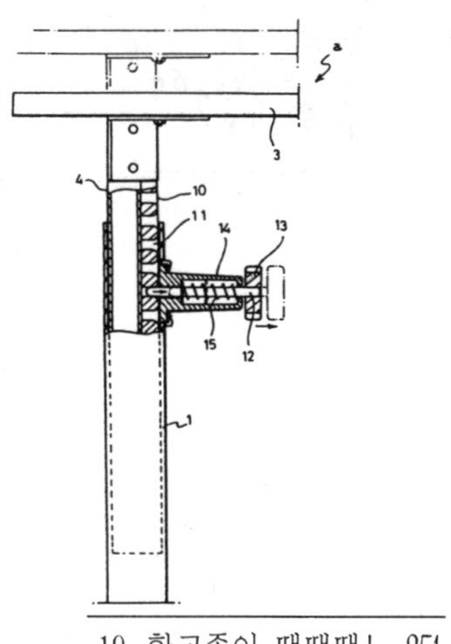

《명　칭》

1. 고정지각　2. 받침대　3. 상판　4. 승강지각　a. 책상
10. 합성수지부재　11. 높이조절공　12. 높이조절판　13. 손
잡이부　14. 장착구　15. 코일스프링

《정답》　10. 합성수지부재 11. 높이조절공 12. 높이조절판

2개의 앉음판 구조로 된 의자

▶ 2개의 앉음판 구조로 된 의자 ◀

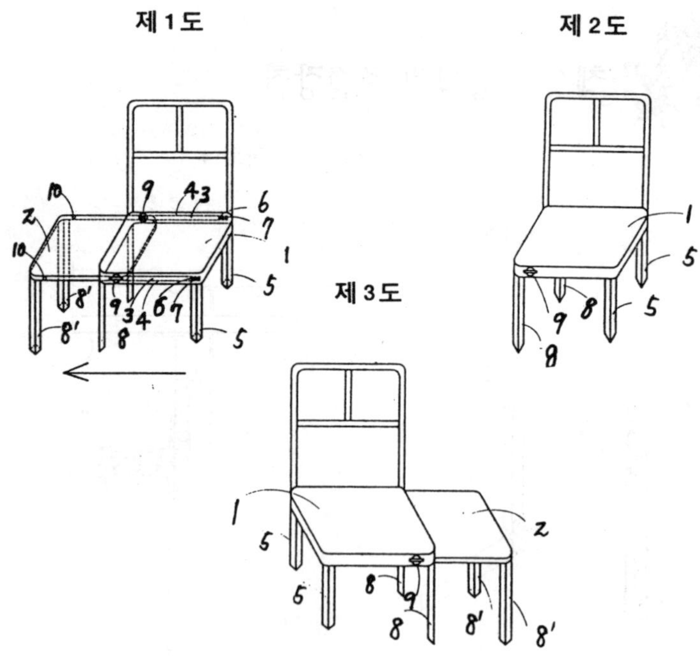

제 4 도

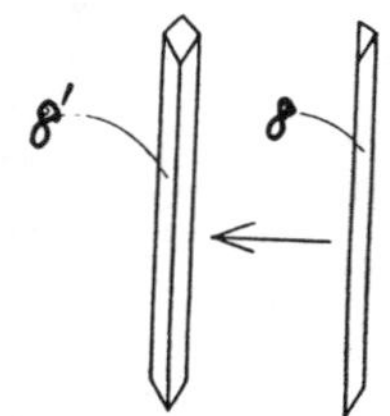

《명   칭》

1. 제 1 앉음판   2. 제 2 앉음판   4. 삽입체   6. 밑판   8. 지지
다리   9. 스토퍼   10. 끼움구멍

《정답》 1. 제 1 앉음판 2. 제 2 앉음판 8. 지지다리

미래의 모자

어떤 발명목표를 정하고 그 목표를 향해 작업을 시작한 후, 그 일을 완성하려면 발명가로서 어떤 태도가 필요할까? 즉 발명에 순서나 정석이란 것이 있을까?

해마다 발명경진대회도 있고 발명품 모집공고도 있는데 그 경우 모집된 발명품들을 보면 대체로 많은 자료조사를 거치지 않고 만들어졌다는 것을 느낄 수 있다.

예를 들어 연필깎이라면 종래에 어떤 깎이가 나와 있는지, 그 결점은 무엇인지, 장점은 무엇인지 등의 연구가 필요한데 이러한 자료들이 조사되지 않았다는 점이다.

윈터가 병마개를 발명하기 위해 모든 병마개를 모았던 것처럼, 다쿠마 조키치가 보일러를 발명하기 위해 세계 여러 나라의 보일러를 연구해서 그것을 하나로 모으려고 노력했던 것처럼 먼저 자료를 철저하게 수집해야 한다. 이런 조사작업이 끝난 후에 비로소 새로운 창작작업이 시작되는 것이다.

모아둔 자료를 정리하고 다른 각도에서 보는 것 또한 중요하다. 새로운 자료들을 모으고 기억 속의 오래된 자료들을 꺼내어 다시 닦아 보자. 미처 발견하지 못했던 수많은 진주들이 눈에 뜰 것이다.

세상은 하루가 다르게 변한다. 현재에 만족하고 주저앉는 자는 결국, 경쟁에서 뒤떨어지게 된다. 직접 발로 뛰고 새로운 것을 느끼고 또 생각하자. 지금 거리에는 주인을 기다리는 수많은 아이디어들이 있다.

둘째는 모은 자료를 분석하고 예리한 관찰력으로 특성이나 결점을 발견해야 한다. 자연은 인간의 스승이다. 뉴턴은 사과가 나무에서 떨어지는 것을 보고 만유인력의 법칙을 발견했다. 아주 당연한 현상을 통해 어떻게 그렇게 위대한 법칙을 발견했을까? 그것은 아마도 뉴턴이 남다른 관찰력의 소유자였기 때문에 가능했던 일이었을 것이다.

발명도 이와 마찬가지이다. 모든 것이 관찰력의 소산인 것이다. 대표적으로 종이를 발명한 채륜을 예로 들 수 있다.

종이가 발명되기 전에도 문자를 기록하는 방법은 있었다. 넓은 잎사귀에 글을 적거나 양피 가죽, 대나무, 얇은 널빤지 등을 이용했다. 그러나 이것들은 모두 구하기 어렵거나 운반하기 힘든 단점이 있었다. 이 때문에 많은 사람들이 새로운 뭔가를 기대했다. 중국의 학자인 채륜도 그런 사람 중의 하나였다.

"좀더 가볍고 글쓰기에 좋은 것은 없을까?"

채륜은 대궐을 거닐며 깊은 생각을 하고 있었다. 그 때 그의 사색을 방해하는 것이 있었다. 어디선가 벌의 요란한 날개짓 소리가 들려왔다. 그는 벌들이 집 짓는 광경을 유심히 바라

보았다.

"입에서 액체를 내어 나무껍질에 반죽을 하는군……. 얇고 흰색이어서 글씨를 써도 좋겠어. :

그는 이렇게 호박벌이 집을 짓는 광경을 보고 힌트를 얻어 종이를 발명했다. 결국, 호박벌이 채륜의 스승이었던 셈이다.

셋째, 자료수집과 관찰의 비교연구로도 명안이 떠오르지 않을 때에는 잠재의식에 호소해 본다. 생각에 지쳤을 경우에는 모든 것을 중지하고 무념 무상의 시간을 가져 보는 것이 좋다.

도요타 시키치는 담배연기를 뭉게뭉게 내뿜으면서 명안이 떠오르기를 기다렸고 루소는 머리에 햇빛을 받으면서 착상을 구상했으며 다쿠마 조키치는 신사에 참배하여 무념 무상의 시간을 자주 가졌다고 한다. 그래도 좋은 아이디어가 떠오르지 않을 때에는 네 번째 정석으로서 과거를 회고해 본다.

중국의 고사성어 중에 '온고지신'이란 말이 있다. 페니실린은 과거를 회고하여 발명한 좋은 예이다. 푸른 곰팡이가 핀 빵을 보고 드디어 페니실린을 발명해 낸 것이다.

영국 런던대학 성메리 병원의 어두침침한 연구실에서 세균을 몇 개의 배양그릇에 넣어 배양시키며 그 발육을 관찰하는 세균학자가 있었다. 알렉산더 플레밍. 그는 매일 미생물을 배양했다.

그러던 어느 날, 플레밍은 배양그릇을 조사하던 중에 한 그릇 속의 세균이 줄어들었음을 알았다. 잘못된 것으로 생각하고 그 그릇을 씻어버리려다가 그는 매우 놀랐다. 세균과 함께 푸른색 곰팡이가 섞여 자라고 있었던 것이다. 이러한 현상은 자주 있는 일이었는데 이럴 경우 대개 실패한 것으로 믿고 그대로 버렸던 것이다.

그러나 플레밍은 더 자세히 관찰했다. 푸른색 곰팡이가 자란 둘레의 포도상구균은 깨끗이 없어져서 흔적조차 찾아볼 수 없을 정도였다. 이것은 푸른색 곰팡이 주위의 구균이 녹아버린 것을 뜻했다.

그는 "도대체 무엇이 이것을 녹였을까? 정말 푸른색 곰팡이일지도 모르지."

그리고 그 배양그릇으로부터 푸른색 곰팡이를 다른 그릇에 옮기고 양분을 첨가해서 배양했다. 곰팡이가 발육해서 드디어 푸른 털 모양의 뭉치가 되었다. 플레밍은 이 푸른색 곰팡이가 빵이나 과일을 오래 두었을 때 그 표면에 자라는 곰팡이란 것을 알게 되었고 그의 연구는 계속되었다. 이 곰팡이야말로 어떤 세균을 죽이는 액이 되리라고 확신하고 있었다.

그리하여 플레밍은 푸른색 곰팡이가 포도상구균을 죽이는 물질을 생성한다는 것과 이러한 물질을 분리하는 데 성공했다.

그 후 그는 동물실험을 통해 해를 끼치지 않음을 입증했다. 1929년 푸른색 곰팡이가 페니실륨의 일종이며 구균을 죽이는 물질, 즉 푸른색 곰팡이가 생성하는 물질을 페니실린이라 이름 지어 발표했다. 그러나 학계에서는 주목하지 않았다. 플레밍은 그의 연구실에서 빈약한 설비를 가지고 연구를 계속했다.

그로부터 9년 후, 영국의 옥스퍼드 대학에서 플로리와 체인이라는 두 학자가 플레밍의 보고로 페니실린을 알게 되었다. 그들은 곧 연구에 착수했다. 그리고 푸른색 곰팡이가 자란 배양액에서 페니실린을 분리하는 것이 매우 어려웠으나 실패를 거듭한 끝에 소량의 페니실린 가루를 만드는 데 성공했다.

이제 플레밍의 주장대로 사람의 귀중한 생명을 구할 수 있는 위대한 날이 다가온 것이다.

　1940년 2월, 플로리 교수와 체인 교수가 연구하고 있는 옥스퍼드 대학 병원 안에 죽음만을 기다리는 패혈증 환자가 있었다. 이들은 최후로 이 페니실린을 환자에게 투여했다. 이틀 만에 그 패혈증 환자는 놀랍게도 의식을 회복하기 시작했다. 그리고 마침내 일주일 만에 완쾌되었다. 최초의 페니실린 실험이 이처럼 성공을 거두자 플레밍은 승리의 미소를 지었다.

　이제 그에게 남은 과제는 페니실린을 대량생산하는 문제였다.

　미국과 영국의 과학자들이 공동 연구하여 1942년 봄부터 비로소 페니실린의 대량생산이 이루어졌다.

　이리하여 사람의 몸에 해독작용이 거의 없는 이상적인 화학치료제 페니실린은 많은 병의 치료에 적절하게 쓰였다.

　페니실린을 처음 발명한 플레밍. 그리고 연구를 계속하여 실제 이용의 길을 마련한 플로리와 체인. 이 세 학자에게 노벨 의학상이 수여되었다.

　이 밖에도 갈릴레오의 천체연구는 코페르니쿠스 사상의 발전이며 와트의 증기기관은 뉴코멘의 발명을 조사한 후 비로소 완성된 것이다.

　이렇듯 모든 발명은 선인의 것을 되살린 것이라 해도 과언이 아니다. 이미 과거의 것이 된 것 중에 과학이 진보된 현실적 눈으로 보아도 훌륭한 생각들이 많이 있다. 현재 있는 자료를 모아 관찰하고 사고해 보아도 좋은 생각이 떠오르지 않으면 이 방법을 택해 보자.

　이상의 네 가지 정석을 제대로 이용하면 아무리 어려운 발명이라도 누구나 성공할 수 있다는 확신을 가져도 된다. 이러한 발명의 정석을 기초로 해서 이번에는 한 가지 물건에 여러 가지 재료와 기능이 다른 것을 살펴보자.

바로 모자이다. 모자에는 방한모자, 운동모자, 멋내기용 모자 등이 있고 종이 모자, 비닐모자, 섬유모자, 가죽모자 등의 재료가 다르게 쓰인 모자가 있다.

장치 구조, 모양과 형상, 색상 등이 다양하고 다용도 기능을 가진 모자를 고안해 보는 것은 어떨까? 모자에 라디오와 헤드폰을 고정시키면 카세트를 따로 들고 다니지 않아도 될 것이다. 평소에는 접어서 다닐 수 있고 바람을 넣으면 모자의 형태가 되는 것은 어떨까? 비오는 날에는 우비가 될 수 있는 모자를 발명한다면 어떨까? 또, 모자에 위험신호 표시기능을 갖추어 야간에 안전을 지킬 수 있으면 어떨까? 등 가리개가 있는 모자를 고안할 수는 없을까? 모자에 미니 선풍기를 고안할 수는 없을까?

이 밖에도 어떤 모자가 필요할까?

 레저용 모자

모자의 종류는 여러 가지이다. 용도에 따라서는 등산용, 운동용, 햇빛 가리개용 등 여러 가지이다. 특히, 등산이나 낚시, 야외로 나갈 때를 위해 편리하게 만들어진 모자는 없을까?

등산이나 야외에서 즐길 때는 땀을 많이 흘린다. 여유를 즐기는 시간에 수건이나 휴지를 챙기기는 귀찮은 일이다. 그렇다고 땀을 흘리면서 다닐 수는 없는 일. 얼굴에 흘러내리는 땀을 닦는 수건의 기능을 모자가 가지고 있으면 얼마나 편리하고 행복한 일이 될까?

레저용 모자는 수건과 모자를 항상 겸용할 수 있도록 통상적인 모자의 한쪽 옆면에 여닫을 수 있는 수납주머니를 구비하여 상기 수납주머니 내에 수건을 접어 보관할 수 있는 것이 특징이다.

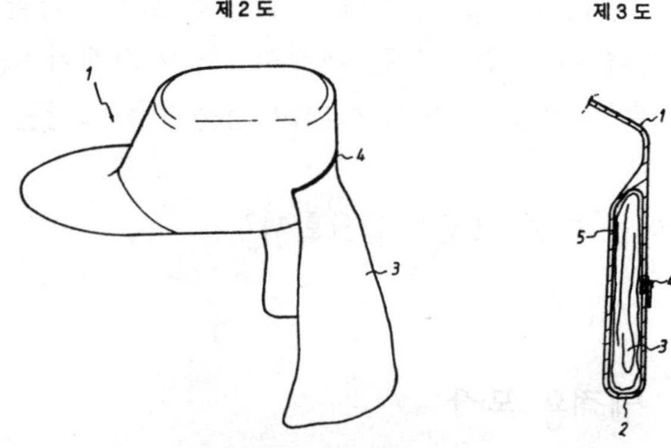

《정답》 3. 착탈가능한 수건

편안한 모자

　　모자의 기능은 여러 가지이다. 레저용, 안전모 등 그 사용과 쓰임새에 따라 지금 이 시간에도 새로운 모자들이 개발되고 있다. 그러나 이러한 편리한 모자들도 쓰기에 불편하다면 그 효용성과 가치는 떨어지고 사용자는 모자를 쓰지 않게 될 것이다.

　　필요한 용도에 맞춰 모자를 쓰고 게다가 편안하기까지 하다면 그야말로 완벽한 모자가 되는 셈이다.

　　모자의 내부 테두리를 따라 일정간격으로 배치되는 탄력성이 좋은 다수의 이격돌조를 형성하여 모자와 머리가 접촉되는 부분을 감소하여 안락한 착용감과 우수한 방열성을 제공한다.

▶ 편안한 모자 ◀

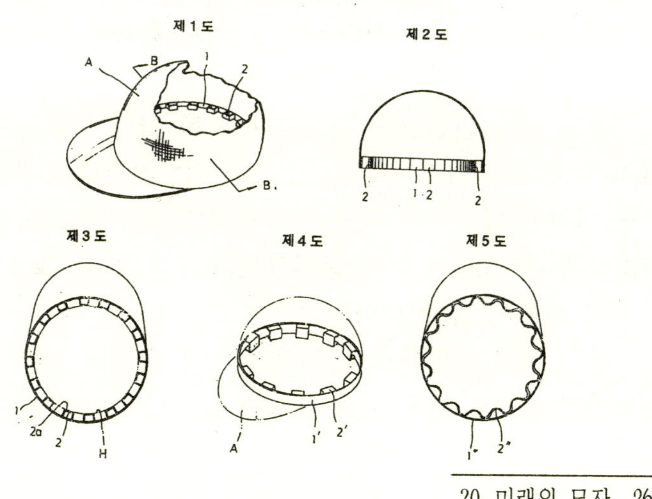

《정답》 2. 이격돌조

팬이 달린 안전모

아이디어 착상의 세계

　무더운 여름철엔 모자로 얼굴을 가려 직사광선을 피한다. 그러나 땀이 많이 나는 여름철엔 모자를 쓰게 되면 머리는 많은 열을 받게 된다. 이 때, 머리를 시원하게 해 줄 수 있는 방법은 어떤 것이 있을까?

　물론 아이디어를 구상해 보면 여러 가지가 있을 수 있다. 모자 중앙에 소형선풍기를 부착하여 회전시킨다면 시원한 바람을 받으면서 자외선이 차단되는 두 가지 효과를 동시에 얻을 수 있다.

　팬이 달린 안전모는 안전모에 팬을 달아 외부공기의 흡입 및 내부 공기를 배기시킬 수 있도록 하는 것으로서 종래의 안전모는 내부가 밀폐되어 통풍이 되지 않아 불결하고 심할 경우엔 머리 부위에 습진 등이 발생하였으며 또한 안전모의 내부가 무더워서 쓰는 것을 기피했었다.

　이 안전모는 안전모 본체의 상부에 외부와 관통 형성되는 통풍구와 상기 통풍구 안에 모터가 설치되고 모터의 축에 팬이

설치되어 스위치의 조작에 따라 정방향 및 역방향으로 돌면서
외부의 공기를 흡입 및 내부공기를 배기하는 통풍장치와 후방
으로 다수의 공기구멍을 내고 상기 통풍구의 위쪽에 덮개를 두
어 외부공기를 흡입함은 물론 내부공기를 배기시킴으로로써 안전
모를 오랫동안 써도 내부가 청결하여 즐겁게 착용하고 작업할
수 있는 모자이다.

▶팬이 달린 안전모◀

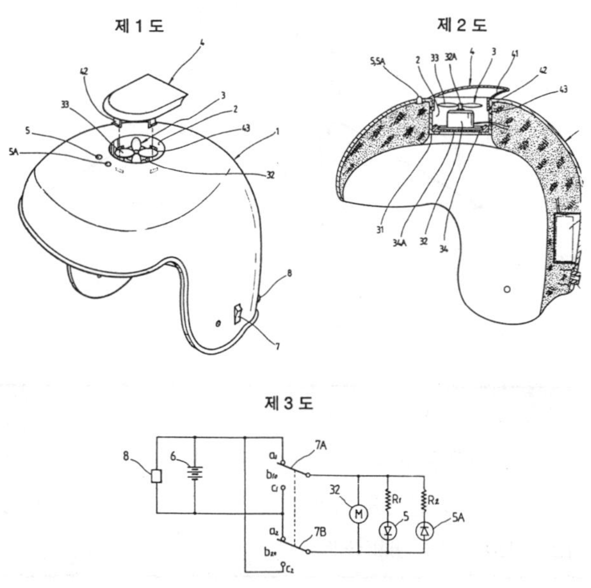

《정답》 3. 통풍장치

선풍기가 달린 모자

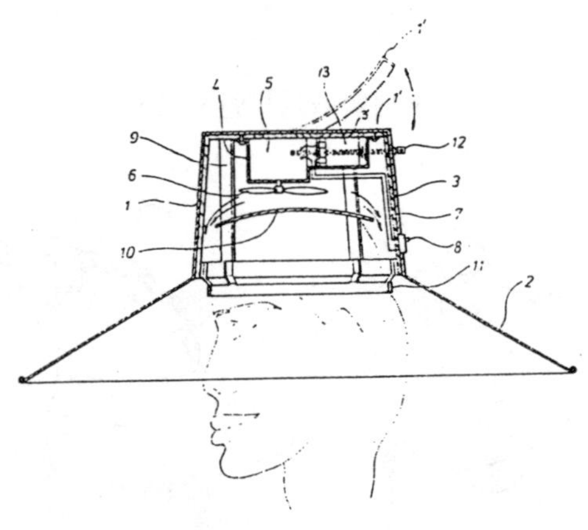

《명　칭》

1. 모자　2. 차양　3. 내부케이스　4. 고정케이스　5. 모터
6. 프로펠러　7. 전선　8. 보턴　9. 지지대　10. 받침판　11. 고정
테　12. 지퍼　13. 배터리

《정답》 5. 모터 6. 프로펠러 13. 배터리

차 양 모

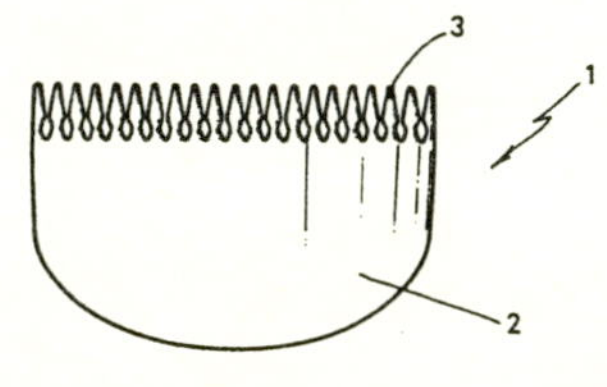

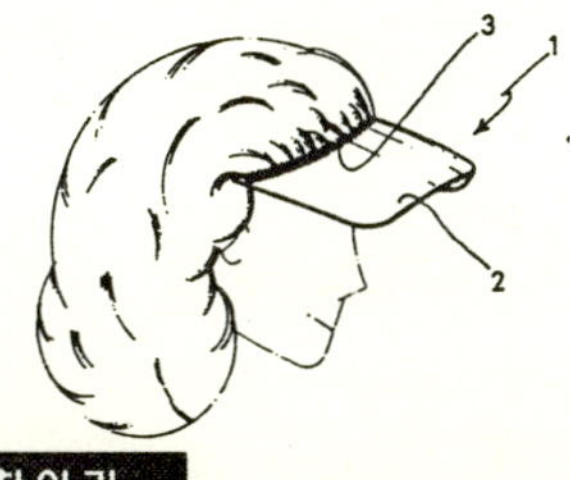

《정답》 3. 끼움부

송풍팬이 달린 차양모

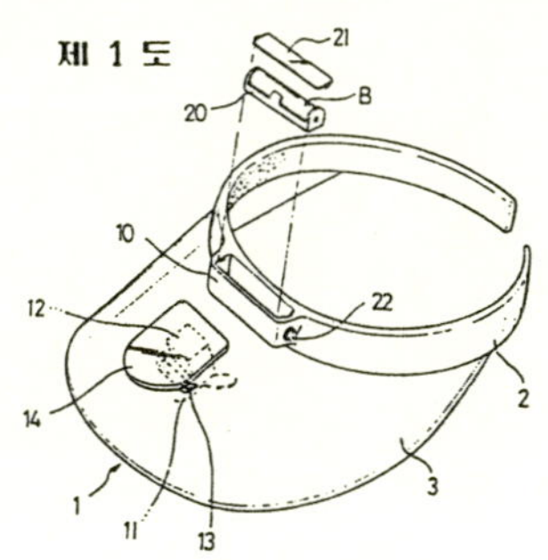

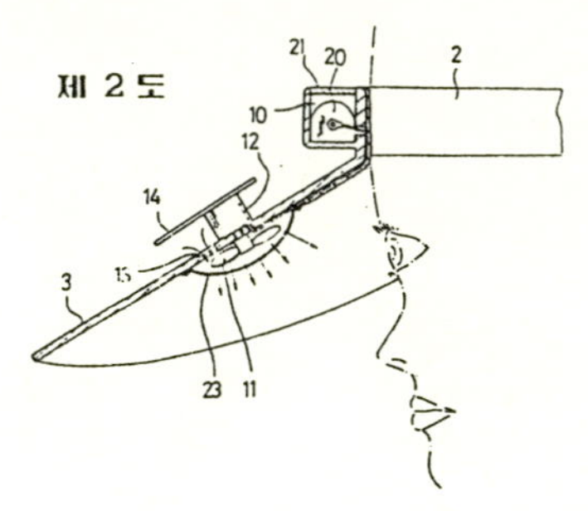

핵심을 찾아라

1. 차양모   2. 머리띠   3. 차양창   B. 배터리   10. 수납부
11. 송풍팬   12. 모터박스   13. 공기유입공   14. 가리개

《정답》 B. 배터리 11. 송풍팬 12. 모터박스

벨트에도 발명이

벨   트

벨트는 모양으로도 착용하지만 원래 기능은 바지를 허리에 묶어 두는 것으로 각자 허리의 둘레에 따라 조이고 늘릴 수 있게 되어 있다. 벨트에 일정한 구멍이 뚫어져 있어서 자신의 허리에 맞추어 사용할 수 있게 하였다.

최근에는 기존의 구멍을 없애고 조이고 늘리고 하는 클립 장치 등으로 다양하게 고안되었다.

우리 주위에는 많은 수의 물질들이 있다. 그러나 우리는 이런 대상들에 혼동하지 않고 이들을 분명한 기준으로 구별해 낸다. 이것은 이들이 각각 고유의 특성을 가지고 있기 때문이다.

금을 예로 들어 보자. 금은 독특한 황색, 연성 및 전성을 지니며 일정한 밀도, 비열, 녹는 점 및 끓는 점을 가지고 있다. 또, 금은 알칼리나 산에 의해 용해되지 않는다.

금은 화학적으로 매우 활성이며 녹슬지도 않는다. 바로 이

것은 금만이 가진 고유한 성질로 다른 모든 금속과 구별되는 점
이다.

이렇게 한 대상을 현재의 그 상태로 유지하게 하며 수많은
다른 대상과 구별하게 하는 이런 모든 것을 우리는 '성질'이라고
한다.

인류의 과학문명은 물질이 지닌 고유한 성질을 개발 응용
하면서 출발했다. 석탄을 예로 들어 보자. 인류가 석탄을 처음
으로 이용한 것은 기원전까지 거슬러 올라간다. 당시에는 주로
석탄이 탈 때 내는 에너지로 가정연료나 철을 녹일 때 사용했
다.

하지만 영국은 18세기 산업혁명이 일어나면서 석탄의 이용
이 급속도로 늘어갔다. 그러면서 기름과 석탄의 연소에너지만
이용하던 수준에서 차츰 석탄에서 가스를 뽑아내게 되고 또 기
름에서 합성수지, 연료, 비닐, 화학약품 등 수백 가지의 유용
한 원료들을 추출해 내는 수준에 이르렀다.

인류는 이처럼 물질의 성질을 이용해 과학문명을 계속 발
전시켜 왔다. 단순한 이용에서 복잡하고 부가가치가 높은 상품
이용까지 지금도 인류의 노력은 계속되고 있다. 한번 발명된
새로운 물질의 성질을 다른 물질에 연결시켜서 전혀 새롭고 유
용한 발명품을 탄생시키기도 한다.

냉장고는 이제 우리 주방에 없어서는 안 될 중요한 가전제
품의 하나이다. 더운 날씨에 음식을 차갑게 보존하기 위해서
냉장고는 많은 전력을 필요로 한다. 그런데 문제는 냉장고의
차가운 온도를 바깥의 더운 공기와 얼마만큼 차단시킬 수 있느
냐이다.

아무리 많은 전력을 써서 얼음을 얼리더라도 밀폐장치가

허술하다면 전력만 낭비할 뿐 냉장고는 쓸모 없게 된다. 냉장고의 안팎을 완전히 차단할 수 있어야만 냉장고의 제 기능을 발휘할 수 있는 것이다. 바로 여기서 고안된 것이 자석 성질을 가지고 있으며 자유자재로 휘는 고무이다.

냉장고는 자주 여닫기 때문에 이음새가 없이 유연하게 밀착되어야 한다. 만약 이음새를 일반고무로 하면 접착력이 없기 때문에 제대로 밖의 공기를 차단할 수 없다. 하지만 고무에 자석성질을 가진 쇳가루를 첨가시켜 보자. 이렇게 혼합시키면 고무는 고무대로 탄성 때문에 문 여닫이가 수월해지고 자석성질을 가지고 있기 때문에 냉장고에 잘 밀착된다.

다음으로 어린이용 인형 안전벨트를 살펴보자. 요즈음은 자가용이 많이 보급되어 있다. 그만큼 수요가 늘어났으며, 안전사고에도 유의해야 한다. 가장 일반적으로 차에 부착된 안전장치에는 안전벨트가 있다. 그런데 거의 대부분의 안전벨트는 어른을 위한 것들이어서 체격이 작은 어린이가 이 벨트를 매면 탄탄하게 밀착되지 않는다. 그렇다고 차마다 일일이 어린이용 안전벨트를 따로 제작할 수도 없고 좋은 해결방안은 없을까?

어린이들은 예쁜 곰 인형을 좋아한다. 이런 어린이의 특성을 이용해 보도록 하자. 자동차는 충돌할 때, 그 반작용 때문에 승객은 앞으로 심하게 부딪친다. 그렇다면 곰 인형에 멜빵 형태의 벨트를 달아 보자. 어린이에게 곰 인형을 안겨준 다음 멜빵을 어깨와 허리에 단단히 고정시킨다. 어린이는 인형이 앞쪽을 보호해 주기 때문에 웬만한 충격은 막아 주고 다른 안전벨트처럼 갑갑하지도 않을 것이다. 그리고 인형에 큰 주머니나 다른 장난감을 달면 더욱 좋을 것이다. 이것은 인형과 안전벨트를 잘 조화시킨 발명품이다.

누구든지 갖고 있는 벨트는 어떤가? 질긴 가죽으로 만든 가죽혁대 아니면 고무줄의 성질을 이용해 허리를 조여 주는 혁대라든지 혁대의 종류도 다양하다.

혁대의 기능은 바지가 흘러내리지 않도록 조여 주는 것이다. 일반혁대는 이처럼 한 가지 기능밖에 가지고 있지 않다.

혁대에 몇 가지 다른 기능을 첨가시켜 보면 어떨까? 훨씬 유익하고 편리한 혁대가 탄생될 것이다.

1. 혁대에 지퍼를 부착시켜서 동전주머니를 만들어 보자.
2. 끈끈이를 이용하여 혁대에 탈 부착이 편리한 주머니를 달아 보자.
3. 혁대의 길고 수평인 성질을 이용해 혁대에 눈금표시를 하여 치수를 재는 줄자로 써 보면 어떨까?
4. 버클에 라디오, 필기도구, 명함, 신분증, 카드, 키, 라이터 등을 부착하면 어떨까?
5. 혁대 재료의 성질을 다르게 응용하여 그 기능을 다르게 보강해 보면 어떨까?

혁   대

아이디어 착상의 세계

벨트에 구멍을 뚫지 않고도 벨트의 길이를 간편하게 조절함과 동시에 벨트의 걸림상태 해제에 따른 동작이 더욱 용이해지도록 했다.

일반적으로 사용되어 오던 혁대는 버클 본체에 고리가 회동 가능하게 결합되어 있고 벨트에는 위의 고리가 끼워지는 구멍이 일정 간격으로 뚫려 있다.

따라서 맬 때에는 허리둘레에 맞게 벨트에 뚫려 있는 여러개의 구멍 중 어느 하나의 구멍에 고리를 끼워 벨트가 버클 본체에 걸리도록 하고 풀 때에는 구멍에 걸려 있던 고리를 빼내어 벨트의 걸림상태를 해제시켜야 했다.

그러나 이러한 일반적인 기존의 혁대는 버클 본체에 붙어 있는 고리가 벨트의 구멍에 끼워지는 구조여서 오랫동안 사용할 때에는 구멍 주위에 자국이 생겨서 외관을 해치게 되고 또한 구멍의 위치에 따라 벨트의 착용길이가 결정되므로 매는 사람의 허리둘레에 맞춰 벨트의 조임 상태를 미세하게 조정할 수 없게 되는 문제점이 있다.

이러한 문제점을 감안하여, 벨트에 구멍을 뚫지 않으면서도 벨트의 조임상태를 미세하게 조정할 수 있도록 고안했다.

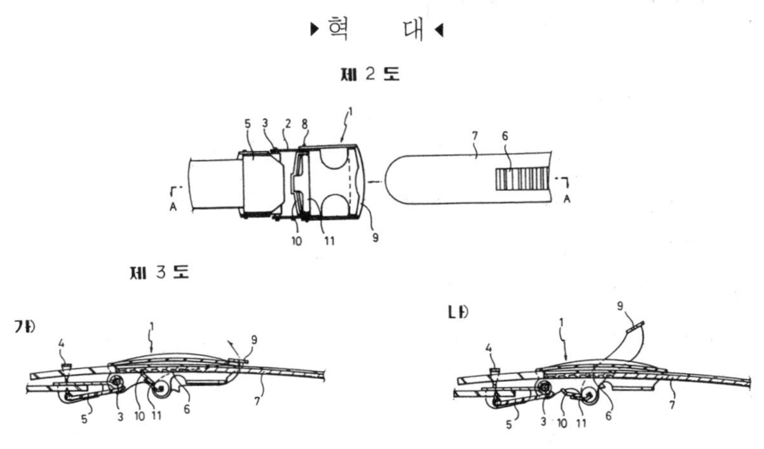

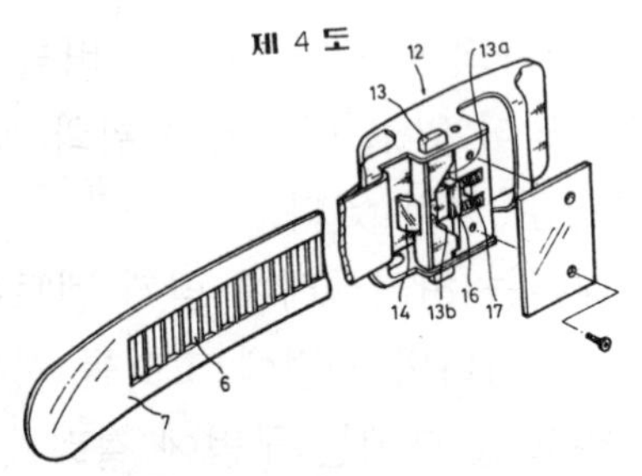

제 4 도

핵심을 찾아라

1. 안전모 본체 2. 통풍구 3. 통풍장치 4. 덮개 6. 랙 7. 스위치 14. 걸고리 32. 모터 32A 축 33. 팬 41. 통공

《정답》 6. 랙 14. 걸고리

비상키가 구비된 허리벨트

아이디어 착상의 세계

누구나 벨트는 가지고 있다. 질긴 가죽으로 만든 가죽 벨트나 아니면 고무줄의 성질을 이용해서 허리를 조여 주는 것이라든지 벨트의 종류도 그 재질에 따라 다양하다.

벨트의 기능은 바지가 흘러내리지 않게 조여 주는 것이다. 일반벨트는 이처럼 한 가지 기능만을 가지고 있다. 이러한 벨트에 몇 가지 다른 성질의 기능을 첨가시켜 보면 어떨까? 분명 더 유익하고 편리해질 것이다.

사람들이 휴대하고 다니는 각종 키 중, 중요한 키의 비상키가 구비된 허리벨트이다. 종래에는 자주 사용하는 키의 비상키를 휴대하지 않아 키를 분실하면 당황하는 경우가 많다. 이를 위해 비상키를 만들더라도 외출하여 휴대하려면 상당한 주의를 기울여야 한다. 또한 효과적으로 휴대하지 못함으로 인해 비상키로서의 실효성을 거두지 못하고 있다.

　이러한 문제점을 없애기 위해 본 고안은 버클과 벨트몸체가 버클 후미의 접착식 괘정쇠에 의해 착탈되는 허리벨트에 있어서 벨트몸체의 구멍에 끼워지는 버클의 삽지구와 그 지지대를 연접부에서 회동될 수 있도록 설치하되 상기 삽지구를 비상키로 형성하여 외출시 허리벨트에 착용하면 외출할 때마다 일일이 비상키 휴대에 주의를 기울이지 않아도 된다. 또한 분실의 우려도 없고 기존의 키를 분실할 경우에도 허리벨트에서 신속하게 버클을 분리해 비상키로 사용할 수 있다.

▶비상키가 구비된 허리벨트◀

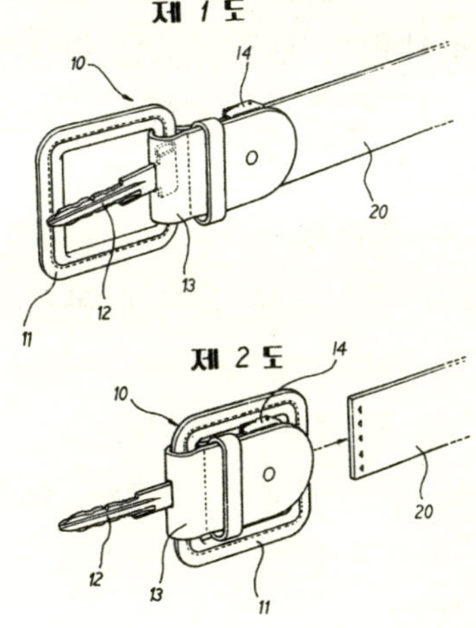

핵심을 찾아라

10. 버클   11. 지지대   12. 삽지구   13. 연접부   14. 폐정쇠
20. 벨트몸체

《정답》 12. 삽지구(열쇠)

 # 보조지갑이 구비된 벨트

아이디어 착상의 세계

지갑은 여러 가지 종류와 크기, 모양, 디자인 등이 특이하
게 고안된 것이 많다. 또한 지갑의 용도를 우리들의 장신구에
접목시켜 볼 수 있는 것들이 많다.

어떻게 접목시키느냐에 따라 뛰어난 아이디어가 탄생되는
것이다. 허리띠의 내면에 보조지갑을 형성하여 크기와 부피가
작은 귀중품이나 비상품 등을 간단하고도 쉽게 보관할 수 있도
록 한 보조지갑을 구비한 벨트이다.

소정의 길이를 갖고 있는 허리띠와 버클로 구성되는 벨트
에 있어서 허리띠의 중간부분 양측에 봉제선으로 봉제를 하여
수납부를 구성하고 허리띠의 후면에 수납부를 개폐시켜 줄 수
있도록 하는 지퍼를 구성하며 수납부 내에 구성되어 일단이 수
납부를 구성하도록 하는 봉제선 중 한쪽 봉제선에 의해 봉제가
되어 수납부를 구획시켜 주는 구획관으로 구성되는 보조지갑을
갖춘 것이 특징이다.

▶ 보조지갑이 구비된 벨트 ◀

제 1 도

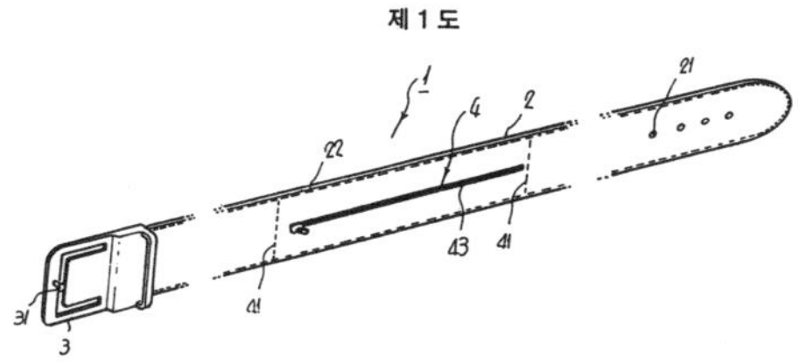

제 2 도

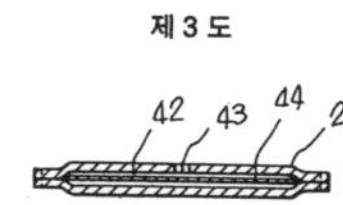

제 3 도

핵심을 찾아라

2. 허리띠   3. 버클   4. 보조지갑   41. 봉제선   42. 수납부
43. 봉제선   44. 구획관

《정답》 4. 보조지갑

깜짝 힌트 왕발명

•

처음 펴냄 / 1998년 7월 20일
2쇄 펴냄 / 1999년 11월 20일

•

지은이 / 홍성모
펴낸이 / 이방원
꾸민이 / 김명희
펴낸곳 / 세창출판사

주소 / 서울특별시 종로구 교남동 47-2
전화 / 723-8660(代) 팩스 / 720-4579
E-mail : sc1992@mail.hitel.net
homepage : www.sechangpub.co.kr
등록 / 1990. 10. 8 제 2-1068호(윤)

•

값 6,500 원

*잘못 만들어진 책은 바꾸어 드립니다.

ISBN 89-85263-82-X 03000